现代数字图书馆资源管理与建设研究

李淑霞　张　颖◎著

中国华侨出版社

·北京·

图书在版编目（CIP）数据

现代数字图书馆资源管理与建设研究 / 李淑霞，张

颖著. -- 北京 ：中国华侨出版社，2023.5

　　ISBN 978-7-5113-8886-5

　　Ⅰ．①现… Ⅱ．①李… ②张… Ⅲ．①数字图书馆－

信息管理－研究 Ⅳ．①G250.76

中国版本图书馆 CIP 数据核字（2022）第 160124 号

现代数字图书馆资源管理与建设研究

著　　者：李淑霞　张　颖

责任编辑：孟宪鑫

封面设计：北京万瑞铭图文化传媒有限公司

经　　销：新华书店

开　　本：787 毫米×1092 毫米　1/16 开　印张：18　字数：313 千字

印　　刷：北京天正元印务有限公司

版　　次：2023 年 5 月第 1 版

印　　次：2023 年 5 月第 1 次印刷

书　　号：ISBN 978-7-5113-8886-5

定　　价：79.00 元

中国华侨出版社　北京市朝阳区西坝河东里 77 号楼底商 5 号　　邮编：100028

发行部：(010)69363410　　　　传　真：(010)69363410

网　址：www.oveaschin.com　　E-mail：oveaschin@sina.com

如发现印装质量问题，影响阅读，请与印刷厂联系调换。

前言

21世纪以数字化为前导的计算机、网络通信技术发展一日千里，令人不暇接。数字化的发展趋势正带来人类有史以来一场最为广泛而深刻的技术革命，而网络作为一种工具已深深融入到人们的日常工作和生活的方方面面。伴随着这种数字化和网络化大潮的推进，在此形势下，作为知识的殿堂——传统高校图书馆的存在形式和方式已与时代脱节。因而数字图书馆替代传统图书馆，数字图书馆的服务与管理替代传统图书馆的服务与管理，已是大势所趋，所以加快数字图书馆建设，加强数字图书馆服务与管理，主动跨入数字化时代，则成为我们要解决的一项重大课题。

现在，数字图书馆广泛地受到公共团体和商业机构的认同，数字图书馆的好处在于可以更迅速地找寻到我们所想要的书籍、文件、图片等资料。数字图书馆的好处还在于它能够轻易连接并浏览更多专业内容，能够更快速地找到我们想要的数据。数字图书馆有别于传统图书馆的地方在于它不受仓库空间的限制，数据的数字化大大缩减了书籍所占的空间，可以存储更多的数据。相对地，维护一个传统图书馆的花费远高于维护一个数字图书馆，因为传统图书馆需要在人力成本以及书籍维护费上花上一笔开销，而数字图书馆则较少或不需要这笔花费。如今，数字图书馆建设已经成为世界各国在科技与文化领域竞争的制高点，成为图书馆学研究最热门的课题。数字资源建设是数字图书馆建设的核心，是数字图书馆建设的生命线，也是当前各种类型图书馆面临的最大挑战。

本书从数字图书馆基础介绍入手，针对数字图书馆建设、个人数字图书馆进行了分析研究；另外，对数字信息资源采集与创建、信息资源处理及特色资源建设做了一定的介绍；还对基于用户画像的数字图书馆精准化服务与现代化服务技术的创新应用提出了一些建议；最后探讨了数字图书馆服务人员管理与安全管理。旨在摸索出一条适合现代数字图书馆建设发展的科学道路，对现代数字图书馆的资源管理与建设有一定的借鉴意义。

目录

第一章 数字图书馆概述

第一节 数字图书馆的概念及特征

随着现代计算机通信，多媒体技术的高速发展，传统图书馆开始发生巨大的变革。图书馆文献信息资源的数字化、网络化推动着图书馆管理与服务方式的变革和发展，促成了图书馆内涵与外延的变化，出现了电子图书馆、虚拟图书馆及数字图书馆。

一、数字图书馆的概念

数字图书馆的概念是不断充实完善的，从技术的角度向多视角多方位发展，指出数字图书馆的目的是为一定的社会、政治、经济服务，其性质是文化教育机构强调人文因素、社会价值和专业人员的作用。随着数字图书馆研究的深入以及实践的发展，数字图书馆将注重对储存在数字图书馆的数据的最大限度利用的研究。虽然数字图书馆的概念尚无统一界定，但严格意义上的数字图书馆包括四个要素：数字化资源；网络化存取；分布式管理；充分的利用。

对数字图书馆这个概念争论的焦点集中在数字图书馆是传统图书馆的延伸；还是仅指网上的数字资源的"数字资料库"，不包括物理形态的图书馆。有的学者认为数字图书馆是传统图书馆在信息社会中的逻辑延伸和扩展，数字图书馆将原有馆藏数字化后上网共享利用，但还包括物理形态及馆藏的图书馆，因为数字图书馆是由原来传统的图书馆发展而来的。数字图书馆不应该与传统的图书馆割裂开来，数字图书馆不是孤立存在的，它与传统的图书馆有着千丝万缕的联系，数字图书馆是传统图书馆的逻辑延伸和扩展，是图书馆未来的发展方向。

二、数字图书馆的特点

数字图书馆是一个开放式的硬件和软件的集成平台，通过对技术和产品的集成，把当前大量的各种文献载体数字化，将它们组织起来在网上服务。从理论上讲，数字图书馆是一种引入管理和应用数字化技术的方法，它的特点如下：

（一）信息实体虚拟化

网络环境下，以各类文献为载体的知识信息都转化为数字形式并在全球范围内传输。用户对信息知识的利用不受地理位置的限制，只要上网，在任何时候都可以利用。

（二）信息资源数字化

利用现代信息技术以及网络技术，对文献进行压缩处理并转化为数字信息。

（三）信息制作规划计划化

文献信息资源数字化，要有计划地开发和利用，具有跨行业、跨地区、跨部门的特点，各行各业要协同作战，统一组织，共同努力，不搞重复建设，不资源浪费。

（四）信息传递网络化

数字图书馆的服务，通过以网络为主的信息基础设施来实现，数字图书馆依据高速宽带网构筑的网络，以高速、大容量、高保真的计算机和网络系统，将世界各国的图书馆和无数台计算机联为一体，信息传递网络化带来了信息服务的跨时空、信息利用的开放化、信息传递的标准化和规范化。

（五）信息利用共享化

数字图书馆通过提供网上交互服务，使联网者均可随时查阅利用数字图书馆的信息，服务对象扩及馆外及国内国外的使用者，实现真正意义上的资源共享。

（六）信息提供知识化

数字图书馆是可以实现智能检索的知识中心，它有别于传统图书馆，不仅提供文献，还将提供更深层次的信息服务。通过对信息的分析和重组，提高信息的使用价值，形成符合用户需求的知识或帮助其找到解决方案，并对提供的知识产品的质量进行评价。

综上所述，数字图书馆的概念尽管没有统一的看法，但不是脱离传统图书馆的一个孤立的概念，而是传统图书馆的延伸和扩展，是未来图书馆发展的方向，传统图书馆要充分利用现代科技的手段，提高自己在新时代的适应能力。

三、数字图书馆的基本模块

数字图书馆是一个开放式的硬件和软件的集成平台，通过对技术和产品的集成，把大量的各种文献载体数字化，将它们组织起来在网上服务。它由五大模块组成：各种载体数字化，数据储存和管理，组织有效的访问和查询，数字化资料的传递和接收，权限管理和版权保护。

（一）各种载体的数字化

将书刊、古籍、善本等各种文字、图像（包括地图）、缩微制品（包括缩微胶卷和缩微平片）等，利用计算机和相关设备，将这些资料数字化。

对于录音、录像、电影胶卷、唱片等可采用各个公司提供的产品，将音频、视频信息资料数字化，各公司往往提供压缩技术的先进工具来处理。

（二）数据的存储和管理

数字图书馆大多数采用客户机/服务器的模式。客户、图书馆服务器和对象服务器构成信息传递的核心结构。图书馆服务器主要管理数据的目录、索引和查询，而对象服务器用于管理数字化的对象（即各种类型载体的原文献），当对象数据直接到达客户的时候，就实现了图书馆对象数据的传送。它存储和管理的数据量是巨大的。

（三）组织有效的访问和查询

文本类型的文件检索，实现在网上的快速全文检索软件：如何为多媒体信息建立索引，让用户进行有效的查询，也是当前研究的热点之一。直接针对图像建立索引，可以按照颜色、图案来索引纺织品的图案；用边缘轮廓结合其他图像处理技术索引入脸照片等；用同样的方法对数字化的视频和音频信息内容进行查找，这是访问 DL 的关键技术。

（四）数字化资料的传递和接收

综合业务数字网（ISDN），目前已成为多媒体通信的基本传输网络。ISDN 分为窄带（N-IDFN）和宽带（B-ISDN），前者在美国、欧洲、日本已投入使用，它可以传输声音等连续媒体和低质量的视频信号。有线电视

（CATV）广播网络，可以说是 DL 最有前途的传输环境。美国一些专家称之为"信息高速公路的最后一公里"。我国只要对目前的有线电视网络作适当改造，使其具有正反向传输功能之后，就可以用它实现高品质的计算机联网，信息终端和交互式电视等功能，就可以作为 DL 的传输环境。

（五）权限管理和版权保护

数字图书馆的安全性显得很重要，它要有一般计算机网络系统的管理功能，要重视各种类型用户的权限管理；更重要的是，必须用适当的技术确保版权人的资源不被滥用。

四、发展数字图书馆的意义

（一）加快图书文献信息内容的更新

在网络时代，信息取代自然资源、土地、资本、劳动力成为最重要的资源。专家预测，在信息社会中，⅔ 的职业是与信息有关的职业，⅓ 的职业高度依赖于信息资源。网络时代图书文献信息的大量增加和高速传播，使得学科不断分化与综合，学科之间相互交叉、渗透。网络实现了图书文献信息资源共享，极大地提高了图书文献信息资源的利用率；数字图书馆使图书馆服务内容丰富多彩，在数量上它已大大超出了一般图书馆所提供的图书文献信息，一切知识信息都可以通过网络进行快速的重新组合，进行快速的增值，数字图书馆有助于加快知识更新速度。

（二）创造新的图书馆服务方式方法

图书馆员与读者处于准永久性分离是数字图书馆的关键所在。读者在"人–机"对话的网络中学习。可以说当今世界正面临着一场"图书馆的革命"，这场革命将彻底改革几个世纪以来人们已经习以为常的、传统的图书馆观念以及相应的图书馆服务方式。数字图书馆的实施将使图书馆从封闭走向开放。数字图书馆是没有围墙的图书馆，是永不关闭的图书馆。

（三）加快图书馆社会化和图书馆资源网络化

数字图书馆有利于实现知识的社会化，有利于促进图书馆社会化和学习社会化。只有知识的社会化，才会有学习的社会化。数字图书馆的发展，一方面可将图书馆扩展到家庭、社区、农村和任何信息技术普及的地域，将使更多的人接受图书馆服务，提高图书馆社会化的程度；另一方面，人们还可根据自身在不同时期的不同需要，通过上网有目的、有计划地在数字图书馆学习。这种学习不仅可以存在于图书馆中，而且可以出现在办公室、娱乐场所、家庭和社会活动中，从而促使"学习即生活"的理想变为现实，帮助人们把生活的学习化作为一种生活状态，最终达成以普遍提高人的素质和基本能力为中心的学习化社会。

（四）促进图书馆国际化

科学技术的迅速发展，以电脑和卫星为主体的现代信息网络已经把世界连接为一个整体，网络像人体神经系统一样触及世界的每一个角落，空间距离正在消失，形成了全球性的信息一体化趋势。全球性的信息打破了国家和地域之间的界限，打破了人们观念、文化上的界限，为图书馆国际化提供了条件。

第二节 数字图书馆的体系结构

一、数字图书馆的体系结构

数字图书馆（以下简称 D-Lib）是当前计算机界研究的一个热点。尤其是"数字图书馆启动"（Digital Library Initiative，DLI）项目的启动，带动了整个 D-Lib 的研究，掀起了 D-Lib 研究的热潮。

D-Lib 不同于传统的图书馆。传统图书馆最主要的职能是收藏，并在对所收藏的图书资料保存、组织的基础上为读者提供各种服务。D-Lib 的收藏对象是数字化信息，但数字化收藏加上各类信息处理工具并不能构成 D-Lib。D-Lib 是一个将收藏、服务和人集成在一起的一个环境，它支持数字化数据，信息和知识的整个生命周期的活动，包括生成，发布、传播、利用和保存。

实际上，推动 D-Lib 研究的最主要动力是 Internet 的发展。网络的互联使访问分散在各处的信息资源成为可能，但这些各自独立的信息仓储具有各自不同的组织、描述和检索方式，所收藏信息的质量也良莠不齐。网络环境下跨仓储的、统一的、高效的访问和利用工具，以及高质量信息的生成，组织和提取成为研究的重点，而这正是 D-Lib 的研究内容。如果把 Internet 看成是一个巨大的无墙图书馆，广义的 D-Lib 的目标就是要优化 Internet 的信息存储结构，提供一致的检索接口，使整个网络成为一个虚拟的、单一的、有组织、有结构的信息集合，实现跨仓储的无缝查找。

D-Lib 的基本目标是创造一个良好的信息环境，提供对分布式存储的信息的知识化组织、智能化访问和服务。所谓智能化访问是指对信息的访问间不是简单地对原始数据的查找（如当前 Web 搜索引擎的关键词查找），而是根据用户的信息需求进行知识查找和内容提取。要实现这一目标有两个基础的问题。

数字对象的组织结构：数字对象是数字仓储中表示信息的基本逻辑单位，如一篇文章、一张图片、一部音乐作品或一段影像。数字对象的信息结构是 D-Lib 的基本问题，它决定着进一步的信息组织、处理和利用方式。

分布式信息仓储的组织结构：D-Lib 的收藏可以特指本地的信息仓储，也可以是互连的信息仓储的集合。如何建立一个统一的、互操作的、可伸缩的组织框架，将分布互连的信息仓储集成为一个整体，在此基础上提供高质量的信息服务，如屏蔽各仓储的差异，提供统一的服务接口、语义化检索、智能代理等。

（一）关键问题及概念

在美国 DARPA 的资助下，计算机科学技术报告项目（CS-TR）提出了一个 D-Lib 的体系结构。该结构是一个通用 D-Lib 的构架，由各类资料构成的大量对象通过国家的计算机网络提供访问。该体系结构在设计美国国会图书馆的国家数字图书馆计划（NDLP）时得到了继承和发展。NDLP 是一个大规模的项目，它将美国国会图书馆的历史馆藏电子化，并通过 Internet 提供访问。CS-TR 提出了建设 D-Lib 的 8 条原则性问题，简介如下。

1.D-Lib 的技术框架存在于法律和社会的框架之内

早期的网络信息系统（如 ARPANET）是由专业的、技术的社团围绕着自己的需求而开发的，其重点是为社团成员和公众免费提供信息服务。而未来的 D-Lib 将存在于一个广泛的经济、社会和法律框架内。这将意味着：

法律系统必须根据迅速变化的经济和社会框架制定新的法律，包括知识产权、通信法、国际法等；

D-Lib 的体系结构必须能够保护创作者和所有者的知识产权，考虑所涉及的经济、法律和社会问题，以使 D-Lib 健康发展。

2.统一对 D-Lib 的有关概念的理解

目前，有关 D-Lib 所使用的术语相当混乱。为了统一对 D-Lib 的理解，CSTR 的体系结构定义了若干基本术语：D-Lib 中的对象称为数字对象（Digital Object），它们存储在仓储（Re-positories）中，用句柄（Handles）来标识；存储在数字对象中的信息称为内容（Content），内容被分成数据（Data），关于数据的信息叫作属性（Properties）或元数据（Metadata）。

3. 作为基础的体系结构应和保存在 D-Lib 中的信息内容相分离

D-Lib 中包含的内容五花八门，有文本、图片、音乐作品、电脑程序、数据库，模型和设计、影视节目以及由多种类型构成的复合作品。适用于所有这些资料类型的特征是由体系结构规定的。体系结构是外部特征的基础，这些外部特征可以根据馆中信息的不同类型进行剪裁。外部特征通常包括适用于某类资料的特定的格式，协议和权限管理等。

4. 名字和标识符是 D-Lib 的基础建构块

名字用于标识数字对象，注册数字对象中的知识产权、记录所有权的变化，在引用，检索和对象链接中不可缺少。名字必须是唯一的，必须长期保持。CS-TR 实现了一个句柄系统以满足这些要求。一个句柄是用于标识数字对象的唯一的一个字串，独立于其存储位置且长期有效。

5.D-Lib 对象不仅仅是二进制位的集合

在 D-Lib 中，信息存储为数字对象，不能简单地把数字对象看成二进制位的集合。数字对象由两部分构成：内容和元数据。一个数字对象可含有多种类型的内容，如文字、图像、声频。复杂的数据类型可由简单类型构造。元数据包括句柄、权限、访问方法、数字签名、交易日志等。

6.D-Lib 对象使用时和存储时的形态可能完全不同

例如，图像可以一组小波存储在图书馆中，利用时再根据要求用小波生成图像。可将音乐作品的曲谱直接传给用户，也可在仓储中用合成器演奏后将声频信号传给用户。D-Lib 的体系结构必须仔细区分生成的原始数字对象，存储在仓储中的数字对象和提交给用户的数字对象。

7. 仓储必须保管好所持有的信息

保存在仓储中的数字对象与提交给用户的数字对象可能是非常不同的。数字对象包含有价值的知识产权，因此，仓储中的数字对象含有是否允许其在特定的经济和社会框架中被操作的信息（保存在元数据中）。仓储必须妥善管理，提供参考引用、安全控制等措施，以确保对数字对象的操作是合法的。用户通过仓储访问协议与仓储交互，以屏蔽仓储的内部结构和数字对象的存储形式。协议中的命令包括访问数字对象及其元数据，添加和删除、传递请求等。

8.用户需要的是供人利用的知识作品，而非供机器处理的数字对象

数字对象是 D-Lib 的基本建构块，但是 D-Lib 的用户通常需要的是更抽象的数据项。例如报告、电脑程序、音乐作品等，通常是指组合在一起成为一个有机整体的数字对象组。D-Lib 的体系结构必须提供组合数字对象的方法和相应的检索机制。

（二）信息的组织结构

信息组织结构是指在 D-Lib 中组织信息的结构，研究如何有效、灵活地在 D-Lib 中表示丰富多样的数字化收藏信息，它是 D-Lib 的一个关键设计问题，直接影响着 D-Lib 中数字资源的存储、管理和检索方式，是 D-Lib 体系结构中的一个核心部分。下面参照美国国会图书馆的 NDLP 项目对此进行介绍。

1.D-Lib 中信息的特点

信息组织结构的设计必须考虑到 D-Lib 中信息有如下特点：

关联关系：数字化资料之间常以部分 / 整体，序列等关系相关联。例如，一份由页、章、索引、插图等构成的数字化文本；一个包含多页文本、若干嵌入图片和许多链接的 WWW 对象。

多种存储格式：同样的项目有多种数字存储格式。有些是可以相互转换的，如一幅未压缩的原始图像和它的无损压缩版本；有些则含有不同的信息，如一页文本的 SCML 格式和 Post-Script 格式。

不同的版本：如扫描图片的高质量存档版本和它的缩微版。

不同的权限和许可：构成一个信息项的每个元素可有不同的权限和许可。例如，页的文字和图片可以分属不同的作者。

不同的工作模式：用户获取资料的方式受限于其所处的计算机系统、网络环境及资料的大小。例如，拨号上网的用户和通过专线上网的用户的工作模式可能完全不同，尽管他们所进行的工作一样。

D-Lib 的信息组织结构提供了有效组织 D-Lib 中信息的途径，且该组织方式为计算机所理解，以完成用户所希望的交互。

2.信息组织结构设计要求

（1）能够提供用户及其应用以相当的灵活性；

（2）使收藏易于管理；

（3）能够及时反映信息基础结构在经济、社会和法律等方面的发展。

3.主要概念

以数字对象为基本建构块，在D-Lib中表示丰富多样的图书馆馆藏信息。D-Lib由简单的组件构成，主要是数字对象。数字对象是结构化数字信息的一种方式，其中包含元数据，元数据中包括数字对象的唯一标识符句柄。为了表示D-Lib中复杂结构的信息，可将若干个数字对象组合起来，形成数字对象集。所有的数字对象都具有相同的基本形式，但是一个数字对象集的具体结构取决于它所表示的信息的复杂度。

4.结构元数据和元对象

信息组织结构基于三个简单概念：

数据类型描述数据的技术属性，如格式和处理方法；

结构元数据是描述数字资料的类型、版本、关系等特性的元数据；

元对象提供对数字对象集的引用。最简单的元对象是一个指向其他数字对象的句柄的列表。如列出某物理项的所有数字化版本的数字对象即是一个元对象。

NDLP对不同类目的资料制定了相应的结构元数据和元对象的规范，制定这些规范时所遵循的准则如下。

所有数据都给定一个明确的数据类型。类型指定了数据的格式和可施加的操作，对所有的元数据显式编码。任何语义信息都包含在单独编码的元数据中。

带有知识产权的每一个个体项都被赋予一个句柄，作为一个数字对象。

元对象用于聚集数字对象。特别是某项的所有版本和相关的所有结构元数据。句柄用于标识列在元对象中的项。元对象中的每一项都有一个句柄。

5.D-Lib中计算机系统组件

在以TBK为信息组织结构的D-Lib中，主要的计算机系统组件如下所述，它们可运行在网络中不同的计算机系统之上。

用户界面有两种，一种为用户服务，另一种用于图书馆员和系统管理员对收藏进行管理。每种用户界面都有两个互联的部分，即浏览器和客户服务。浏览器负责与用户交互，客户服务在浏览器与系统的其他部分之间提供中介功能，允许用户自己决定到哪里查、怎么查，以及解释结构化数字对象的信息，协商条款、管理数字对象间的关系、记忆交互的状态、转换协议等。

仓储存储和管理数字对象及其他信息。大型 D-Lib 有许多各种类型的仓储，包括传统数据库、Web 服务器。仓储的界面通常实现为仓储访问协议（RAP），RAP 显式地识别在用户访问一个数字对象前必须满足的权限和许可，支持数字对象的传播、开放结构和定义良好的界面。

句柄系统为 Internet 资源提供句柄的分布式目录服务。与仓储一起应用时，句柄系统收到输入的数字对象的句柄，返回保存该数字对象的仓储的标识符。

查询系统用户的查询过程分为三步，假设用户要查找一张合影照片。

第一步，查找符合要求的数字照片。用户在浏览器中输入查询要求，将查询传给客户服务，客户服务按查找系统的协议和格式对查询进行转换，最后返回由句柄组成的查询结果列表。

第二步，用户在结果集中选取要观看的一幅数字照片。

第三步，检索该数字照片。客户服务将选取的照片的句柄传给句柄系统，句柄系统返回仓地址。客户服务用 RAP 将句柄交给仓储。所有的 RAP 交易都须通过明确的条款验证，这可能需要在客户服务和仓储之间协商，或直接与用户协商。最后，所需的数字照片从仓储通过客户服务传到用户的浏览器显示。

6. 举例

为了更好地理解上述概念，这里给出一个应用元对象的例子：NDLP 收藏中的扫描图片。

（1）扫描图片的数字对象

一幅图片扫描后有三个版本：高分辨率的"参考"图像、中分辨率的"访问"图像和低分辨率的"指甲盖"图像。对每一个版本生成一个数字对象。创建一个元对象以描述该图及其所有的数字化版本，其中包含三个版本各自的句柄和它们共同的元数据。这样，一幅扫描图片由 4 个数字对象的数字对象集表示。

（2）每个版本的数字对象

其中包含：关键元数据用于在网络环境下管理对象的元数据，包括句柄、相关的权限和许可；结构元数据该版本的其他元数据，包括描述字段，所有者，元对象的句柄、数据大小、数据类型、版本号，描述，存置日期等；图像数据图像本身。

（3）元对象

其中包括：关键元数据同上；结构元数据适用于原始图片和所有版本的元数据，包括描述、所有者、版本数等，还有书目信息以及每个版本自己的数据。

访问图片的通常方式是从元对象开始，选取某个版本。为了保证用户能直接访问每个版本，允许一定的冗余信息，如每个版本的数字对象都从元对象中复制一份权限和许可信息。

（4）扫描图片的句柄

最 NDLP 给每一个数字化项赋予一个控制标识符。例如某幅扫描图像的标识符为 3a16116r.jpg。其中"r"表示高分辨率的参考图像，后缀名"jpg"表示 jpeg 格式。虽然这方便了一时的处理，却违反了前面所述的准则。为使数字对象的标识符长期有效，独立于任何可能的可变因素，应将任何语义信息都显式地编码为元数据。NDLP 最终采用句柄来为数字对象提供一个唯一的，永久的、独立于位置的名字，而将上述"r.jpg"所代表的语义信息存储为元数据。

（5）扫描图片的保存

一幅扫描图片的保存入库过程如下：选择待转换为数字对象的资料（人工）；在相应的字段中给定元数据值（人工）；建立元对象及其指向其他数字对象的链接（自动）；将数字对象置入仓储中（自动）；在句柄系统中注册句柄（自动）。

（6）对扫描图片的访问

通常，对扫描图片的访问过程如下：查找系统通过元对象的句柄指向扫描照片；如果用户需要的是照片的概览，则提供"指甲盖"图像；如果用户没有指定照片的版本，缺省提供"访问"图像。

二、数字图书馆体系结构的发展

（一）数字图书馆的功能划分

世界上有许多国家进行数字图书馆的建设，但到目前为止，并不存在一个通用的数字图书馆体系结构，这是由于信息技术和相关标准不断发展的结果。怎样基于现有的技术并考虑到未来技术的发展，构筑一个灵活强大的数字图书馆体系结构，对于数字图书馆的建设是至关重要的，这需要我们了解相关技术和标准以及数字图书馆体系结构的发展变化。

数字图书馆要为用户提供各种简单易用、功能强大的知识服务，通常从功能上可将数字图书馆划分为：用户界面，命名服务、搜索系统，资源库等部分。数字图书馆的建设涵括各种数字资源的创建、管理、查询、利用、存储的整个过程。自数字图书馆的信息体系结构以来，数字图书馆的体系结构在不断完善和发展，通过许多试验项目仍在不断改进。

1. 资源库

资源库的功能包括存储和管理各种数字对象，通常是由关系型数据库来管理。应用程序通过资源库提供的库访问协议（RAP）来访问资源库。可实现存储、访问，复制，移动和删除数字对象等操作。

与 Web 上的信息所不同，数字图书馆中数字资源是以数字对象的形式进行封装的，一个数字对象包括如下内容。

（1）一个全球唯一的独立于地址的长期标识符。

（2）数字资料，存储数字图书馆的资料，也就是最终用户需要获取的信息内容，如经 XML 置标后的文本、一本电子图书等。

（3）元数据，关于数字资料的数据。一般情况下，元数据有三种：①描述性元数据，用于发现和标识一个对象，如 MARC 和 Dublin Core；②结构性元数据，为用户显示和导航一个对象（包括该对象的内部组织信息），如一本书由章节组成；③管理性元数据，描述该对象的管理信息、创建日期、文件的格式、访问权限，知识产权问题等。

2. 命名系统

命名系统是针对长期标识符的分配、管理及解析的一个综合系统，CNRI 为数字图书馆提出了完整的命名系统"调度系统"（HandleSystem），它是一个独立的系统，其职能是负责数字资源的全球唯一的、长期的、独立于地址的命名的分配、管理和解析。在调度系统中，本地名称空间通过获取一个调度系统的命名授权，就可以纳入全球调度名称空间，这样所有的本地名称在全球调度名称空间中将是唯一的。

3. 索引与搜索系统

索引的创建可能是由机器的自动扫描、手工录入和干预，或者是这两者的结合。客户机把查询式提交给索引服务器，将返回相匹配的数字对象的URN（统一资源命名，如调度码）。索引服务还提供被索引信息的元数据和查询机制。

4. 用户界面

用户界面是用户与数字图书馆的接口，数字图书馆向用户提供的最终服务都是通过用户界面来实现的。一般情况下，数字图书馆借助通用的 Web 浏览器作为其用户界面工具。此外，用户界面的内容编排和服务方式问题是很复杂的，不同的用户需求是不同的，用户对数字图书馆的简单灵活的需求首先就表现在用户界面上。

（二）NSDL 项目的体系结构介绍

NSDL（National STEM DigitalLibrary、STEM-Science、Technology、Engineeringand Mathematics）是 NSF 资助的，由多家单位来实施数字图书馆项目，它包括 64 个子项目，其目的是支持科学、技术、工程和数学教育，提供广泛接入和方便使用的分布式资源网络和学习机制。

由于 NSDL 的内容和用户的多样性，为让各种用户共享不同的信息，最初的体系结构设计就是通过共享元数据，并利用元数据开发核心服务（如搜索和发现）。其体系结构，包括以下几个基本概念。

（1）采用公共的核心元数据实现异构系统间的资源发现。

（2）核心元数据与具体领域的扩展元数据相结合。

（3）以元数据为基础实现跨库搜索并创建更丰富的服务。

（4）采用自动索引和检索系统来减少编目工作。

元数据库 –NSDL 体系结构的关键部分是元数据库。元数据库存储所有藏品集的元数据，并通过 OAI 协议把它们提供给服务商，服务商通过元数据可以开发出各种服务。在 NDSL 中，元数据库可能分布在多个服务器上，并有多个镜像。NSDL 早期采用分布式元数据库，现在改成集中式。这是因为分布式元数据库在检索时会因为其中的一个元数据库的查询失败或响应较慢，而造成整个检索的失败或长时间的响应，而集中式元数据库可以避免这种现象。

NSDL 的互操作性采用三种方式来实现。

（1）联合：这是一种传统的方法，其所有的成员组织都遵从某些标准规范，如通过 Z39.50 协议共享在线目录。

（2）OAI 采集：以 OAI 元数据采集为基础。每个数字图书馆藏品的元数据都能提供到 DublinCore 的映射，并以简单的交换格式向外提供，这样，服务提供商就能采集这些元数据，把它建入到信息发现系统中，而且这些藏品能够实现良好的互操作性。

（3）搜集：即使各种不同的组织之间不存在任何形式的合作，通过网络爬虫收集开放访问的信息仍然可以实现一定程度上的互操作。各种网络搜索引擎就是这样。

NSDL 主要通过 OAI 元数据采集来实现互操作。NSDL 确定支持 8 种标准元数据格式，这 8 种元数据之间的互换通过 Dublin Core 元数据核心集作为过渡。

（1）Dublin Core

（2）Dublin Corewith DC——Ed Extensions

（3）LTSC（IMS）

（4）ADL（SCORM）

（5）MARC21

（6）Content Standardfor Digital Geospatial Metadata（CSDGM）

（7）Global Information Locator Service（GILS）

（8）Encoded ArchivalDescription

（三）NCSTRL 项目体系结构介绍

NCSTRL（Networked Computer Science Technical Reference Library）是另一个有代表性的数字图书馆项目，其规模仅次于 NSDL，它是由 DARPA 资助的，来自北美、欧洲和亚洲的 160 多家学术研究机构参与了该项目。其体系结构以 Dienst 体系结构为基础，该体系结构的一个重要特征就是分布式搜索。

在 NCSTRL 的早期项目中，用户的查询式被直接提交给所有的索引服务器，但随着参与机构的增多，检索时同样会因为其中的一个元数据库的查询失败或响应较慢，而造成整个检索的失败或长时间的响应，为了解决这一问题，NCSTRL 引入了查询路由器的概念。

查询路由器 QR（Query Routers）：根据一定的机制把查询式发送到分布式的索引服务器中，并负责合并来自不同的索引服务器的查询结果。另外，该体系结构还引入了藏品服务（Collection Service）的概念，它是查询路由的基础，提供把各种服务集成到数字图书馆中的各种机制。

（四）对数字图书馆体系结构发展的看法

由于用户对数字图书馆的功能需求不断发展，信息技术的迅速进步，数字图书馆的概念和功能都在不断发展。通过对上述两个项目的体系结构的分析，数字图书馆的体系结构的设计必须事先考虑到开放性、互操作性、扩展性以及伸缩性。

1. 开放性

数字图书馆系统必须是一个开放的系统，开放的含义包括以下几方面：

（1）能够与第三方系统或功能模块实现良好的对接和集成；

（2）能够方便地在本系统内部增加删除或修改某些功能模块；

（3）尽可能广地支持各种资源格式和标准。

因此，在系统设计时需要遵循以下原则：

（1）基本体系结构简单化，在设计基本体系结构时主要考虑信息的流通和管理机制，强调系统的通用性和稳固性；

（2）功能模块化，数字图书馆的服务功能是不断发展的，因此数字图书馆的每一项服务应该是相对独立的，便于安装、撤销和维护；

（3）选取成熟的通用的标准和协议，如用户界面采用通行的 Web 浏览器，文档表现采用 XML 定义，元数据采用 Dublin Core，中文元数据标准等。

2. 互操作性

通过信息资源本身实现互操作是最应该受到鼓励的方法，因为数字图书馆建设的基础是资源，用户最终利用的也是资源，而且与信息系统比较起来，资源从类型上（如图书、期刊、科学数据、地图、档案）要容易预见，发展变化也相对缓慢，从资源的格式上讲（如标准文件格式 .txt、.html、.

mpeg 等），大家对通用标准的认同更加一致。因此，通过一定的标准规范让不同的藏品遵循相应的元数据标准，并通过元数据的共享或互换，可以实现资源间的共享，就如上面所介绍的 NCSTRL 项目，也已采用 OAI 元数据采集协议来实现来自不同单位的藏品的互操作。可喜的是，现在许多数字图书馆项目一般主动遵循一定的元数据标准去创建元数据，并出现了一些工具和方案能够实现不同元数据标准的元数据元素的映射。当然，信息系统之间的互操作随着中间件和代理技术的发展也取得了很大的进步，同时近年来，Web 服务技术为网络软件的共享和互操作方面提供了新的机制，将来随着这些技术的进一步发展，实现信息系统间的互操作将越来越简单。

3.扩展性

NCSTRL 为我们在扩展性方面提供了很好的经验。由于 NCSTRL 的成员单位比较分散，并且不断有新的成员单位及新的用户加入，最终选择了把数字图书馆划分成不同的区域，这样不但适应了数字图书馆不断延伸的特点，还能为本地用户提供及时的、具有本地特色的服务。

4.伸缩性

由于各数字图书馆建设单位在经济、技术、管藏资源、用户需求等方面都不平衡，因此不同数字图书馆的建设规模也将是不同的。一个好的体系结构设计必须能够适应不同规模的系统，使不同规模的系统都能够获取最佳的效率。

三、下一代数字图书馆系统体系架构的发展动向

下一代数字图书馆的体系结构将是一种全新的体系结构，它将由集成的、集中控制的数字图书馆系统转向可动态配置的数字图书馆联盟。面向服务的体系结构（SOA）、网格（Crid）技术以及对等网（P2P）技术，为数字图书馆的这种转变提供了技术基础。这些技术使得下一代数字图书馆更加开放，具备更强的适应性，数字图书馆的联邦性将更强，无须集中控制就能以更为分布和动态的方式实现数字图书馆功能。

根据所见到的材料，着重分析国外 SOA、网格和 P2P 技术在数字图书馆领域内应用的研究及所开发的原型系统。

（一）面向服务的体系架构

面向服务的体系架构（Services-Oriented Architecture，SOA）是一种用

于构建分布式系统的方法框架，其目标是实现交互系统之间的松散耦合。所谓服务是指由服务提供者实现的工作单元，这种工作单元用来为服务请求者完成预定的任务，在网络上，任何服务的请求者都可以通过标准的方式去访问一个或多个服务，并将它们联接起来，按需形成有完整功能的系统。

Web Services 是 SOA 架构的一种实现方式，目前对 SOA 架构的数字图书馆系统研究主要集中在 Web Services 技术，基于 Web Services 技术构建的数字图书馆系统主要包括三个组成部分：服务提供者、服务请求者、服务代理（或服务注册中心）。其中，数字图书馆服务的提供者定义它们所提供的服务，并将它们按照相应的规范发布到服务代理（注册中心）；服务代理（注册中心）服务提供者发布的服务，按一定的标准对这些服务进行分类，提供搜索服务；服务请求者按服务代理（注册中心）的搜索规范在注册中心查询它们所需的服务，找到相关的服务后，服务请求者根据服务提供者对服务的描述获得与服务方法、参数和调用有关的详细信息；服务请求者根据上述详细信息向服务提供者发出服务请求，调用服务提供者所提供的服务，实现对服务的引用。

这种架构的数字图书馆系统实现了真正意义上的可动态配置，任何数字图书馆服务的提供者都可以开发出自己服务程序，并将其开放给第三方（务请求者）。第三方则可以根据需要，使用标准的服务接口和松耦合的连接，调用相应的服务，形成相应的服务系统，并且可以根据最终用户的需求，随时集成和替换相关服务，实现分散建设、动态集成、合理配置的数字图书馆服务平台。

（二）网格技术与数字图书馆

网格是在网络环境中实现用户访问地理位置分布、异构的计算机系统资源的一种通用应用服务平台。其目的是对位置分布、异构和动态变化的虚拟机构的资源和服务进行集成与管理。利用网格技术可以实现网络上各种资源的互联互通，用户能够透明地使用资源，即用户可以在任何地方访问任何网络节点上的资源。

从目的上看，网格技术的目标与数字图书馆术的目标在本质上是相同的，都是要解决广域、构信息的共享、互联和互操作问题。因此，对数字图书馆的研究十分重视网格的应用，试图利用网格技术构建出新型的集成数字图书馆系统，对网络信息资源在时间、空间和内容上进行整合，满足社会各界对信息的需求。

（三）P2P 的全称为 "Peer-to-Peer"

对等互联网络技术（点对点网络技术），其目的是使得任何网络设备可以为其他网络设备提供服务。P2P 系统中的任何一个节点（peer）之间都能通过直接交换信息来进行信息和服务的共享，而不需要经过其他的中间实体。P2P 最根本的思想在于网络中的节点既可以获取其他节点的资源或服务，同时又是资源或服务的提供者，即兼具客户机和服务器双重身份。因此，P2P 是一种分散的、分布式的资源管理模型。P2P 系统已经成功地应用于文件共享、计算资源共享和通信与协作。P2P 系统的成功主要归因于他们的自适应、自组织、负载均衡、容错能力强和系统稳定等特点。

目前国外基于 P2P 的数字图书馆系统研究主要集中在基于 P2P 架构的数字图书馆原型研究，基于 P2P 的数字图书馆的异构模式互操作和元数据整合研究，基于 P2P 的数字图书馆中的信息检索研究三个方面。

第三节　数字图书馆与图书馆自动化的关系

数字图书馆理论涉及的另一个问题是数字图书馆与图书馆自动化的关系。对此，提出图书馆自动化系统发展的"三阶段说"，图书馆自动化系统发展的第一阶段是以单一图书馆计算机管理系统为标志的初级阶段；第二阶段是以网络化为标志的电子文献服务阶段；第三阶段就是以数字图书馆为标志的高级阶段。数字图书馆的研究和发展将形成数字图书馆的三种主流模式：特种馆藏型模式、服务主导型模式和商用文献型模式。其中服务主导型数字图书馆的体系结构以三种主要数字资源（图书馆本身的数字化特种馆藏、商用的网上联机电子出版物或数据库、在互联网上有用的文献信息资源）为基础，由统一信息访向平台、网上参考咨询平台为两翼组成。统一信息访向平台主要解决异构平台的信息资源检索，向用户提供方便检索的统一界面，提供不同数字图书馆的互操作；网上参考咨询平台主要解决用户在访问数字图书馆时的疑问。这两个平台对一个实用的数字图书馆来说是不可缺少的，在系统结构上有些是相互渗透的。回顾图书馆自动化的发展历程，可以发现，图书馆自动化一直强调目录、索引等书目信息，以及检索工具编制和使用的计算机化，并不强调图书馆馆藏图书、期刊及其他类型文献本身的存储、管理、检索和使用的计算机化。书目工具是帮助确定馆藏的，既然书目工具已经实现计算机化了，那么，按照图书馆自动化发展阶段的逻辑顺序，下一步就应当是馆藏存储和检索的计算机化、即数字化，而这正是数字图书馆的一个重要特点。从这个意义上说，数字图书馆是图书馆自动化高级阶段。

数字图书馆与图书馆自动化系统总体关系是：图书馆自动化是数字图书馆的基础之一，数字图书馆中的数字化书目信息就来源于图书馆自动化系统，尽管图书馆自动化系统在资源和技术上对当今数字图书馆体系贡献不多，但实现图书馆自动化是建设数字图书馆必经阶段；图书馆自动化是在传统图书馆理论框架下应用计算机技术来改善图书馆服务与管理，而数字图书馆是在理论与技术上超越传统图书馆的新发展，其意义和影响将更加深远。

总之，数字图书馆的出现和发展动力并不完全是源自图书馆自身，而更多的是信息化社会不断发展和推动的结果。图书馆学界应该利用数字图书馆的发展契机，加快图书馆事业的发展步伐。尽管对于数字图书馆的认识还很不一致，但数字化对图书馆的深刻影响却是事实，数字图书馆是图书馆发展的一种必然趋势，必为新时代图书馆事业发展的主旋律之一。因此，建立在数字资源基础之上、靠技术支持运行、通过网络提供服务的数字图书馆将具有丰富的研究内容和广阔的发展前景。

第二章 数字图书馆建设与个人数字图书馆

第一节 数字图书馆建设研究

一、数字图书馆建设研究概述

在经济与科学飞速发展的当代社会，现代图书馆不再只是保存传统文化的一个容器，越来越多新事物的出现要求它不仅仅能传播知识、娱乐大众，还必须给予读者高层次的信息增值服务。换句话说，就是与时俱进，在大数据时代中可以整合与处理数据，在为读者提供信息的时候做到4V——Volume（大量）、Velocity（高速）、Variety（多样）、Value（价值）。

在这样的大环境下，市级院校图书馆必须明确自身的定位，跟上时代潮流，在继承和发扬传统文化的同时，转型为高效率的知识与信息枢纽，摆脱曾经单纯为读者服务的"借书室"的印象，成为人们生活与学习中获取知识的中心机构。我国市级数字图书馆建设模式策略如下。

（一）引进与培养建设数字图书馆的高端知识人才

市级数字图书馆的建设不能只寄希望于引进高端知识人才，应该从实际出发，脚踏实地，先把目光放在培养现有馆员这方面，帮助他们提高自身的综合素质。应该定期组织馆员集体学习计算机、外国语等专业技能知识与进行实践，还要进行服务态度、职业道德以及图书馆学等与具体工作密切结合的学习与训练，真正做到人才的可持续发展与培养。

另外，也不能放弃引进馆外的优秀人才这一措施。在引进人才的问题上，应该遵循之前调查研究中进行了的队伍结构规划，结合实际情况合理地进行招聘，把重点放在比较短缺的专业型人才上。还要适当提高对高知识高技能的高端人才的待遇，而且必须为引进的人才打造一个适合他们发挥自己才能的空间，这对降低数字图书馆的人才流失率具有十分重要的意义。

（二）明确脚踏实地的发展模式目标，重视读者体验

我们的数字图书馆并不需要好高骛远的远大目标，而是应该从实际出发，试着先改善自身的种种问题，把读者的体验与使用便捷放在第一位。

首先，应该把数字图书馆中的重复建设问题重视起来。现在各个地区的数字图书馆都存在重复引用的问题，以万方数据库为例，一个地区的许多数字图书馆中多次引用万方数据库，这样就失去了图书馆整合特色资源的意义。这也是不少图书馆一味地追求数据库资源的数量，而不注重质量的一个弊端。

其次，不能忽视读者的体验。比如在实现数字图书馆和纸质图书馆的统一问题上，应该多多推广"一卡通"的使用，让读者一卡在手。数字图书馆和纸质图书馆能够一起使用，不仅仅方便读者，也方便进行现代化管理，在一定程度上还能够向读者推广数字图书馆的使用。

除此之外，还应该优化我们的数字图书馆检索系统，实现标题检索与全文检索、作者检索、导航检索全面化，方便运用；还要增加各种分类，让读者能够更加快捷有效地查找到需要的资料，真真正正做到服务读者。

二、基于云计算的数字图书馆实现方法与策略

（一）基于云计算的数字图书馆逻辑实现

要研究云计算的数字图书馆的实现策略首先要弄清云计算数字图书馆的逻辑结构及其组成。

这里将基于云计算的数字图书馆的逻辑结构分为四层。第一层是服务层，提供账户管理、门户管理、部署服务和用户管理等；第二层是管理层，提供资源管理服务和运行调度功能；第三层是虚拟化层，提供硬件虚拟化和数据资源虚拟化；第四层是资源层，包括物理服务器、互联网络和存储设备。由于云计算的运行模式分为 IaaS、PaaS、SaaS 三种类型，不同的云计算供应商又提供了不同的模式架构，目前还没有一个统一的逻辑体系结构。

（二）基于云计算的数字图书馆体系架构

基于云计算的数字图书馆平台是一个系统的服务平台。平台通过利用分布式技术、虚拟化、并行计算等技术扩展硬件设备和软件设施的功能，将异地操作平台不相同的数字图书馆软硬件资源有效结合在一起。

基础设施服务层：云计算数字图书馆提供云服务的基础，位于整个体系架构的最底层，它是经过虚拟化技术后的硬件资源和相关管理功能的融合。主要包含两个方面的内容：一方面通过对主机、存储设备、网络等硬件设备进行分布式集群、抽象化和虚拟化处理，将其虚拟化集群到一起，构成整个云计算与云服务的基础设施，使其对外看上去就像一个统一的整体，用户在使用时不需要关心具体使用的是哪台设备，只需发出约定的设备调用指令就可以获得自己想要的"云"硬件资源；另一方面，在基础设施硬件分布式集群、抽象化和虚拟化处理的基础上，提供可供调用的数据存储管理、计算服务管理、负载管理和备份管理等的接口服务功能，为数字图书馆提供动态灵活的基础设施层服务。

平台服务层：数字图书馆云服务体系架构的第二层，也被称为"管理中间件层"。负责信息资源管理、程序运行管理、读者管理和网络安全管理等工作。其中信息资源管理负责均衡地使用云计算信息资源节点，监测信息资源节点的故障，一旦某个节点发生故障，中间件层会使其恢复或者进行屏蔽，并对资源的使用情况进行统计；程序运行管理是执行读者或应用提交的任务，包括完成读者任务映像的部署和管理、程序调度、程序执行、程序回馈管理等；读者管理是实现云计算数字图书馆的一项不可缺少的内容，包括提供用户交互接口、管理和识别用户身份、读者程序的运行管理、对读者使用计费管理等；网络安全管理主要保障云计算设施的安全避免受到黑客攻击，包括读者身份认证、控制访问、病毒防护等内容。

应用服务层：位于数字图书馆云计算服务体系架构的第三层，是整个数字图书馆云服务体系的核心。应用服务层提供数字图书馆所需的应用软件和服务。数字图书馆通过开展软件服务（SaaS）的应用，根据用户的需求，将软件或者应用通过租用的形式提供给联盟馆和读者使用，提供数字图书馆的核心服务项目，这些服务主要包括：书刊管理、数字资产管理、公共信息服务查询、个性化信息服务咨询、全文信息搜索、统一资源搜索、专题订阅推送服务、原文传递服务、代查代检服务、科技查新服务、科技评估服务、企业竞争情报服务、参考咨询服务、RSS 信息服务、信息服务统计分析等。用户权限计费接口模块主要完成对用户管理、权限论证、平台计费与平台支付接口的支持。系统管理和业务支撑模块主要完成对系统的管理和业务支撑，保证系统正常稳定地运行。

云客户端：位于整个数字图书馆云服务体系架构的最上层，是与云服务器进行通信的工具，是用户使用云服务的现实载体。它不再局限于计算机，可以是任何能访问云服务网络的 PC、浏览器、各种移动终端设备和数字电视等设备。

（三）基于云计算的数字图书馆云服务类型

从数字图书馆使用云和构建云服务的角度来说，可以将数字图书馆中的云分为私有云、公共云和混合云三种，这三种云通过云服务平台对外提供统一的接口，为云端使用者提供服务。

1. 私有云模式

如果以整个数字图书馆为单位，则私有云是指仅为单个数字图书馆所使用的云，为数字图书馆内部人员和其下用户所提供的服务。若以某数字图书馆为单位，私有云是指馆根据自己特定的业务和功能需要，自行开发的云服务，只为自己的馆和工作人员所服务，不为其他合作馆服务。私有云最大的特点就是部署在自身内部，因此其数据安全性、系统可用性和系统扩展性都可由自己控制，灵活性高，维护也方便；但其缺点也很明显，就是投资较大，尤其是一次性的建设投资较大，而且在建设之初需要有较强技术实力做支撑。

2. 公共云模式

公共云模式是相对私有云模式而言的，它是指在私有云模式的基础上，向私有云之外的人员和其他单位提供的云计算。在数字图书馆中，公共云主要来源于两方面：一方面是原来数字图书馆馆内公开的云服务；另一方面是由其他大型专业云计算提供商所提供的云服务，如图书馆所使用的支付接口、云安全接口、Google、OCLC、Amazon、Microsoft 等大型企业或机构提供的公用云服务接口等。对于使用者而言，公共云服务模式的最大优点就是数字图书馆所应用的程序、服务及相关数据都存放在公共云的提供者处，自己无须做相应的投资和建设。但目前最大的问题是，由于数据不存储在自己的数据中心，其安全性存在一定风险。同时，公共云的可用性不受使用者控制，这方面也存在一定的不确定性。

3. 混合云模式

混合云模式是私有云模式和公共云模式的一个延伸，是私有云只向外公开其中一部分云服务或是对公共云进行再封装以及功能扩展而来的。相比较而言，混合云的部署方式对提供者的要求更高。

数字图书馆平台通过将这三种云有机地组合到一块儿，形成一个整体，对外提供统一的云服务接口，为需要这些服务的内部工作人员和外部用户、内部成员馆和外部企业与机构所使用。

（四）数字图书馆实践云计算的策略

随着信息技术的飞速发展，图书馆领域与信息技术的联系也越来越紧密。每一项新信息技术的出现都能引起图书馆界的极大关注，并推动图书馆的管理与服务升级。云计算在图书馆界的应用，也必将给图书馆带来全新的变化。由于新兴的云计算服务能够从基础设施层面、资源共享层面和信息服务层面等多个方面给图书馆带来全新的应用体验，并解决许多长期困扰图书馆网络信息管理和服务中存在的问题，可以预料，会有越来越多的图书馆试水云计算，通过云计算来提升图书馆网络信息管理与服务的水平，降低管理与服务的成本。数字图书馆与云计算的结合，其实质就是把数字图书馆的目的、管理、业务服务等信息化建设与云计算技术应用相结合的过程，并逐步形成云计算数字图书馆的核心竞争力。数字图书馆向云演进是一项复杂的系统工程，融合过程就是数字图书馆向第三代互联网演进的过程。

1. 云计算数字图书馆的信息规划策略

数字图书馆应积极关注云计算技术的发展，掌握成熟和能够使用的技术，辨别适合自身信息化建设的云计算服务提供商，规划设计自身图书馆的云服务。特别是我国数字图书馆联盟需要把云计算集成到现有的管理系统和应用程序中，必须综合分析自身优势和目前发展所遇到的困境，结合云计算技术的功能优势，规划数字图书馆联盟的云计算信息服务发展策略。考虑到目前大多数图书馆不能把所有服务立即迁移到云计算中，图书馆应根据自身情况逐步通过云计算解决数字图书馆的部分难题，具体的建议如下：①在适合的服务领域使用云，比如数据清洗、数据挖掘、数据优化等；②为云应用做好服务定位，通过提供呼叫中心或隔岸的云支持来降低成本；③逐步采取行动，通过云虚拟化与整合数据中心，持续改进信息资源的利用率，最终将逐步建立图书馆的内部云体系。

2. 云计算数字图书馆的资源整合策略

通过对数字图书馆现有资源的整合集中和标准化，简化现有数字图书馆基础设施的管理和管理难度，逐步降低数字图书馆的运营成本。这是未来数字图书馆提高基础设施水平、降低运行环境复杂性以及实现资源虚拟化的重要阶段。

通过对现有资源的整合，将数字图书馆分散的数据资源、IT 资源进行物理集中，形成了规模化的数据中心、虚拟服务器等基础设施。尤其对于数字图书馆联盟，通过规划、管理以标准化等措施，把分散在子图书馆的数据资源进行迁移、整合、集中，建立基于云计算的数据中心。在数据集中过程中，不断实施数据和业务的整合，使大多数图书馆的数据中心基本完成自身的标准化，既使原先信息服务得到扩展又将开发新项目的部署和实施，解决原先联盟馆数据业务分散时期的资源杂乱无序的问题。

数字图书馆通过不断的标准化体系建设，将形成统一的信息平台、统一的基础数据、统一的信息服务规范，这样数字图书馆的资源和服务进行了整合和统一，将其演进到"云"上，使消灭信息孤岛成为可能。

3. 云计算数字图书馆的安全策略

信息安全问题是云计算数字图书馆面临的重要问题。云计算意味着把数字图书馆类似客户信息这类具有很高价值的数据存放到云计算服务提供商的手中，信息的安全性和私密性是用户最为关心的事情。对于严重依赖于云计算的个人或数字图书馆，一旦服务提供商出现安全问题，他们存储在云中的数据可能会被长期遗忘在某个角落甚至像石沉大海般消失得无影无踪。如果云计算服务提供商造成数据丢失和泄露事件，这将给数字图书馆带来前所未有的巨大灾难。这表明云计算的安全性和可靠性仍有待提高。切实有效地提高数字图书馆的信息安全性，是进行云演进过程中不可忽视的问题。

数字图书馆作为云计算的服务提供者，可以开发数字图书馆云服务平台，利用构建的私有云和公共云，提供多种数字图书馆服务，使用户获得透明的服务。但针对日益严峻的安全形势，可以借助数字图书馆联盟统一云服务平台，建立全国数字图书馆云安全管理中心；也可以依靠数字图书馆的本地服务平台以及云服务联盟平台，建立各地区以及省级中心图书馆云安全中心；或者直接利用云安全公司的云安全产品系列，并综合利用其他相关安全产品，形成一个立体的安全防护体系。通过这种方式，用户无须在客户端保存大量的病毒库信息，只须和数字图书馆的云服务器进行短暂连接就可以判定文件的安全性，大大减轻了客户端系统的负担，保证了客户端的流畅，也提高了杀毒防毒能力；同时与其他安全产品，如防火墙、入侵检测等联动，构建一个完整的快速的防护体系，从而降低云计算数字图书馆的安全风险。

（五）数字图书馆向云演进的路线图

基于上述对数字图书馆云计算策略的研究，下面我们进一步来讨论数字图书馆向云演进的方法路线图。从对云计算的理解来看，数字图书馆云部署不可能一蹴而就，必须经历一个循序渐进的过程。

第一步，数据资源的整合集中和优化。优化现有的数据中心，因为过去建的数据中心是根据不同的应用就有不同的服务器和存储架构，因此必须将其集中整合和优化，才能把这些服务器和存储架构实现空间异构，或者让它能够共享，提高数据中心资源的利用效率。

第二步，通过虚拟化技术、云存储、SOA 等手段，做到整个资源的整合和集中部署，实现服务的标准化。

第三步，建立一个有弹性、可伸缩、动态的信息基础设施架构，在用户需求的时候，数字图书馆的信息资源可以随时增加或减少。例如，云架构可以根据用户的个性化需求，随时加减服务器和存储，而不影响和中断其他服务。但是在过去，数据库建完了就建完了，完全是固定的。采用云架构不仅不会对过去的资源产生浪费，而且会节约物理资源。云架构首先是对现有数字图书馆资源进行优化，其次是针对不同应用进行部署的问题。

针对大多数字图书馆基础平台的现状并结合云计算的发展趋势，建立基于云计算的数字图书馆需要经历三个阶段逐步演进。

1. 整合与标准化阶段

通过物理资源的整合集中和标准化，简化对现有物理设施的管理，降低成本和管理难度，这就是对未来设施降低复杂性和成本以及实现虚拟化的第一步。这一过程将数字图书馆分散的数据资源、物理资源进行物理集中，形成规模化的数据中心基础设施。特别是对数字图书馆进行规划、管理以标准化等措施，把分散在各数字图书馆数据库中的资源进行迁移、整合、集中，建立基于云计算的数据中心。在数据集中过程中，不断实施数据和业务的整合，大多数数字图书馆的数据中心基本完成自身的标准化，解决数字图书馆分布资源无序的现状。总的来说，第一阶段解决了数字图书馆资源分散管理的问题。

2. 实施虚拟化阶段

以数字图书馆应用为核心，完成标准化环境建设后，数字图书馆通过虚拟化建立以应用为核心的数据中心，从而支持全方位的图书馆信息服务。然而，标准化并没有带来灵活性，集中的大规模基础设施将出现大量利用率不足的问题，不同的系统运行在独占的硬件资源中，效率低下且数据中心的消耗、空间问题逐步凸显出来。

虚拟化屏蔽了不同物理设备的异构性，将给予标准化接口的物理资源虚拟化成逻辑上也完全标准化和一致化的逻辑计算资源，也就是虚拟机和逻辑存储资源空间。虚拟化可以使多台物理服务器整合成单机，每台服务器上运行多种应用的虚拟机，从而实现物理服务器资源利用率的提升。由于虚拟化环境可以实现计算与存储资源的逻辑化变更，所以提高数字图书馆的运行效率。总的来说，第二阶段提升了数字图书馆体统架构的灵活性，数据中心资源利用率提高，运行成本降低。

3. 云计算实施阶段

当数字图书馆经历整合与标准化阶段、实施虚拟化阶段之后，数字图书馆云演进将进入最后的云实施阶段。前两个阶段是云计算实施阶段的基础，而云计算实施阶段是整个演进过程的最终体现。数字图书馆的动态基础设施到最后的定型阶段，利用所支持的动态供应的虚拟系统资源，获得可随时随地使用的标准流程。当前信息技术的成熟度以及发展趋势已经成为云计算数字图书馆的技术保障，数字图书馆可以选择不同的云计算模式来提高自身的服务能力。基于云计算的数字图书馆实施阶段是业务服务模块形成的阶段。依据服务对象的不同可以分成以下几种类型的模块。

（1）私有云服务

数字图书馆私有云服务是由一组软件构成，可以在私有云中使用，提供的基本服务包括：统一权限认证服务、计时付费服务、支付服务、全文检索服务、信息管理服务、信息发布服务、数字对象存储和下载服务、元数据联合编目服务、全局资源调度服务等。上述服务既可以直接面向数字图书馆，也可以通过一组 Open API 提供给图书馆。

（2）公共云服务

数字图书馆公共云服务是用于实现数字图书馆联盟统一的服务集成。公共云服务平台可以将不同成员馆的本地服务平台、本区域数字图书馆公共服务平台以及第三方公共服务集成起来，以统一的界面和操作方式对外提供抽象化的应用服务，保证区域数字图书馆系统的高度集成和灵活性。此外，该平台也能对成员馆的 Open API 提供托管服务。

（3）混合云服务

数字图书馆混合云服务平台用于为成员馆和用户提供云服务，这些服务包括馆际互借服务、参考咨询服务、特色库加工软件服务、数字资产管理服务、学位论文服务等。各成员馆可以按需租用部分或全部服务，而不需要为重复开发这样一些软件功能而支付费用。数字图书馆本地服务平台，包括本地应用基础平台和本地应用系统两部分。本地应用基础平台具有统一服务注册和管理、统一监控和日志管理、单点登录、公共服务发布、外部服务订阅等核心功能；同时提供负载管理、状态管理等实时服务，提供简化和自动化的部署和管理方式，保证服务的可获得性和灵活性。而本地应用系统，则主要用于为数字图书馆提供具体的业务功能。

在第三阶段中，大规模物理资源集中是面向数据中心物理组件和业务模块，虚拟化是面向数据中心的计算与存储资源，云计算最终面向用户服务。

三、数字图书馆建设中的战略管理

近年来，我国数字图书馆的建设发展迅速，但在发展中，我们对什么是数字图书馆、数字图书馆的建设发展应该有哪些模式等问题依然没有定论或莫衷一是。尽管现在冠名数字图书馆的项目、产品林林总总，但真正的数字图书馆绝不是只指数字资源，也不等于将图书馆流程、馆藏数字化，更不是以展示某一先进技术为目的的一个平台。为了克服数字图书馆发展中的随意性和盲目性，必须制定正确的发展目标，以保证数字图书馆事业的可持续发展。这里提出将战略管理引入数字图书馆建设，并对数字图书馆战略管理的意义和若干重要环节做一分析、探讨。

（一）数字图书馆建设战略管理的概述

1. 数字图书馆建设战略管理的意义

数字图书馆建设战略管理，是指运用战略管理理论和方法对数字图书馆各建设环节和各业务过程实施有效的管理；其实质是确定数字图书馆的发展战略目标，并以该目标为核心、以所处环境为依据、以信息资源应用和价值创造为手段，促进在各项业务活动过程中实现数字图书馆的战略发展目标。尽管从整体而言，数字图书馆没有统一的开发模式，但每个系统、单位建设数字图书馆必须从战略角度分析外部环境和自身能力，制定科学的发展战略，对组织结构、业务流程等进行优化、重组，提供战略实施的组织、业务保障。

数字图书馆建设实施战略管理的重要意义如下：①能够促使决策管理者密切关注外部环境的变化，及时把握各种机遇，对数字图书馆的竞争地位做出准确的判断。②有利于优化内部资源配置。实施有效的战略管理可以使各种内部资源根据数字图书馆的长远规划进行优化配置，从而避免出现资源分配及工作重点安排上的偏颇和短期行为。③可对内部各部门的高效运作起导向作用。以数字图书馆战略目标指导各部门的业务工作，可以减少内耗、摩擦，发挥组织的协同作用，使有限的人力资源发挥最大的效用。④可以提高员工的素质和整体工作水平。战略管理要求全员参与和支持数字图书馆的战略发展目标，使每个员工都能以积极的态度面对困难和机会，从而提高员工的整体业务水平。

2. 数字图书馆建设战略管理的实施过程

数字图书馆建设战略管理的实施大致可分为战略分析、战略选择和战略实施三个阶段。

战略分析阶段的任务是根据数字图书馆所处的市场"位置"和发展机会来确定未来的地位。具体工作包括：①确定数字图书馆的发展远景；②分析所处的外部环境对数字图书馆发展造成的利弊，找出在特定环境下取得成功的外部要素；③评价数字图书馆的内部能力，根据自身资源潜力和所具备的专长，确定其核心竞争力；④根据外部成功要素和内部核心竞争力两个因素，决定数字图书馆建设在某一阶段的工作重点，作为该阶段的目标。

战略选择阶段的任务是为数字图书馆建设确定恰当的总体战略和实现

战略目标的途径。主要工作包括：①根据确定的战略目标，制定出若干战略方案；②对各战略方案进行分析评价，确定各自的价值，并从中做出选择；③制定有关战略实施的政策和计划，并将战略目标层层分解，制定相应的具体目标和提出实现目标的方法。

战略实施阶段的任务是为战略的具体实施创造组织条件，并对实施过程进行领导和控制。主要工作包括：①根据战略要求调整组织结构和协调相应指挥及沟通关系；②建立或调整各个管理系统，使之与实施的战略要求相一致；③协调战略实施过程中的各类活动及消除各类活动之间冲突和矛盾。

（二）数字图书馆建设战略管理的若干重要环节

1. 依据战略环境确定数字图书馆建设项目的战略目标

建设国家级的数字图书馆是一项规模庞大、复杂的社会化系统工程，要完成这一项目，必须在建设之前对战略环境进行充分分析，以确定适宜的战略目标。

图书馆在传统的信息交流、信息服务体系中曾经占据重要地位，在与出版商、发行商、书目检索服务商等的分工中，图书馆一直承担着信息资源的收集、存储和组织管理，对信息资源、工具和服务进行"本地化"整合和对用户直接提供信息检索、传递和利用等工作。那时的用户必须通过图书馆来获得所需的信息及相关服务，必须依赖图书馆来建立所需的信息资源保障机制。同时，学术信息交流体系中的其他成员也必须通过和依靠图书馆来实现其价值并提供信息服务的便利。然而，近年来，在网络和数字化双重冲击下，图书馆面临着在学术信息交流体系中角色转变和功能重组：以出版商及其全文数据库为基础的分布式、开放式和数字化学术信息资源体系正在逐步形成，并有可能在此基础上形成新的社会信息资源保障和保存机制。传统的信息产品提供者（如出版商、文摘书目商、发行商、检索商等）正直接进入面向最终用户的信息服务市场，并通过灵活的集成与重组形成更加强大、便利和经济的服务能力。传统的各类机构间严格有序的分工已被打破，各种机构通过开发或集成产品、服务和系统来不断重组市场和竞争市场。信息服务的内容、方式和市场参与者都在发生变化；传统的文献收集、检索与传递在信息服务中的分量和地位正在减弱。但随着用户从获取文献的烦琐过程中解放出来，新的更为复杂的信息需要又会产生新的信息服务形式、系统和市场，从而形成与知识经济和网络时代相适应的新的信息服务能力和形态。在建设数字图书馆时，就应该分析学术信息交流体系中各成员间的相互关系，找出影响数字图书馆发展的环境要素，并依据这些要素去确定数字图书馆的战略目标，探索服务模式和核心业务生长点。

对于个别的数字图书馆建设项目，战略环境分析具体应围绕下列因素展开：承担该项目的机构在信息交流体系中的角色定位（供应方、买方），其与信息交流体系中其他参与成员机构之间的基本关系、竞争力、各方的服务潜力；有可能出现的潜在竞争者及在功能上可能具有某种替代性的信息服务产品。

在数字图书馆建设中进行战略环境分析，不仅是国家级数字图书馆项目宏观决策者的任务，也是一个系统和单位数字图书馆项目开发和建设者必须具备的基本管理思想。只有对本项目的"位置"有科学、清醒地认识，才能为数字图书馆项目制定合理的发展目标。

2. 发现、培育数字图书馆的核心竞争力

数字图书馆的建设属于高投入项目，必须谨慎行事。就一个具体的数字图书馆建设项目而言，首先应明确其服务对象、资源建设重点和信息服务方式；而且要分析承担该项目的机构在信息技术、信息资源、信息用户和信息管理专业人员等方面所具备的条件、优势和劣势。客观地认识承担该项目的机构的基本能力和约束条件，找出其与其他信息服务机构的差异性，并基于这一差异性来发现、培育数字图书馆项目的核心竞争力。这一点对数字图书馆建设发展战略的形成和战略选择至关重要。

核心竞争力理论是美国管理学家普拉哈拉德（C.KPrahalad）和哈默尔（Gaiy Hamel）在1990年首次提出的。通常指企业所独有的、能为消费者带来特殊效用、使企业在某一市场上长期具有竞争优势的内在能力资源。近年来，图书馆界有很多学者在积极地探讨图书馆的核心竞争力问题。一般认为，图书馆的核心竞争力是指在长期发展过程中培养和发展起来的能使图书馆保持持续竞争优势的知识体系，其对内表现为各种能力的综合，对外表现为核心竞争力。它是维持图书馆存在和保障图书馆发展的独特的、外界不易掌控的能力。对某个图书馆而言，其核心竞争力还应包括其在行业竞争中的独特能力。目前，业界对核心竞争力的认识还比较宽泛、抽象，不够具体。

在界定数字图书馆的核心竞争力方面还应提高以下几点认识。

（1）竞争力不等于核心竞争力

数字图书馆要参与信息服务业的竞争，并在信息服务市场中占有一席之地，自然应在资源、技术、服务等方面具有一定的竞争力，但竞争力并不等于核心竞争力。核心竞争力必须有独特性，是其他竞争对手所不具备的。

（2）核心业务不等于核心竞争力

由于历史或其他原因而占有某种资源或垄断某项业务，并不等于就有了核心竞争力。尽管数字图书馆建设单位在从事某些信息的收集、整理、加工、存储、检索与服务等过程中将形成自己的核心业务和一定的专业化规模，从而与同行有一定的差异性，但只有在这些差异的基础上逐步形成独特的资源和技术，才有可能具备核心竞争力。

（3）没有核心技术，并不意味着没有核心竞争力

数字图书馆建设单位尽管可能在信息的流通、价值链以及在知识的创造、生产、交流、增值等过程中不处于前沿和拥有核心技术，但并不妨碍数字图书馆在信息服务行业取得领先地位。对数字图书馆核心竞争力的确定应该是客观、具体的，不应该不切实际地一味拔高。

（4）比较分析是识别核心竞争力的主要方法

数字图书馆的核心竞争力是在分析比较后识别的。应将数字图书馆的资源和服务水平与其他信息服务机构进行对比，找出在业务上的差异和水平的高低，即有无独特的对自身持续发展能提供强有力技术支撑的能力？是否能使该项目具有独特的竞争性质而难以被竞争对手仿效？是否存在用户可感知的价值？

（5）核心竞争力不是一成不变的核心竞争力

要有自己的生命周期，要适时根据外部环境的变化发展实现核心竞争力的升级、转换。

3. 数字图书馆建设中的组织结构和业务流程重组

战略管理应该渗透于整个管理过程之中。不仅要在战略目标等理念上创新，还必须对原有组织结构、业务流程及服务方式、管理模式等实行变革，才能实现战略管理。数字图书馆运作的程序、环节及整合过程对其核心竞争力的形成和发挥等有着重要的制约作用。

传统图书馆以馆藏管理和文献服务为中心的宗旨决定了它依照文献流轨迹设计其信息流和业务管理流程，形成了"采、分、编、检、流"这样一个完全体现文献流的线性业务管理流程。随着数字网络化时代文献流的主导地位逐步削弱，基于异构分布式资源体系和个性化服务的主导地位逐步显现，线性流程已经明显无法满足这种需求，转而需要一种基于紧密共建共享体系的矩阵式业务和管理流程。通过业务布局与业务流程的调整与重组，形成以资源整合建设机制为核心、以数据加工和集成服务系统建设为支撑的主体业务布局，建立符合"知识流、文献流、信息流、知识流"模式要求的业务流程，并以此促进图书馆信息资源建设模式的转型，逐步形成核心竞争力。要以传统的集中式图书馆为中心，依赖物理占有的文献资源及其组织和传递服务的封闭式信息服务系统，迅速改造为用户需求驱动，依托网络化、数字化学术信息交流体系、分布式资源体系和检索传递系统，以知识化增值型信息服务为核心的、充分支持知识服务和知识创新的开放性信息交流环境。在系统构建方式上，要从以独立机构为基础的系统建设转移到以合作体系为基础的体系建设，建立与学术信息交流体系和信息产业各类成员的工作链和合作机制，通过资源集成、服务集成和系统集成来建设系统和发展能力。

数字图书馆战略管理的组织结构和业务流程重组的目的是培育、塑造图书馆的核心竞争力，使其拥有自己独特的技术、管理模式和运营技巧。因此，首先要从数字图书馆战略目标出发，将目标分解；其次，要对组织机构、业务流程进行深入细致的调查分析，找出各部门和流程与战略目标间的关系；最后，关键是要发现能够成为数字图书馆主要竞争资源、体现其战略核心的战略价值流，并围绕战略价值流的实现来考虑组织结构的功能再造和流程重组，使数字图书馆的内在运作机制也能成为核心竞争力的一部分，并对数字图书馆的战略实施提供有力支持。

第二节 个人数字图书馆研究

一、个人数字图书馆研究概述

个人数字图书馆是数字图书馆发展中的新鲜事物，反映了网络环境下信息用户的个性化需求，是网络信息资源管理的客观要求，也是知识管理发展的必然。网络环境下，公共数字图书馆所提供的信息管理与服务很难适应用户的个性化需求，即使推出了所谓的个性化服务，在某种程度上讲，也不是真正意义上的。虽然个人数字图书馆未必就能最好地实现个性化服务，将来可能还有更好的模式，但目前比较贴近个性化信息需求。公共数字图书馆与个人数字图书馆的关系还不明确，个人数字图书馆的定义、本质、功能、实现模式、个人数字图书馆与个人知识管理的关系、个人数字图书馆应如何实现信息组织、知识组织、知识创新等，都有待探索。

近年来，国内外对个人数字图书馆研究开始升温。国外对个人数字图书馆的研究大约始于 20 世纪 90 年代。许多研究成果是以国际会议论文的形式出现，表达这一概念的主要有 Personal Library、Personal Libraries、Personal Digital Library、Personal Digital Libraries 等，与其相关的概念还有 Personal Library Software、Free Web Resources、Individual Spaces for Innovation。研究内容主要包括个人数字图书馆定义；建立个人数字图书馆的意义、必要性、可能性；个人数字图书馆软件及其功能介绍；个人数字图书馆构建模式等。虽然目前已经取得了一些成果，但比较零散，主要从实践出发，未有理论突破，缺乏一个系统的框架。在以上国内外研究成果的基础上，这里对数字图书馆的定义、本质、功能、构建模式、信息组织、知识组织、检索、知识管理等方面进行了初步探讨，以求对该领域的研究做一较为系统、全面的总结。

（一）个人数字图书馆的本质

作为一个新生事物，对个人数字图书馆概念的理解并不统一。参考国内作者论文，陈光祚[①]教授对个人数字图书馆的定义被大多数个人数字图书馆研究者引用，即"指个人为了读书治学的目的，在自己的计算机上采用免费或基本免费的全文数据库软件，将有关的网上信息和自创的数字化信息资源进行采集、存储，使之成为有组织的信息集合，以供自己个人有效利用的数字图书馆"。个人数字图书馆是数字图书馆的一种类型，它是最贴近个性化需求的数字图书馆。

个人数字图书馆的本质决定其功能。个人数字图书馆首先满足了信息用户的个性化需求，实现了个人信息管理、知识管理，但仅供个人使用就违

① 陈光祚，男，1935 年出生，浙江省衢州柯城人，图书馆学家、情报学家。

背了互联网资源共享的初衷，这也正是个人数字图书馆数年来得不到推崇的原因。此外，个人数字图书馆不仅要实现信息管理，更要实现个人知识管理。个人知识管理是一个概念框架，能够把信息片段转变成可以系统运用，并能够扩充个人知识的价值。个人知识管理的价值在于帮助个人更好地整合、内化、使用、存储、共享信息。知识管理强调知识共享、知识转移、知识集成、个人隐性知识向显性知识转化等。试想，如果个人数字图书馆仅对信息资源进行管理，而抛开知识管理、抛开共享，那么，个人数字图书馆只不过是一个个信息孤岛，不是消除或缩小而是扩大了信息鸿沟、知识鸿沟。从社会资源优化的层面讲，无法共享的个人数字图书馆，也会在硬件与软件上造成巨大的浪费，增加信息、知识的共享成本。总而言之，个人数字图书馆的本质应该是为社会服务的，不能仅为自己服务，称之为"个性化数字图书馆"比较合适。个人数字图书馆的功能应是公共数字图书馆的延伸，不能仅停留在信息管理的层面上，应实现从信息管理到知识管理的升华。个人数字图书馆离不开网络，应能充分实现与公共数字图书馆的协同，是动态交互的知识管理平台。

（二）个人数字图书馆的构建模式

现代信息技术为个人数字图书馆构建提供了可靠保障。从国内外研究文献分析可以发现，个人数字图书馆构建有两种基本实现模式：一种是陈光祚教授在定义中描述的在个人计算机上建立数据库；另一种是通过公共数字图书馆来实现，已有雏形，如中国科学数字图书馆、华北水利水电学院图书馆的个人数字图书馆系统等。两种截然不同的构建模式，各有利弊。

利用个人计算机构建的个人数字图书馆，可以充分发挥个人计算机资源，特别是硬盘存储空间，但客观上不利于个人数字图书馆资源的充分共享。个人数字图书馆用户能否实现资源共享的技术前提并不一定都有保障，用户个人并不是都精通信息技术，包括数据库维护、操作系统安全等一系列问题，有时就会造成个人数字图书馆资源无法共享。个人计算机上个人数字图书馆软件很多，如超级文档管理器、网海拾贝、良友收藏家、ELIB 电子图书馆、TRS 个人信息中心、MYBASE、ADKSAM4 等，各软件功能不一致，实现的仅为简单的个人信息管理。主观上，个人数字图书馆用户能否将自己的资源放在网上供别人共享、与他人互动，受用户心理、信息行为、信息道德、信息伦理等制约。

通过公共数字图书馆构建个人数字图书馆有两个优点：第一，它依托网络，有性能稳定的服务器硬件、优秀管理人员，能保证网络畅通无阻，个人数字图书馆用户不用考虑远程服务器及管理方面的问题；第二，它具有比较可靠的数据库管理软件、统一的个人数字图书馆软件，有利于在同一平台下实现个人数字图书馆的管理及与公共数字图书馆、其他个人数字图书馆的协同、互动等，但没有在个人计算机上建立个人数字图书馆方便，个人隐私得不到有效、充分的保护。

个人数字图书馆的构建采取何种形式，受个人数字图书馆的本质与功能影响。在目前两种模式中，以前者居多，但功能都有待改进与提高。

（三）元数据与个人数字图书馆

个人数字图书馆为数字图书馆的发展提供了一种全新的信息组织与管理模式。个人数字图书馆将适合自己需要的信息资源保存在自己的数字图书馆之中，在信息资源充分共享的前提下，所取得的服务效果是公共数字图书馆无法比拟的。个人数字图书馆是网络化、数字化、个性化服务环境下的产物，是个人知识管理的工具，促进了公共数字图书馆的发展。个人数字图书馆理应在传统信息组织方法之上有所突破，传统的信息组织（分类法、主题法、元数据等）方法是基于文献的组织模式，总是尝试着通过描述对象、提供来源（如作者、来源、日期）和描述一个文档是"关于什么的"来预期信息的使用。关于信息组织，过去与现在，一直由信息管理人员进行，用户极少参与，缺乏对用户的信息需求行为、信息需求心理等的研究。尽管现在有诸如智能代理（Agent）一类的工具，能发现用户的兴趣、分析用户的信息行为，但这都是人们开发的计算机程序，智能代理软件的智能掌握在程序设计开发人员之手，因而其性能也是可以想象的。

元数据是个人数字图书馆的核心，可通过元数据方法来组织个人数字图书馆信息、知识，实现个人数字图书馆之间、个人数字图书馆与公共数字图书馆之间的协同与互动。一方面，个人数字图书馆将一切权利都交给了用户本人，用户既是信息的使用者，又是信息、知识的有效组织者，个人数字图书馆应该支持信息创造、使用、再使用和存储或者处理的生命周期，应该能够把内容从公共数字图书馆知识库下载到他们个人的数字图书馆之中；另一方面，个人数字图书馆是为了培育创造力，人们可以从多种信息资源中创造他们自己的新思想、框架、模型、问题等，生成包含元数据的个人文档，个人再将个人数字图书馆中的个人文档元数据及组织后的下载信息资源的元数据上传到公共数字图书馆之中。

元数据能很好地实现不同系统、不同平台、不同类型信息之间的交互。现今的元数据不能实现个人数字图书馆与公共数字图书馆的协同与互动，必须创造一种新的元数据—基于社会的元数据描述、一种统一的元数据标准。

基于社会的元数据的功能是什么、基本结构是什么、有哪些元素、元素属性如何、如何来描述、与其他元数据之间关系如何等，是个人数字图书馆之间、个人数字图书馆与公共数字图书馆之间实现良好协同与互动的基础。个人数字图书馆中的元数据描述，不仅要描述是什么（what）、在哪里（where），还要描述什么时间（when）、什么人（who）、为什么（why）、如何（how）使用某种信息资源。由于信息用户的信息需求是复杂的，个人知识创新时对旧知识的使用也是复杂的，故公共数字图书馆没能实现。经过元数据组织的单个个人数字图书馆就是一个知识地图，通过网络、公共数字图书馆联系在一起，由此将信息管理上升为知识管理。

（四）本体论与个人数字图书馆

本体是概念体系形式化的、清晰的、可共享的规范描述，可以理解为一个概念集，以及其中的各种关系，且这些概念和关系具有一个清晰且公认的语义，以便机器理解和处理。本体也可为某一领域提供公认的词汇表，有利于不同应用之间、人员之间信息交换。

本体的规范描述可以减少或消除用户之间在概念上的混淆。知识管理的主要活动包括知识的获取、组织与结构化、维护以及传递，利用本体可以有效对知识进行组织与存储，以利于知识的传播与共享。基于本体概念间关系及推理规则进行推理，也为创造知识提供了途径。

个人数字图书馆中最重要的是个人的经验知识（个人文档）及个人大脑中的隐性知识，通过建立知识本体，有利于知识的共享和重用，并可以建立以本体为基础的知识搜索，消除查询的模糊性，并以此为基础建立基于本体的个人数字图书馆知识管理平台。个人数字图书馆中有哪些本体，如何自定义本体概念间的语义关系，如何通过 OWL 语言描述个人数字图书馆本体等，均是需要突破的难题。

（五）网格与个人数字图书馆

网格技术是继 Internet、WWW 技术后的新兴信息技术，它的研究是信息基础设施建设的一个重大突破。网格技术的应用使计算资源、存储资源、通信资源、软件资源、信息资源、知识资源的全面共享成为可能，对解决数字图书馆资源建设过程中分布式信息资源的组织、统一检索及信息服务过程中的知识化服务问题将产生举足轻重的作用。

P2P（Peer to Peer）作为网格计算（Gird Computing）的重要技术之一而受到越来越多的关注。P2P 可简单地定义为通过直接交换共享计算机资源和服务，每一个对等点（计算机等）可以同时充当客户端和服务器两种角色，可充分利用终端设备的处理能力实现更广泛意义上的资源共享与信息交互，作为一种基于互联网环境的新的应用型技术，可广泛适用于分布式搜索、分布式存储与计算及企业协同等领域，同样可适用于个人数字图书馆之间、个人数字图书馆与公共数字图书馆之间的协同与交互。

基于 P2P 的分布式检索模式不同于传统检索模式，在分布式检索系统中，所有的节点都是对等的，它克服了集中式建库方式下，对中心 Server 的依靠，能够对大量用户的访问提供有效的服务；信息资源的发布更容易，节点资源的改变可以随时进行，不受时间限制和涉及人工处理；系统结构的松散度高，节点的增加和删除都可以很方便地实现；实现的过程都可以动态完成，不会影响系统正常的检索功能。加强网格环境下个人数字图书馆之间的信息、知识的共享，检索、协同、交互的研究，将会促进个人数字图书馆的发展。

（六）个人知识管理与个人数字图书馆

互联网为个人知识管理提供了强大工具，将单纯通过网络浏览器浏览 html 网页模式转向内容更丰富、联系性更强、工具性更强的模式，已经成为互联网新的发展趋势。具体地说，从模式上是单纯的"读"向"写""共同建设"发展，具有"个性化、去中心化、信息自主权"等特征。

社会性网络软件（Social Network Software）是互联网时代的重要特征，它具有高协作性、开放性、灵活的集成性、用户高体验性等特点，为个人知识管理提供了不同于传统的平台。在实际应用中除了原先的 IM、P2P 等得到新的发展外，更是涌现出了很多社会化的新事物，如 Blog、RSS、WIKI 等。社会性网络软件本身虽然还是一个尚未完全确定的概念，但已经引起了大量的关注。

个人数字图书馆是个人知识管理的工具，与社会性网络软件下个人知识管理比较，个人数字图书馆也具有"个性化"。但是，个人数字图书馆需要与公共数字图书馆产生协同与交互，个人数字图书馆数据库中的资源有一部分要通过公共数字图书馆、网络下载，此知识产权归著作者所有，其中的个人文档是个人知识内化的结果，所有权归自己，不完全具备"去中心化"与"信息自主权"特征。个人数字图书馆性能优越于社会性网络软件下个人知识管理，它不仅强调共享，还将促进信息、知识的组织，而社会性网络软件下的个人知识管理却只强调个人学习，根本目的是通过与别人交流促进知识创新，而忽视信息组织、知识组织。通过对个人知识管理的研究，吸收社会性网络软件的长处，有利于促进对个人数字图书馆功能评价及个人数字图书馆中知识转换、知识共享、知识创新的实现。

综上所述，个人数字图书馆是指采用现代信息技术对个性化需求信息进行管理，实现个人知识管理的一种工具，是公共数字图书馆服务延伸的个性化数字图书馆。目前，个人数字图书馆研究与发展还处于萌芽状态，其定义、本质、功能、构建模式、信息组织、知识管理等理论与实践仍处于不断探索之中。个人数字图书馆研究与很多学科特别是心理学、认知科学、行为学、计算机科学、信息学、本体论等相关。个人数字图书馆探索对个性化服务、个人知识管理、公共数字图书馆信息资源管理均有突出的实际意义。个人数字图书馆研究中，基于元数据的知识组织、本体论、个人知识管理、应用软件开发等将是需要突破的重点与难点。

二、个人数字图书馆模式的分析

（一）远程个人数字图书馆

远程个人数字图书馆就是文献信息资源存储在远程服务器或网络上，用户通过个人终端机借助网络访问和管理属于自己的信息资源，这是建立在面向公众的数字图书馆或专业网站网页上的个人数字图书馆，也就是个人电脑之外的个人数字图书馆。突出的表现形式有"My library"等。对于用户来说，My library 既是一个容纳各类资源和 Internet 信息访问的个人门户，又是直接享受各种服务的窗口。通过 My library 这个窗口，用户可以进行个人定制，只选用自己所关注领域及学科的相关数据资料库和电子期刊等数字资源。此外，用户还可以在 My library 上放置自己喜欢的网络搜索引擎，收藏常用的网络链接，甚至可将自己收集的其他数据存放到系统为其分配的个人数据存储区内。还可以通过权限设置允许其他用户利用自己的个人存储区中的资源。另外，My library 会定期自动检索用户定制的各种网络链接和数据来源，并将最近更新通知给用户，这样一来，用户就可以实时维护这些资源并及时跟踪相关最新发展动态。此外，图书馆方或专业网站还会对用户喜好和行为进行分析，利用现有的资源向用户推送附加信息，而用户正是通过 My library 来享受这一服务。

（二）本地个人数字图书馆

本地个人数字图书馆是指个人为了读书治学，在自己的计算机上采用免费或基本免费的全文数据库软件，将有关的网上信息和自创的数字化信息资源进行采集、存储，使之成为有组织的信息集合，以供个人利用的数字图书馆，也就是文献信息资源是存储在个人本地的计算机上的数字图书馆。这种模式的个人数字图书馆，从目的上看，它的建立和维护是主体的自觉行为，是为了满足个人学习、研究和娱乐的需要；从使用权限上看，它具有私密性，强调保护个人隐私，仅供个人或私人团体使用；从知识信息内容上看，不仅包括网上知识信息，还包括个人知识信息的数字化；从功能上看，它具备了贮存、检索、传输和优控等功能，以全面满足个体要求。因此，它是最贴近用户个性化需求的数字图书馆。

（三）两种模式的个人数字图书馆的比较

在这里我们选取远程个人数字图书馆中比较有代表性的"My library"系统与本地个人数字图书馆进行比较分析，以期探讨它们各自的功能特点。

1. 从构建的目的来看

My library 的目的是站在图书馆的立场寻找一种个性化的视角以解决信息过量和管理负担过重的问题，为用户提供具有较深层次的服务，力图达到个性化的目标。但实质上，My libraiy 最终的屏幕显示仍是一个用户控制和图书馆控制部分的微妙组合，有些区域不能由用户自由操作，用户只能被动地接受信息，不能主动地创造信息。

本地个人数字图书馆，从系统的建立、管理、维护和运行都是主体的自觉行为，是主体为了满足个人学习、研究和娱乐需要的行为；同时把选择信息、创造知识和组织知识的自由完全归还个人，实现完全的"个人制造"，因而实现了真正意义上的个性化服务。

2. 从构建过程来看

My library 系统的构建过程比较复杂。My library 系统总体上分为三级交互：普通用户定制信息和提出请求；系统管理员根据读者请求建立相应的模块；而咨询请求则发送给学科咨询员，学科咨询员还需负责相关学科的资源链接的维护。用户通过 Web 浏览器与 My library 系统进行交互，而用户所输入的资料和请求则通过 Internet 送达 My library 后台服务器。后台服务器负责接收用户信息、验证用户身份，将用户资料及其定制信息存入用户资料库，并根据这些资料，调用其他模块，动态生成用户登录后看到的主页，而各个模块协同合作共同实现 My library 前台服务系统所提供的各项功能。图书馆的管理人员则从另一个页面登录进入后台管理系统，发布最新消息、填充系统资源、管理网页模板和用户等。整个构建过程技术要求高、设备多、投资大、开发周期长。

本地个人数字图书馆的构建是用户个体的行为，其过程比较简单，一般可分为：①根据需要确定目标→②选择应用软件→③实施构建个人数字图书馆→④采集、存储"馆藏"资源→⑤管理、维护个人"馆藏"资源→⑥"馆藏"资源的输出。其过程中最重要的是用户必须根据自身的需要和目的，确定构建个人数字图书馆的目标和选择一个适合自己的应用软件。由于所用的软件是免费或基本免费的，而构建的具体方法和步骤完全可以利用所选软件本身具有的功能顺利进行，因此，构建本地个人数字图书馆技术要求低、投资少、开发时间短。

3. 从收藏的文献类型来看

My library 收藏的文献类型受到面向公众的数字图书馆收藏范围的限制，收录文献类型较为单一，不同类型的文献往往依据知识信息类型、格式等分别建库，实现标准化的存储，但同时阻隔了相同主题而类型不同的知识之间的相互联系，使用时要分别检索浏览。

本地个人数字图书馆收藏的文献类型比较广泛，除网上下载文献外，可收录个人文章与著作的电子文本、个人 E-mail 文件等。在一个库内，所收录的文件类型和格式可以是多种多样的，如文本文件、HTML 文件、DOC（WORD）文件、WPS 文件、图形，乃至动态图像、音乐等文件。这种将多类型、多格式、多文种、多编码的信息按同一主题集中，混合建库，虽然库结构比较杂乱，但真正贴近用户的使用需求。

4. 从运行与维护管理来看

My library 依赖于面向公共的数字图书馆，而公共数字图书馆的双向性和开放性，使得任何人可能对系统及内容进行变更。

本地个人数字图书馆由于是在单机上运行的，因而具有管理、利用的简便性。所收藏的文献只需要大致的归类，不需要标引和标准化著录。不同类型、格式、编码的同主题知识信息可混合建库，摆脱了数据库存储格式的束缚，使用方便，通过点击鼠标和输入少量文字、指令就可完成操作，如超级文档管理器新颖的智能分类功能可以免除手动调整文章结构的烦恼，只需事先设定分类条件，系统就可自动抓取信息。另外，由于本地个人数字图书馆系统软件可免费从网上下载，因此，构建费用较低。同时，除采集网上资源外，一般为离线操作，节约上网时间和费用。

5. 从文献的稳定性来看

My library 收藏的文献受到网络及所依赖的公共数字图书馆的影响，当其所依赖的文献数据库发生变化、更新时，其中的文献也就随之变化。因此，My library 所收藏的文献不是很稳定。

本地个人数字图书馆具有固化信息的功能。它一旦建立，就相对独立，不受网络通信的影响，不受网站及其资源的更新而消失的影响，也不受有关软件变更的影响。其中的文献信息资源是个人"到手了"的资源，因而具有"实在性"，是一种"实获"。

6. 从系统的复杂程度来看

My library 所依赖的面向公众的数字图书馆一般由公共图书馆、高校图书馆、科研部门图书馆、商业性机构支持经营，它们一般是将原来所负担的为公众提供信息服务的职能在网上得以实现，数据库构建复杂，要求有专职人员，成本甚高。

而支撑本地个人数字图书馆的软件功能相对简单，对收录的信息一般不进行著录、标引等预处理，检索时以对全文关键词扫描为主，因此，构建本地个人图书馆较简单得多，可由用户自己一人完成。

7.从发展的规模来看

My library由于有面向公众的数字图书馆的强大支撑，在技术、人力、物力、财力上有坚强的后盾，文献资源可以得到不断更新和补充，发展规模较大，能发挥很大的社会效益。

本地个人数字图书馆由于具有私有性，利用范围极小，能发挥的社会作用有限，它的建立和维护是一种个人行为，它的扩充缺少持续性和稳定性，难以达到较大规模，资源建设难以达到客观知识的整体性，资源管理标准化程度不高。

从以上比较分析可知，两种类型的个人数字图书馆各有特点，其中远程个人数字图书馆由于有面向公众的数字图书馆作为后盾，有强大的资金、技术支持，文献信息资源丰富、组织科学规范，有着众多的用户，在许多网站里，特别是大学图书馆及信息服务网站里得到了较快发展。而本地个人数字图书馆由于实现了真正的自主化，其个性化突出，具有固化知识、不受网络影响的显著特点，在未来也将越来越受用户的喜爱，从而促进其发展。作为个人数字图书馆的构建者来说，两者不可偏废，前者可便捷地获取个人所需的丰富文献信息，后者可充分组织利用所得的文献信息，突出个性化的特征。

三、个人数字图书馆资源共享的关键技术

随着互联网时代的到来，信息资源的生产、存储、组织、分布及互联网服务模式、用户角色、运行机制等正发生着根本性的变化。在新的网络环境下，个人用户既是信息资源的消费者，同时也是生产者、组织者及信息服务的提供者。

个人数字图书馆是个人信息管理的一种有效手段与模式，它成功地实现了对存储在个人计算机中的信息资源（显性知识）的有效组织与管理。随着计算机、网络、存储等技术的发展，个人数字图书馆中存储的信息资源猛增，如何有效开发与利用其中的信息资源已成为国内外计算机界、信息学界、知识管理界等普遍关注的问题。其中，资源共享是个人数字图书馆研究与发展中的重要问题之一，有利于个人知识的增值和个人知识管理水平的提升，促进组织知识管理的发展等。目前，国内外论述个人数字图书馆资源共享的文献很少，可以借鉴的成功经验并不多，与个人数字图书馆资源共享相关的技术还有待进一步探索。

（一）个人数字图书馆概念的界定

作为一个新生事物，业界对个人数字图书馆概念的理解并不统一。国外对个人数字图书馆的研究大约始于 20 世纪 90 年代，近年来这一研究逐渐升温。国内研究约始于 2002 年，研究内容主要包括个人数字图书馆定义；软件及其功能介绍；建立个人数字图书馆的必要性、可能性和模式等。

参考国内作者论文，陈光祚教授对个人数字图书馆的定义被大多数研究者引用，即"指个人为了读书治学的目的，在自己的计算机上采用免费或基本免费的全文数据库软件，将有关的网上信息和自创的数字化信息资源进行采集、存储，使之成为有组织的信息集合，以供自己个人有效利用的数字图书馆"；同时，陈教授将个人数字图书馆比作"e"时代的私人藏书楼，也被国内研究者所接受，充分反映了用户的个性化需求。

从发展及理论联系实际的观点看，个人数字图书馆作为一种事物，其内部结构与外部联系随时间必然发生变化。结合国外的研究成果，吸收国内观点，可以将个人数字图书馆理解为采用现代信息技术对个性化需求信息进行管理、实现个人知识管理的一种工具，它是公共数字图书馆发展与服务延伸的个性化数字图书馆。

（二）个人数字图书馆资源共享的模型

个人数字图书馆能满足用户的个性化需求，实现个人信息管理及个人知识管理。目前，建立在个人计算机之上的个人数字图书馆仍具有极大的分散性，它们是一个个信息孤岛。然而，个人数字图书馆本质应当是"个性化"的数字图书馆，而不仅是"藏书楼"。在倡导开放存取的时代，如果站在全人类知识共享与知识创新的高度，从系统论、协同论及耗散结构理论等角度分析，个人数字图书馆应当是为社会服务的、开放的、共享的。个人数字图书馆资源共享可以发生在个人数字图书馆与公共数字图书馆之间，也可以在个人数字图书馆之间等。

个人数字图书馆资源共享功能主要体现在：个人数字图书馆中存储的信息资源采用一定的元数据标准，经过元数据组织后，可以上载到公共数字图书馆之中；相反，个人也可以从公共数字图书馆查询、下载元数据；个人数字图书馆之间可以实现元数据的交换与共享，丰富个人数字图书馆中的信息资源；通过互操作等技术，个人数字图书馆用户可以参与公共数字图书馆信息资源的组织。

（三）个人数字图书馆资源共享的关键技术及功能

个人数字图书馆资源共享的研究与发展还处于初级阶段，涉及的技术可能比较多，在此，本着实用的原则，论述几种关键技术。

1.P2P 技术

P2P（Peer to Peer 的缩写），一般称作对等网，它是一种网格，也是一种技术，是近年来计算机科学等研究的热点。IBM 认为 P2P 系统是由若干互联协作的计算机构成，系统依存于边缘化（非中央式服务器）设备的主动协作，每个成员直接从其他成员而不是从服务器的参与中受益；系统中成员同时扮演服务器与客户端的角色；系统应用的用户能够意识到彼此的存在，构成一个虚拟或实际的群体。

P2P 网络是互联网整体架构的基础，在通信过程中，所有的设备都是平等的一端。P2P 技术改变了"内容"所在的位置，使其正在从"中心"走向"边缘"，也就是说内容不再存于主要的服务器上，而是存在所有用户的个人计算机上。P2P 使得个人计算机重新焕发活力，不再是被动的客户端，而成为具有服务器和客户端双重特征的设备。

以网络中有无服务器为依据，可将对等网分成混合式 P2P 网络和纯分散式 P2P 网络两大拓扑结构。典型系统有 Napster、Gnutella、FreeNet、Chord-based System、BitTorrent 等。P2P 系统包括 P2P 平台层和应用层：P2P 平台层包含支撑 P2P 应用所需的基础组件，如发现机制、通信、安全、资源集成等组件；P2P 应用层利用 P2P 平台层提供的功能，向用户提供专门的服务。Peer 通信和定位、平台的安全和平台能否性能优化是 P2P 系统成功与否的关键技术所在，从网络的拓扑结构和 Peer 节点的角色划分、资源的标识、Peer 的定位方式、P2P 网络中节点的登录、退出和节点故障、防火墙和 NAT 的穿越、P2P 平台的安全机制、P2P 平台的性能改善技术等方面进行了详细论述。

个人数字图书馆资源共享需要构建共享网络，P2P 是互联网时代的关键技术之一，能将分散的个人数字图书馆连接起来，充分发挥个人数字图书馆作为"边缘"资源的作用。

2. 互操作技术

互操作性是指两个或多个系统相互使用已被交换的信息的能力。互操作性是对异质实体（包括异种体系结构、异种操作系统、异种网络和异种语言等）中可获得资源的透明调用的能力。

互操作性几乎渗透到数字图书馆的每个方面，特别是在数字图书馆的信息管理（包括信息的存储、组织与检索等）、信息提供、系统间通信、系统操作与资源保护（包括用户及其知识产权与信息资源）等主要方面。

根据解决数字图书馆界面差异的不同方法，可以将互操作分为基于界面调整的互操作和基于界面标准化的互操作。根据解决数字图书馆互操作的着眼点不同，可将互操作分为面向过程的互操作和面向对象的互操作。根据解决数字图书馆互操作软件实体接口间差异的不同，可以将互操作分为基于接口标准化的互操作和基于接口桥接的互操作。随着开放分布式系统的不断成熟及 Internet 技术的不断发展，人们又提出了基于 Agent 的互操作方法和基于 Java 的互操作方法来支持系统软件的互操作。

当前，数字图书馆主要有三种互操作模型：联邦、采集、收集。由此，人们提出了不同的互操作解决方案，其中具有代表性的有：①分布式搜索（distributed search）——联邦检索；②元数据采集（harvesting）——OAI-PMH；③中间件（middleware）技术。

个人数字图书馆资源共享过程中存在大量的互操作问题，互操作技术为个人数字图书馆资源共享的顺利实施提供了技术保障。

3. 中间件技术

中间件是网络环境中系统节点上介于应用和操作系统以及网络服务之间的一系列分布式服务软件的集合。通过中间件所提供的具有标准编程接口和协议的服务，可以建立独立的软件层，隐藏数字图书馆的底层信息源和服务的异构性，从而实现数字图书馆的互操作。

目前，存在一些关于分布式对象系统的中间件标准与系统（Middleware Standards and Systems），如 CORBA、Z39.50、J2EE、Web Services 等。不过，遵照不同协议标准建立起来的信息检索与数据库系统有不同的信息检索机制，因此，在各种中间件技术与馆藏存取系统间建立适当的接口是实现数字图书馆互操作的重要环节。

中间件技术如 Z39.50 促进了数字图书馆的发展，个人数字图书馆资源共享过程中的信息检索与公共数字图书馆存在相似性，自然离不开中间件技术的支撑。

4.Web Services 技术

这项技术始于 1999 年，由 Microsoft、IBM、HP、W3C 等共同参与开发，但至今仍很难有一个明确的定义。Web 服务是描述一系列操作的接口，利用标准化的 XML 消息传递机制可以通过网络访问这些操作，它是分布式应用的一种新技术，对异构系统有更好的适应性，互操作性能更好。

Web Services 技术由互联网络协议（HTTP、TCP/IP）、可扩展置标语言（XML）、简单对象访问协议（SOAP）、服务描述、检索与整合（UDDI）、软件服务互通协议（尚未定义）等六个部分组成，具有松散耦合、自描述与自适应、分布式和与位置无关性、动态性和可扩展性、基于开放标准等特点。

Web 服务技术为实现分布式检索提供了一个很好的解决思路。在利用 Web 服务标准构建分布式检索时，系统设计者可以将每一个单独的检索系统看成整个分布式系统的一个节点，通过 Web 服务接口来调用单个节点的检索服务。接口间的通信协议是基于 XML 的 SOAP，传送的数据也已经被 SOAP 封装，与操作系统和实现平台没有任何依赖性，从而克服了跨平台的问题。各检索系统之间是请求服务与提供服务之间的关系，这使得分布式平台形成一种松耦合的结构，便于系统的扩展。

XML 能有效解决异构问题，Web 服务方便了用户。个人数字图书馆好似一个个单独的检索系统，在 Web Services 技术的作用下，能有效地实现个人数字图书馆资源共享中的检索。

（四）个人数字图书馆资源共享关键技术的应用模型

1.个人数字图书馆资源共享信息检索模型

个人数字图书馆资源共享的检索策略模型充分发挥了 P2P 技术、中间件技术等的作用，可以从目标端（Server）构建、客户端配置、用户检索等方面进行解析。

2. 模型的解析

采用 P2P 技术进行定位、互联，将分散的个人数字图书馆（PDLs）构建成一个纯分散式个人数字图书馆 P2P 网络。PDLs-Peer 为具有对等地位的节点（Peer），既可充当服务器，又可充当客户端，为成功实现个人数字图书馆信息资源检索提供了网络环境。纯分散式个人数字图书馆 P2P 网络中的一个个节点（Peer）在 Z39.50 协议（包括 SRW/SRU）的作用下，形成具有纯分散式 P2P 结构的目标端（PDLs-Z-target），供用户检索。之所以要形成 P2P 网络，是为了能充分利用 P2P 信任机制和资源发现技术，发现检索资源（包括个人数字图书馆节点 IP、MARC 地址、服务器名称、端口、数据库等）。

客户端均需安装 P2P 软件，实现与目标端（PDLs-Peer）的连接。同时，个人数字图书馆用户还得安装 Z39.50 检索协议；普通 User 一般通过 Browser 访问检索资源，因有 http-Z 网关的作用，一般不用安装 Z39.50 检索协议。建议个人数字图书馆软件系统必须具有 P2P 互联及带有 Z39.50 检索协议等功能。

个人数字图书馆用户可通过 Z-Client、SRW/SRU-Z 网关，对 PDLs-Z-target 进行检索，并实现个人数字图书馆与公共数字图书馆、个人数字图书馆与个人数字图书馆的互操作。普通 User 用户可以通过 Browser、http-Z 网关、http-SRW/SRU 网关，对个人数字图书馆之中的元数据、Web 信息资源进行检索。

四、面向科学研究的个人数字图书馆服务融合

个人数字图书馆是具有个性化服务特征的数字图书馆，它能帮助用户对数字信息资源进行采集、存储，使之成为有组织的信息集合。在数字化环境下，信息服务机构以用户为导向的信息资源整合与服务集成的发展，正推动着个人数字图书馆的建设，以适应用户对文献资源管理与服务的个性化需求。尽管以中国知网（CNKI）、中国高等教育数字图书馆（CALIS）、超星数字图书馆等为代表的个人数字图书馆服务在总体上适应了学科文献资源、主题文献资源、承担科研项目、学术圈动态、学术热点等的定制推送需求，但所提供的服务多局限于数字图书馆资源的检索与管理等角度，缺少依据用户特征对资源进行深入挖掘和加工处理；个人数字图书馆的相关研究，也主要集中于个人数字图书馆的内涵、信息资源组织与检索策略、社会化导航、系统架构、服务评价以及知识产权保护等方面。然而，科学研究工作的开展除了依赖于数字资源的支撑，还依赖于对用户创新活动的服务保障，目前的个人数字图书馆服务尚缺乏为用户科研创新提供知识服务的能力。因此，为了实现个人数字图书馆对用户科学研究的支持，下面针对用户科学研究中对知识管理与科技查新的需求，从服务融合的角度，综合利用数字图书馆馆藏与外部的资源和服务，形成面向科学研究的个人数字图书馆融合服务，进而提升个人数字图书馆整体服务水平。

（一）面向科学研究的个人数字图书馆服务融合定位

数字图书馆用户在科学研究中正逐步体现出对具有高影响力的"弱信息"的需求和"战略性阅读"需求的重视，这要求面向科学研究的个人数字图书馆服务在资源获取上和服务组织上体现其便捷性和知识性，并服务于科研创新全过程。

1. 个人数字图书馆服务融合目标

在用户的科学研究中，个人数字图书馆就服务内容而言，需要辅助用户梳理个人知识结构，归纳研究对象的知识脉络，并根据用户需求对知识资源进行个性化分类组织；就服务方式而言，需要智能识别用户研究主题，按照科学研究的阶段需求，在实现内容定制的同时，为用户主动推荐相关资源，以拓展用户的创新思维。

个人数字图书馆服务融合旨在利用外部服务优势，实现一些四个目标：①服务集成化，用户在个人数字图书馆可获得集文献资源检索、浏览、推荐、收藏以及个人知识管理为一体的融合服务，以避免用户访问多平台来满足科研需求；②服务知识化，快速掌握某一学科或知识领域的关键知识、核心文献、研究热点和学术趋势等，以便于用户对新研究方向进行宏观把握，为后续科学研究工作的开展奠定基础；③服务主题化，根据用户科学研究主题，及时跟踪该研究领域的核心著作、期刊、科研课题等资源，并了解该研究领域权威专家的学术科研动态；④服务社区化，在科学研究中需要与其他用户开展广泛的学术交互，并围绕共同的科研目标进行协作创新，这就要求个人数字图书馆提供社区化协作平台，实现学术交流与共享。

2.个人数字图书馆服务融合对象

为实现个人数字图书馆服务融合目标，可综合利用概念图展示概念节点并揭示知识之间的关系，利用知识图谱描绘该知识主题下的研究趋势与热点，利用电子资源门户融合相关学术资源。

（1）基于概念图的知识管理

概念图是一种利用可视化手段展示概念以及概念之间关系的结构化图形，其主要由概念节点，以及节点间标注有概念间关系标签的连接弧构成图。概念图工具 Cmaptool，支持概念图的协作编辑、共享、检索与导航，除了展示概念之间的结构外，还包括子概念图及相关图片、文档、视频、网页等资源链接以实现对知识概念的补充介绍。在个人数字图书馆中融入概念图服务，能够适应数字图书馆由文献管理服务向知识管理服务转型的需要。

（2）基于知识图谱的研究进展描绘

知识图谱是从知识客体角度通过计量分析和挖掘所展现的某一研究领域或主题内知识结构图，是以可视化的方式揭示科学知识及其活动规律。用户的科研领域可以被概念化成一个从研究前沿到知识基础的时间映射，施引文献形成了研究前沿，被引文献组成了知识基础。CiteSpace 是用来分析共引网络的可视化工具，主要帮助分析知识领域中的新趋势。对个人数字图书馆而言，在概念图的基础上利用 CiteSpace 揭示研究前沿术语共现网络、知识基础文献的同被引网络、研究前沿术语引用知识基础文献网络等，可为用户科学研究揭示特定知识主题的科研进展。

（3）基于电子资源门户的文献管理

MetaLib/SFX 可以扩展用户在个人数字图书馆中的资源管理与利用服务，为用户科学研究提供馆藏资源和数据库资源的集成检索与个性化管理服务。其中，基于 XML 的 MetaLib X-Server 开放接口，以 URL 超链接作为输入，以 XML 格式的报文作为输出，从 MetaLib 中抽取资源描述和资源列表并按类组织，使数字图书馆 MetaLib 功能和元搜索服务扩展到用户端，并能够为外部程序所利用。而 SFX 链接服务器通过抽取整合资源的 Open URL 元数据为检索结果提供了上下文敏感的服务，直接链接到全文、联机目录、文献传递、网络搜索等相关网络资源和服务。

（二）创新需求导向的个人数字图书馆服务融合模型

Pipes 是一种典型的服务融合手段，由一系列相互连接的功能部件组成，每一个过程的输出直接是下一个环节的输入，以形成依次连接的数据处理链网。创新需求导向的个人数字图书馆服务融合模型可基于 Pipes 服务融合框架而构建，以指导个人数字图书馆服务融合的实施。

1. 基于 Pipes 的服务融合框架

基于 Pipes 的服务融合首先需要解决的是资源的获取问题。对于个人数字图书馆用户而言，其资源层面的需求主要包括了结构化的数据库资源，以及半结构化或非结构化的 Web 资源。而采用具有 Web Services 架构风格的代表性状态传输（REST）协议，为所有资源都赋予唯一的资源标识 URI，显示地使用 HTTP 方法，并通过通用的连接器接口对资源进行无状态的操作。这种轻量级架构模式实现了资源的松耦合，资源由基于 REST 的开放式 APIs 获取，集成异构资源作为 Pipes 的输入源。在数据处理链中，通过内容聚合、数据格式转换、资源过滤、资源排序等功能的适配器实现对数据资源的加工处理。而根据数据处理目标，每条数据处理链形成独立的 Pipe，并整合图形界面和用户交互机制应用功能最终封装形成功能独立的 Widget，以可视化界面的形式展示由 APIs 提取的资源。另外，在不同 Widget 所构成的 Pipes 间，可以互相连接实现数据的传递，并在 Mashup 层根据用户的需求定义，通过视图的直观方式集成和链接不同资源的内容从而实现服务的融合。最终，经过集成处理的数据与融合服务将由 Web 服务器传递到浏览器展现给用户。

2. 个人数字图书馆服务融合构架

基于用户创新需求和 Pipes 服务融合框架，个人数字图书馆服务融合围绕概念图 Widget、知识图谱 Widget 和电子资源门户 Widget 构建与链接展开。

在知识积累阶段，用户对于新的研究课题缺少宏观的把握，可根据创新目标下的研究主题作为切入点，在 Cmaptools 概念图服务器中查询该知识的相关概念图。概念图将展示这一主题知识的知识结构，其中在知识节点下方所标记的相关资源的链接可帮助用户深入了解该知识概念，包括子概念图、Wild 百科知识以及相关 Web 补充资源等。利用概念图和链接资源，用户能够迅速把握该研究方向所需掌握的核心知识，为科学研究做知识储备。

提取概念图的知识节点便形成了与用户科学研究主题相关的核心知识集，将核心知识集内的知识元在期刊文献数据库中进行主题检索，并将检索结果导入到 CiteSpace 中进行处理。根据检索结果设置网络节点为被引文献，并确定适当的阈值，绘制代表人物与代表作品的时间序列图，以展示该知识主题的核心著者和成果；设置网络节点为名词短语，选择适当的阈值，根据名词短语的出现频次绘制研究热点知识图谱，以展示该知识主题的核心研究关键词；利用膨胀词探测技术，选出频次随时间变化率高的主题词，绘制研究前沿与发展趋势图，以展示该知识领域研究的演化过程。

对于知识图谱所展示的核心专家、成果和热点主题可以导入 Metalib/SFX 集成检索平台，也可以直接将概念图提取的知识作为关键词检索文献资源，并按出版时间、引用次数或下载次数进行排序。在每条文献资源后将提供 SFX 链接，使得用户可以利用诸如文献传递、OPAL 联机目录、参考咨询、豆瓣书评、Google Scholar 等扩展服务，最终汇集形成该知识领域的核心文献及相关的知识资源。在电子资源门户服务融合的基础上，利用个人图书馆的收藏与分类组织进一步加工，为用户开展知识内化吸收和创新提供资源保障。

同时，用户根据科学研究进展可自主创建概念图，利用图形化的概念展示方式对创新中的发散思维进行归纳，有助于用户及时总结自身所掌握的隐性知识，进而实现对科学研究过程的知识管理，辅助用户以知识主题为导向进行资源组织。此外，概念图还支持用户间的协同交互，这不仅体现在对概念图的共享以及同步或者异步的互动交流之上，还体现在用户之间对同一概念图的协作编辑，实现用户间的协作创新。至此，形成完整的以科学研究目标为导向的个人数字图书馆服务融合，支持用户的持续学习和创新。

第三章 数字信息资源采集与创建

第一节 数字资源采购

一、数字资源采购原则

随着信息载体的多样化和网络环境的形成，用户对数字资源需求的不断增长，图书馆数字资源的数量逐年增加，各图书馆购买的数字资源经费占图书馆文献资源总经费的比例不断上升，数字资源已经成为图书馆馆藏的重要组成部分，这是图书馆由传统向数字型图书馆转变所带来的必然结果。同时，数字资源的价格模式、采购方式、服务方式复杂多样，且很多数字资源以一个数据库的形式整体订购，金额巨大，因此，数字资源建设需要制定明确的指导原则。

（一）整体性原则

整体性原则是数字资源建设的第一原则。当前，各种类型的文献资源数字化比例在逐步增长，数字资源已经成为图书馆文献服务的主体。数字资源建设需要与纸质等传统文献资源协调，适应信息环境的变化，从学科、语种、文献类型、回溯存档各方面做资源的整体规划和优化配置，最终形成一个完整的信息资源保障体系。

（二）优先配置原则

对于研究型机构或图书馆而言，文献是资源购置的主体。数字资源相对于印本资源，购置成本更低，在相同的经费下，优先配置数字资源，可以大幅充实馆藏。从成本效益、时效性、用户需求等方面看，电子资源优先配置原则适用于大部分类型的文献资源，但国内出版的中文图书还不能做到电子图书和纸本图书同步发行，很多热门书的作者也不同意签署电子版授权协议，因此，电子资源优先配置原则，在目前还不适用于中文图书。

（三）效益性原则

数字资源建设的一个主要渠道是采购，因为资源建设经费是有限的，如何发挥资源建设经费的最大效能，用有限的经费购买更优质的资源，就必须考虑效益性问题。研究机构或图书馆应据此原则评估和选择数字资源供应商，并据此选择数字资源的采购方式、许可模式和许可期限，确定数字资源的支付方式。如在数字资源采购方式选择中，可要求资源提供者：对于同一内容的资源，选择 e-only 或 e-first 方式时，电子版资源的定价应该实质性地低于当前订购印刷本资源的价格；当 c-first 模式下继续采购印刷本资源时，相应的印刷本资源价格应该只是 print-only 价格的小部分，而且电子版和印刷版采购价格之和应该不超过 print-only 原价格。台湾成功大学图书馆"电子资源采购政策"就将"订购成本效益"作为采购需考虑的原则之一。

此外，为提高数字资源建设的效益，还应定期开展数字资源的评估工作，为数字资源的建设提供决策支持。

（四）用户参与原则

用户参与原则是数字资源建设应遵循的开放性原则。数字图书馆的用户具有二元属性，用户既是数字资源的消费者，也是数字资源的创建者。数字资源建设不应是图书馆员单方面的信息行为，而应该是图书馆员、资源和用户互动的过程，是用户参与和用户评价的过程；并且在这个过程中引入用户参与和评价机制，将有利于提高数字资源的适用性和实用性，提高数字资源的利用率和绩效。

（五）保障性原则

保障性原则是数字资源建设应遵循的职能性原则。目前，数字资源已成为网络环境下用户信息发现和获取的首选对象，越来越多的数字资源开始在我国科研、教育、生产等创新活动中起到信息支撑作用，这些数字资源已成为我国进行科技创新的战略资源。因此数字资源战略保障的核心内容将包括永久使用和长期保存两个方面，这就要求图书馆在广泛地采集来自国内外优质的数字资源的同时，还要保证这些数字资源的长期有效可存取。数字资源的保存是以数据为基础的。除了数据本身、描述的元数据以及数据的结构，数据所用的硬软件数据也必须保存。

（六）共建共享原则

数字资源相对于传统的纸质资源，其灵活性更表现在资源共建共享的便捷性。数字资源联盟采购的模式有利于区域性图书馆联盟的形成，联盟内通过镜像站点或专线等方式使用数字资源，避免数字资源的重复建设，使信息资源布局更加合理，最终实现数字资源的共建共享。

在经费有限的情况下，要从众多良莠不齐的数字资源中进行选择，有一定难度，因而制定采购选择的标准来评估十分重要。这里将数字资源的采购所依据的原则归纳为六个方面，是作为实践指导性原则，并不能囊括所有因素，在实际操作中需要全面综合地考虑各种因素。事实上，整体性原则和优先配置原则的应用需相互协调；数字资源的效益成本和用户需求要综合考虑，不应顾此失彼；数字资源建设的保障性和区域间的共建共享既是一种原则，更是从数字资源战略管理的角度来建设和发展数字资源的标准。

二、数字资源采购方式

（一）联盟采购

在文献经费非常有限的情况下，研究机构或图书馆联合起来组成联盟，共同引进数字资源是一种很有效的方式。联盟采购是研究机构或图书馆与出版商博弈的必然选择，国外出版市场高度垄断，这些出版社掌握了出版物的定价权，在谈判中处于强势地位，研究机构或图书馆只有组成联盟，才能在谈判中争取平等地位，增强自己的议价权，在价格、许可协议和服务等方面争取有利的条件。对于许多重要的信息资源，图书馆单凭各自的经费只能望尘莫及，而组成联盟，将经费联合起来，就能满足联盟成员的需求。

在网络数字环境下，多个研究机构或图书馆联合起来，组成联盟或集团，共同采购数字资源是一种有效的资源建设模式，将成为数字资源合作和管理的发展趋势之一。因此，有必要进行数字资源联盟采购模式的优劣分析，扬长避短，实现联盟采购的持续发展。

联盟采购模式的优点主要体现在经费、时间、风险、共建共享四个方面。

（1）可节约经费。联盟采购使得图书馆议价能力大大增强，可以从数据库商那里争取到更优惠的价格。一般而言，联盟的采购价格要比单个图书馆自主采购的价格低，联盟越大，价格越优惠，会降低数字资源采购价格，节约各成员单位的采购经费，也节约出版商的营销成本。

（2）可节省时间。可以减少每个成员单位花费在合约协商上的人力和物力。一般一个数据库，从与国外数据库商接触，短则需要一年，长则需要2—3年时间，既费时间又费精力。但是组织联盟采购，知识联盟召集单位和国外数据库商进行谈判，然后征求用户意见，不必每个成员单位都直接参与谈判，这样既节省了时间和精力，又提高了效率。

（3）可降低经济风险和采购失误。若不能正确地评价引进数字资源的质量，则会给各联盟单位甚至国家带来巨大的损失，降低数字资源的使用效益。通过联盟采购可以对数字资源进行评估论证，建立合理的评价体系，从而引进优秀的数字资源，降低采购失误的风险。

（4）促进共建共享和交流合作。通过联盟采购，可促进各成员单位在宣传、培训、咨询、服务和使用数字资源方面的交流和合作。

联盟采购模式存在的问题如下。

（1）数字资源的存档问题。联盟采购面临的首要问题就是数字资源的存档。联盟采购的大部分数字资源的购买权限是当年使用权，若不再购买该资源，图书馆订购的所有资源将转瞬即逝，则无法保障图书馆和用户的利益。即使具有永久备份权，数字资源由谁保存，如何提供其他成员馆的服务，费用又将如何分担，这些都是不可回避的问题，需要成立专门的资源建设协调机构或从更高的层面进行规划。

（2）各成员单位利益平衡的问题。联盟采购获得的聚集性数字资源，并不都是每个联盟成员所需的资源。因此，如何积极参与协商，争取最大权益，是每个联盟成员必须考虑的重要问题。

（3）信息贫富差距的问题。现有的联盟采购模式可能会加剧大型图书馆与中小型图书馆新一轮的信息贫富差距。数字信息资源是以数据库和期刊库作为销售单位，价格不菲，一般只有大型图书馆才有能力加入联盟，中小型图书馆多望而却步，这种状况有可能导致全国范围内数字资源分布的失衡，拉大各馆之间的差距。

（二）图书馆单独采购

这种采购模式相对于联盟采购而言，是由单个图书馆独自购买数字资源的方式。由于数据库的特殊性，有些数字资源仅有唯一的生产商或供应商，或者一些数字资源没有可完全替代的产品，这是采用单独采购的方式是合理的选择。该模式不受联盟制约，操作程序简单、快捷。有足够技术力量支持及经费充裕的图书馆在中文数字资源的购买上，多数选择独自购买；另外，一些价格较低的国外专业数据库，图书馆独自购买的情况很多。但单独采购没有竞争性，只能同唯一的供应商签订合同，这使得采购活动处于一对一的状态，更容易导致不规范行为发生，因此，法律上对这种采购方式的适用条件规定得更为严格。

（三）国家采购

国家采购所界定的"国家"一词有两层含义：一是国家政府参与数字资源建设，这种参与是多种多样的，经费的资助是部分的或全部的；二是所购买的数字资源的访问面积覆盖了这个国家的大多数科研与高等教育机构，而不一定是全国的每一台计算机或是每一个具体用户。国家采购是数字资源的一种整体化建设方式，是从联盟采购发展出来的一种新型的数字资源采购方式。英国的 NESLI（National Electronic Site License Initiative，国家电子资源许可行动）项目和加拿大的 CNSLP（Canadian National Site Licensing Project，加拿大电子资源许可行动）项目都是国家采购数字资源的典型例子。

综上所述，现行的数字资源采购模式有多种，它们各有自身的适用范围。联盟采购数字资源是很有效的购买方式，也是数字资源采购的未来发展方向，国内外研究机构或图书馆都有不少成功的案例，已经产生了很显著的社会效益和经济效益。采购联盟应积极探索新的采购模式和方法，同时兼顾各方利益，加强合作和沟通，最大限度发挥其优势，实现数字资源的长期保障和系统利用。

三、数字资源采购决策管理

近年来，数字图书馆建设的飞速发展，使得馆藏数字资源急剧增加。同时，随着信息生产速度的加快，生命周期变短，使得馆藏海量数字信息资源管理与利用之间的矛盾更加突出。因而，如何科学有效地采集、存储、管理、开发和利用这部分数字馆藏，是当前数字图书馆发展中亟待研究解决的重要问题。为此，国外著名数据存储管理供应商和大学、研究机构将信息生命周期管理（下文简称 ILM）作为一种新的管理方法引入数字资源管理中，目的在于帮助用户在信息生命的各个阶段以最低的整体拥有成本获得最大价值。

（一）基于 ILM 的数字资源生命周期管理

图书馆界研究学者尝试将 ILM 引入数字图书馆管理，实现对馆藏海量数字资源依据 ILM 理论进行科学管理的思想。依据数字资源在其生命周期中价值的变化规律，对不同的馆藏数字资源，在不同的时间、不同的阶段，进行分级存储、保护与服务，并针对不同类型的数字资源制定不同管理策略的新理念。从而指导图书馆实现对数字馆藏的建设与管理，使其以最低的成本获得最大的服务效益。这就是基于信息生命周期的数字馆藏管理的理念。

生命周期阶段划分在信息生命周期研究中尤为重要，国外学者和组织曾提出诸多划分标准。信息生命周期一般由信息需求的确定及信息资源的生产、采集、传递、处理、存储、传播与利用等阶段组成；英国利兹大学将信息生命周期分为六个阶段，创造、获得、编目、存储、保存和获取；美国著名数据存储服务商 EMC 公司将数字信息生命周期分为五个阶段，创建阶段、保护阶段、访问阶段、归档阶段、处置阶段；大英图书馆 Helen Shenton 在《生命周期馆藏管理》一文中提出信息生命周期包括：选择、获取过程、编目著录、预保存、存储、检索等过程。

上述研究分析角度虽不同，但存在一个理论聚合点，即"信息生命周期是循环而非单次的运动过程，信息在经历从创建到处置的整个周期后，并非永远消亡……这些信息有可能被再次激活，从而进入下一个生命周期之中，开始新一轮的周期循环"。因此，数字资源生命周期管理就是根据信息对组织价值在其生命周期内的变化规律，在不同的时间、不同的阶段进行采购、分级存储、保护和服务，并针对不同类型的资源制定相应的管理策略，从而达到数字资源的完善分类、存储和管理，使信息价值和资源管理成本能够与组织目标相适应，从而降低数字资源管理成本和提高数字资源服务绩效。

（二）数字资源采购决策管理

根据数字资源生命周期管理理念，为实现数字资源的科学建设和决策管理，降低数字资源管理成本，针对不同生命周期各个阶段中的变化规律，可将数字资源采购管理划分为三个阶段，并制定相应的管理策略，从而提高数字资源服务绩效水平。三个阶段分别为选择阶段、评估阶段、订购阶段，在此基础上，采取整体规划、分步实施的管理策略，细分为六个步骤，依次为发现需求、选择试用、试用统计、资源评估、分析决策和资源订购。

1.选择阶段

（1）发现需求

在数字资源选择阶段，针对图书馆发展目标与政策，分析当前数字资源服务中存在的问题，征集用户对数字资源的需求，考查该数据库是否符合学科发展要求或用户需求。发现和征集需求的方式一般可分为两种：主动性征询，即由学科馆员或参考咨询馆员主动征询院系师生意见，征询公共用户对图书馆数字资源建设的需求，并反馈给资源采购部门；表单推荐，在图书馆或研究机构主页设置数据库、电子资源推荐表单，随时收集用户的需求。两种方式有机结合，能较全面地收集和发现用户需求。

（2）选择试用

在收集用户需求的基础上，同时关注出版市场的最新动态，根据经费预算和经费使用记录，了解适合采购的项目，把用户需求与资源进行匹配，确定试用评估的对象。如果符合需求，则向数据库供应商申请试用。

在数字资源试用阶段，针对评估的初始价值，制定该阶段对应的服务计划。该计划应注意两个关键性要素：一是选择合理的试用时间节点，二是组织试用数据库的宣传和推广。高校的教学科研有周期性的特点，数据库的试用时间不宜选择放假前后和寒暑假期间，因为这一时间段学生和教师或忙于应付考试，或寒暑假休息，较少关注图书馆主页数据库试用的通知，影响试用效果，收集的统计数据无法充分说明真正的需求；另外，试用通知发布前后，适当的宣传和推广十分必要，要得到真实有效的试用统计数据，需要广泛宣传，让目标用户群和相关用户群知晓并试用。

数字资源选择阶段开展的工作内容，在新一轮数字资源续订工作开展之时，仍需要根据用户需求进行调整，是资源订购管理的循环点。

2.评估阶段

（1）试用统计

试用结束后，要求数据库商提供使用统计，评估数据库的受关注程度，测算订购后的性价比。

（2）资源评估

在初次订购或者续订某一种数字资源之前，对其收录内容、结构、学术价值、统计数据以及相关情况进行分析和评估，是数字资源采购规范管理的重要环节。数字资源质量评价指标包括五个方面：一是数据库内容，二是检索系统，三是数据库的利用，四是数据库的经济性，五是数据库服务。当然，各类型图书馆可根据具体情况选择合适的数字资源评价指标来进行评估。

（3）分析决策

分析评估报告的各项指标和数据，并做出是否订购和进一步谈判的决策，这一工作可由评估小组完成。评估小组的成员包括学科专家、图书馆主管领导、学科馆员、参考咨询馆员、采访馆员等，可采取投票方式决定是否订购。

对于分歧较大的数据库，可借助决策矩阵来确定是否引进。决策矩阵的指标可参照资源评估的项目和指标，并以报告中的平均值作为参照。图书馆可从用户角度选择若干指标进行评分，评分共设六档，具体为3（非常满意）、2（满意）、1（比较满意）、–1（比较不满意）、–2（不满意）、–3（非常不满意）。权重为0—1的数值、权重数值累加为1。评估组成员对各项指标打分，将平均分填入决策矩阵，加权计算后得到总分，总分应为–3—3的数值。根据分值高低决定是否引进。

3. 订购阶段

资源订购过程涉及合同谈判及签署、选择代理商并付款等多个环节。合同谈判主要涉及订购方式、产品价格、售后服务等内容。订购国内数据库，一般直接向数据库商付款；订购国外数据库，不能直接向数据库商付款，需要选择国家新闻出版总署批准从事科技文献进出口的代理公司付款。选择代理商时，一般需要比较手续费的高低、提供售后服务和增值服务的能力，如联系开通新增IP地址、提供资源列表、MARC记录、使用统计报告等服务。数据库开通时，应测试其检索、下载等功能是否正常，设置的IP是否有遗漏，开放的内容和数量是否与合同规定一致等。

与纸质资源相比，数字资源的采购特点更加复杂，各阶段之间的界线趋于模糊。将数字资源采购划分为三个阶段、六个步骤，是以采购活动本身的流程为基础，依据数字资源在其生命周期中不同阶段的变化规律，对其进行分级划分管理，符合数字资源管理周期的理论和划分方法。针对不同阶段数字资源采购制定相应的管理策略，实现对数字资源生命周期的集中管理，从而形成一个相对合理的决策管理机制。

第二节 网络资源采集

随着互联网的快速发展，网络已成为获取信息资源极其重要的途径。然而，很多高质量的网络资源来自出版商或数据商，用户必须付费订购才能获取。与此同时，互联网中还蕴藏着大量免费信息资源，但这些资源零散无序、优劣混杂，用户难以发现和鉴别，这是利用免费网络资源时面临的最大障碍。因此，应用现代信息技术和计算机技术，将网上分散的、有价值的信息资源进行搜集、筛选、整合，使之有序化和实现知识增值，有着非常重要的实际意义。下面将重点讨论网络资源采集的策略、内容、方式和相关技术。

一、网络资源采集的策略

就目前情况而言，数字资源的创建仍以购买各种商业数据库为主，免费网络资源的采集是数字资源建设的一种补充和扩展方式。网络资源的数量巨大，但分布广泛、质量不一，因此必须经过有选择的采集，并进一步整理、组织、加工，才能最终提供给用户。为了避免网络资源采集的随意性、无计划性和盲目性，让资源采集工作产生应有的效果，在实际操作中应该考虑以下四项策略。

（一）按需采集策略

网络资源的采集首先要从用户的实际需求出发。与资源采购相类似，网络资源的采集也必须遵照机构制定的资源建设政策，根据本机构所涉及的学科领域、用户的学术水平有的放矢。由于对网络资源采集所投入的人力、物力有限，对所采集的学科内容必须有所选择。一般将本机构的重点学科作为采集重点，同时还要考虑有待采集的信息源所涉及的学科，两者尽可能地匹配才能让采集的资源发挥更大的作用。

（二）互补性策略

免费网络资源的采集可以从数量和内容两方面对本机构的信息资源建设做进一步补充和丰富，实现采购、自建和采集的数字资源相辅相成，为用户提供合理、有效的信息资源保障体系。网络上免费的电子图书和开放获取期刊是对机构采购书刊的有益补充。机构自建的数据库一般资源类型和数量都非常有限，如学位论文、会议论文、预印本等，通过采集和利用其他机构的特色资源，可以大大增加资源的数量，并极大地丰富数字资源的内容。

（三）高质量策略

虽然网络资源很丰富，但其质量却良莠不齐。因此在采集过程中，必须根据资源的质量水平予以筛选，尽可能取其精华、去其糟粕，为用户采集整理具有一定利用价值的信息资源。例如，考察电子图书是否符合教学研究的规划，是否来自优秀的出版社；电子期刊是否经过同行评审，是否被 SCI 或 EI 收录，影响因子如何；科技报告是否出自权威机构；等等。采集高质量的网络资源，并将这些资源及时地推送给用户，才能充分体现采集工作的实际效果。

（四）动态更新策略

互联网上的信息资源具有更新快、时效性强等特点，因此网络资源采集并非一劳永逸之事，必须进行定期追踪，不断添加或更新最新的内容，发现信息过时、链接失效的网站，也要及时予以剔除。网络信息资源的动态更新维护极其重要，只有确保最新信息源源不断地被采集进来，才能保持所采集资源的活力，激发用户的使用热情。

二、网络资源采集的内容和方式

网络资源建设的整个流程包括在互联网上搜集、筛选、组织、整理、发布信息资源等各个环节。网络资源采集是资源建设的前期工作，主要涵盖了"采"和"选"两部分工作内容。"采"即搜集，"选"即筛选。网络资源数量大、良莠不齐，要保证所搜集的资源可以被利用，如何进行筛选是工作重点和难点。网络资源的筛选可以在不同阶段进行，根据与搜集工作的先后顺序，可分为搜集前、搜集中和搜集后。在网络资源搜集之前，可以事先选择与自身需求相关的权威性较强的信息源；搜集过程中，可以通过限制学科主题剔除无用信息，做到有选择性地搜集；搜集工作完成之后，可对所搜集资源进行审查，评价资源的内容质量，决定是否保留并进一步整理组织。

（一）网络资源的选择与评价标准

网络资源的筛选主要是对大量信息材料进行选择和评价，有效剔除无用信息，选取所需要的信息资源。具体标准基本包括以下几点。

1. 适用性

网络资源内容的所属学科主题应适合本机构用户群体，编写语种能被多数用户阅读。此外，应有专门的机构或人员对资源内容进行维护更新，使得网站具有可持续发展性。

2. 权威性

考察网站信息发布者是否为权威机构或有影响力的知名机构，专业性网站评价机构对网站的评价如何。

3. 准确性

资源标题应能反映内容的中心思想，资源内容基本覆盖资源标题所言范畴，内容准确、可靠、客观、无明显偏见，没有或极少有语法和拼写错误。该网络资源与外部资源的链接也应准确、有效。

4. 独特性

考察网络资源所包含信息是否为该网站独有，网站发布的是否主要为原始信息，转载或指向其他网站的链接比例是多少。

5. 时效性

网络资源应能及时反映最新的发展动态，具体可考察信息发布时间、最后更新时间，以及更新频率。

以上五项标准可以大致衡量网络资源的优劣，实际操作中可根据具体的需求进行扩充。CALIS重点学科网络资源导航系统的资源评价标准，除了强调资源内容及其质量的重要性之外，同时还考虑了影响实际利用的资源形式。国家科学数字图书馆在建立数理学科门户网站时，对网站的权威性与声誉有更详细的要求，如网站是否经过权威评价机构的评价、网站是由谁赞助的、网站信息发布者是否权威、信息是否经过过滤等。

（二）网络资源的采集方式

网络资源的采集方式多样，可从不同角度进行划分。从主要采集者的角度，可分为图书馆馆员采集和用户采集两种方式。传统的资源采集者通常是图书馆馆员，用户只是被动地接受这些资源，这种方式的采集过程相当简单，但容易出现采集结果与用户的资源需求脱节的现象。用户参与网络资源采集工作，可以让图书馆馆员更专注于之后的筛选和整理工作，发挥其在资源组织上的优势，更好地满足用户的需求，促进所采集网络资源的有效利用。

从网络资源采集深度的角度，可分为资源链接采集和资源内容采集两种方式。资源链接采集即把与用户需求相关的网站链接搜集起来，并建立网站资源导航，用户通过浏览资源列表了解这些网站的介绍，然后点击链接去各网站进一步查找资源。资源内容采集即将网络资源下载并在本地长期保存，实现资源的馆藏化，用户可以在图书馆的网站中检索、浏览、下载这些资源。相比之下，资源内容采集的工作量很大，因此可以在有条件的情况下对一些重要的网络资源进行下载和馆藏化，这样可以避免网络资源不稳定而造成的资源无法利用，但在下载过程中必须特别注意版权问题。

三、网络资源采集技术

（一）人工采集

人工采集网络资源最常用的工具是搜索引擎。搜索引擎是万维网环境中的信息检索系统，它根据一定的策略自动从互联网上搜集信息，在对信息进行组织和处理后，为用户提供检索服务，将用户检索的相关信息展示给用户。一个典型的万维网搜索引擎包括网页采集、索引、检索三大模块。网页采集模块通过一些种子 URL 中的超链接，以宽度优先、深度优先或启发式方式在互联网中发现相关信息。索引模块处理分析所采集的网页信息，从中抽取索引项，并生成索引表。检索模块主要用于接收用户输入的查询、显示查询结果、提供用户相关性反馈。

综合性的搜索引擎，是用户最常用、最熟知的搜索引擎。但这些搜索引擎的检索结果往往多而杂乱，对于某种特定检索需要难以提供精确结果。针对网络学术资源的检索，可以利用专门的学术搜索引擎，避免大量无关信息，保障了检索结果的专业性和相关性。其某些搜索引擎推出了免费学术搜索。主要有学术出版商的网站、研究机构的网页、开放存取期刊和知识库、收费的学术资源提供商等。资源内容包括图书、期刊文章、会议论文、预印本、技术报告等多种类型的学术文献。

（二）自动采集

1. 网页采集

网页采集是搜索引擎检索、站点结构分析、页面有效性分析、内容安全检测、网页数据挖掘，以及个性化信息获取等服务和研究的基本技术。网页采集技术的形式多样，从采集范围来看，可以分为面向整个 Web 的信息采集和主题 Web 信息采集。面向整个 Web 的信息采集一般应用于门户网站等通用搜索引擎和大型的 Web 服务提供商。由于这种信息采集的目标是整个 Web，采集范围广而数量巨大，所采集的页面内容多样，但专业性不强。为了更好地满足专业性的信息需求，主题 Web 信息采集应运而生。这种信息采集技术有选择性地搜寻并采集那些与预先定义好的主题相关的页面，主题一般可以是关键词，也可以是样本文件。与面向整个 Web 的信息采集相比，主题 Web 信息采集并不采集那些与主题无关的页面，所以可以极大地节省采集的时间和空间，更快地更新所保存的页面，使得采集的页面更接近 Web 当前的真实状况。

2.RSS

RSS（Really Simple Syndication）技术，也叫简易信息聚合，是一种常用的信息推送技术，采用网络摘要格式规范，用来发送和汇集网页内容和元数据的 XML 格式，这种元数据可以包含标题、日期、内容和链接。RSS 通常被用于新闻、博客和其他按时间顺序排列并经常更新内容的网站。RSS 技术具有来源多样又不失个性化、信息的时效性强、信息发布的成本低、垃圾信息少，以及便于本地内容管理等特性。RSS 技术适用于已知信息源的增量信息采集，有助于及时发现最新的信息资源，对网络资源的更新与维护有着实践意义。

3.Mashup

在网页开发领域，Mashup 表示将通过多种渠道多个信息源的数据、应用功能聚合起来，创建并呈现新的网页服务。Mashup 技术通常通过公共应用程序接口（Application Programming Interface，API）的方式获取资源，目前许多公司都公布了自己的公共接口 API。

第三节 自建数字资源

从数据来源的角度，可将数字资源大致分为三类：一是购买、引进的资源；二是自建资源；三是有效组织的网络免费资源。近年来数字资源的采购呈现同质化，自建资源成为各机构重点建设的数字资源部分，也是最能体现机构特色的资源，也被认为是数字资源创建必不可少的重要组成部分。自建资源与购买引进的资源、网络免费资源互为补充，共同为满足用户的信息需求而体现其价值。

目前，在图书情报界通常将图书馆建设的馆藏书目数据库、专题特色数据库和有效组织的网络资源统称为自建资源，下面主要侧重于自建专题特色数据库资源，将围绕自建数字资源在国内的建设概况、类型、原则和自建资源的发展趋势等展开论述。

一、自建数字资源的概况

（一）自建数字资源的特点

1. 突出馆藏特色的自建资源

自建资源在选题上体现馆藏特色。我国公共图书馆独具特色的文献资源相当丰富，各馆自建数据库选题从馆藏特色出发，体现了信息资源的价值。从多数图书馆将自建资源归入"特色资源"栏目，可见各图书馆对自建资源的定位。

2. 基于地域特色的自建资源

研究和开发馆藏地方文献资源，是省市级公共图书馆和高校图书馆自建专题数据库的重要选题。高校图书馆建设的敦煌学数据库、巴蜀文化数据库、蒙古学文献信息特色数据库都与高校所处地理位置有关；辽宁省图书馆所建关于东北抗战方面的数据库就达 10 余个，类型涉及书目库、索引库、图片库、视频库、人物库、事件库等，充分挖掘了地方特色和历史题材；中山图书馆的广东地方文献全文库，将粤版各种文献进行了整合，展示了广东地方文献的发展和特色；上海图书馆的"上海年华"发掘和整理上海图书馆馆藏的地方文献中的图片资源，经数字化后，将图片解析成各类元数据信息，形成各种穿插关联，从而完成对图片多角度、多层次的解读。

3. 富于时代特色的自建资源

自建数据库富有时代特色，是由图书馆信息服务的特点所决定的。图书馆的文献资源开发和建设最终目的就是为用户提供服务，社会对信息的需求是推动数据库建设的原动力。各馆在自建数据库选题时，都充分注意了社会对信息时效性的需求。

（二）存在的问题

通过对部分高校图书馆和公共图书馆网站的访问和一些自建数据库的

调研，可以看到图书馆在自建资源中还存在一些问题。

1. 标准化与规范化的问题

一些自建数据库没有考虑到元数据的标准，没有采用国际元数据标准或按照 CNMARC 格式处理数据，影响未来馆际之间的数据交换和数据访问；检索命令不规范，同一系统中有不同的检索命令，让用户不适应；标引不规范，同一数据库的文献信息，有的用主题词标引，有的用关键词或任意词标引，前后不一致，造成文献信息误检、漏检，效率不高。

2. 各自为政和重复建设

自建数据库需要体现各个学校和机构的馆藏特色、专业特色和地方特色，但自建并不是不需要协作。同一学科的资源导航，各高校图书馆重复建设，采集和组织的信息不够全面完整，范围也不够宽，没有有效形成资源互补和共享的机制；一些图书馆的学科导航、特色专业数据库存在学科面窄、容量有限的问题，从建库规划到数据库功能等方面缺乏整体性、协作性，从而导致自建数据库使用率不高。

3. 数据库类型单一，专业特色不突出

目前图书馆数据库建设多以馆藏常规文献为依托，以书目、学位论文为主攻方向，全文和图形图像及事实数据库很少，根据学科建设、专业特色和地区特色进行文献深加工的专题数据库不多，信息服务基本停留在 Copy 的水平上，很少提供增值服务。

4. 数据更新和资源整合的问题未跟进

一些图书馆数据库建成后的维护工作处于滞后和缓慢的状态，一些公共图书馆的自建资源链接无法打开，部分数据库的数据和信息没有补充和更新，对后续服务不够重视，影响了用户的使用；统一检索和资源整合的问题也未得到充分重视，多数图书馆尚未将自建资源纳入图书馆统一检索平台，通过图书馆 OPAC 检索系统和跨库检索系统无法有效检索自建资源，影响了自建资源的有效利用。

5. 数据库知识产权保护意识薄弱

自建数据库的知识产权问题主要涉及数据采集和服务过程中的知识产权。自建数字资源是在馆藏文献数字化、网络资源的选择、鉴别和整合的基础上形成的，数据来源比较复杂，在部分内容的选择上有很强的独创性，应受到著作权的保护。但绝大多数自建数字资源网页上未见图书馆关于知识产权保护的申明，图书馆知识产权保护意识还有待加强，图书馆可以利用著作权法、反不正当竞争法、合同法等法律维护自建数据库的合法权益，促进自建数据库的发展。

整体而言，国内图书馆在自建数字资源方面取得了较大的成绩，资源内容体现了明显的地域和学科的特点，但在数据库的建设标准、元数据规范方面还有待加强，资源的更新和系统的维护还有待于重视，资源整合和系统检索机制亟须加强研究与开发，这样才有利于一个有效的全国性的文献保障系统的形成与共享。

二、自建数字资源的类型与原则

（一）自建数字资源的类型

从 20 世纪 70 年代美国国会图书馆正式发行 MARC 机读目录到 1998 年欧洲高能物理实验室开发出超文本系统，以及互联网的出现，直至今天互联网的迅速发展和在全球的普及，以计算机、网络为载体的数字信息资源每天以惊人的速度传播。数字资源的品种、数量都有了非常大的发展，几乎涵盖了所有专业领域，是知识、信息的巨大集合，是人类的资源宝库。依照不同的分类标准可将数字资源分为多种不同类型。

1. 按照载体形态划分

按照数字资源载体形态可分为现实资源和虚拟资源。现实资源是指由信息服务机构自身采集收藏整理的一部分数字资源，储存在该信息服务机构中，所有权归该信息服务机构，具有利用、支配、更新、修改等权利，包括该信息服务机构自建或购买的存放于信息服务机构的数字化文献，是以光盘、磁盘、磁带等为载体形态的有形数字资源。虚拟资源是指通过计算机系统及通信设备在互联网上共享的信息资源，即通过互联网只能获得使用权的数字资源。

2. 按照媒体形式

按照媒体形式将数字资源分为文本文件（Text）、静态图像文件（Still Images）、音频文件（Sound）、视频文件（Moving Images）、三维虚拟影像。文本文件是最为基本的一种媒体形式；静态图像文件主要是指通过数字设备采集或制作的画面，通常以 GIF、JPEG 等文件格式存储；音频文件主要是指录入的各种声音和歌曲等形成的文件通常以 WAV、MP3、MIDI 等文件格式存储；视频文件主要是指适用视频捕获的数字影像，通常以 AVI、MPEG 等形式存储；三维虚拟影像主要是指信息模型是以 VRML（Virtual Reality Modeling Language）组织，以立体三维形式显现的信息。

3. 按照文献类型划分

按照图书馆对文献的传统分类方法，可将数字资源分为电子图书、电子期刊、电子报纸和电子数据库。

4. 按照信息加工深度划分

按照信息加工深度可将数字资源分为全文型数字资源、文摘型数字资源、书目型数字资源。全文型数字资源包括各种图书、报纸、期刊论文、政府出版物、专利、标准的全文数据库等。例如，中山图书馆的自建数据库"中国报刊经济信息全文库"就是报刊全文数据库。文摘型和书目型数据库，如期刊目次数据库、馆藏书目数据库等。

5. 按照信息内容的表现形式和用途划分

按数字资源内容表现形式和用途，数字资源可分为全文型、事实型、数值型、书目信息、其他类型数据等。全文型数字资源包括各种文献类型的全文；事实型数字资源包括地区或城市介绍、工程实况及记录、企事业机构名录、指南、字典、百科全书、手册、参考工具等；数值型数字资源包括企事业机构名录、指南、字典、百科全书、手册、参考工具等；书目型数字资源包括各种目题录、索引和书目数据库；其他类型数字资源包括各种静态图像、音乐和视频等各种媒体资源。

6. 按照适用对象

按照适用对象将数字资源分为通用数据库和特色数据库。前者包括馆藏书目数据库、新书全文数据库等，后者包括学科专业特色数据库、学科网络导航数据库、特藏数据库等。这种划分方式，方便需要了解相关内容的浏览者直奔主题。

7. 按照来源划分

按照数字资源的来源，可将之分为数字化资源和原生数字资源。数字化资源是对版权已过期的图书、文献资料采用扫描、光学字符识别（OCR）等处理技术进行数字化，形成数字资源的基础部分。这类资源以经典著作和古代文献为主。

对原生数字资源目前还没有统一的认识和定义。国外的定义强调"数字形式"是原生数字资源的唯一形式，如美国著名新词汇搜索网站 Word Spy 把原生数字资源定义为"仅以数字形式产生和存在的一种信息资源"（A Document That Was Created and Exists Only in a Digital Format），联合国教科文组织（UnitedNations Educational Scientific and Cultural Organization，UNESCO）把原生数字资源定义为"除了数字形式再没有其他载体形式的信息资源"；国内学者对原生数字资源的定义强调数字原创性，但没有明确指出数字形式是其唯一的表现形式，国内学者定义的网络原生数字资源既包括网络原生数字资源，还包括大量具有原创性并在其传播、利用、保存过程中出现的其他非数字形式的信息资源。

在互联网信息技术迅速发展的今天，原生数字资源具有区别于其他资源的独特内涵，因而原生数字资源的定义要反映出其在网络信息环境中的特征和内容，因此可以这样定义：所谓原生数字资源，是指直接在互联网活动中产生的或仅仅发布于互联网并仅以数字形式传播交流、保存利用的网络信息资源。

总之，由于数字资源的复杂性，按照不同分类标准划分的各大类数据库之间并不是并列关系，而是交叉关系，一个数据库可以从多个角度进行分类。从目前的研究状况来看，尚没有产生一种统一的、能全面和深入地反映数字资源内容和特点的分类方式。

（二）自建资源的原则

1.标准化原则

标准化是自建数字资源建设应遵循的技术性原则。数字资源建设的目的是通过知识网络实现用户对数字资源的发现、识别、分析、选择、获取与应用。因此，用户与系统、系统与系统间的有效沟通就成为关键，这就要求在资源建设中必须采用标准化的技术，也就是说在资源建设中必须遵守资源采集、资源加工、资源描述、资源整合、资源发布、资源典藏与复用等相关技术标准和规范，这不仅有利于数字资源的用户发现和传递，提高其可用性，更能够满足广域的资源共享和增值应用的需求。

2. 机构特色原则

特色化原则是自建资源首先要考虑的因素之一，数字资源的采购近些年呈现同质化，自建资源成为各机构重点建设的数字资源部分，也是最能体现机构特色的资源，因此也被认为是数字资源创建最有特色的组成部分，意义十分重大。图书馆或研究机构必须研究自己的读者群，明确馆藏的建设方向，制定出相应的馆藏特色建设方针。

3. 需求性原则

从本质上说，满足需求才是自建数据库的建设目的。这里所讲的需求原则有两层含义。一是用户有无需求。数据库建设的最终目的是使更多的用户得到更大的利益，如果没有用户的需求，便失去了建库的意义；二是能否体现高校重点学科或专业的特色、公共图书馆的地方特色。近年来，一些高校图书馆所建的特色数据库，与本校重点学科或专业的特点相差甚远，花费了大量的人力和财力，却很少有人问津。这种做法要制止。

4. 系统性原则

系统性原则是自建资源建设的整体性原则，应站在馆藏整体发展的高度，连续不断地搜集和积累信息资源，维护资源的连贯性和完整性，并将这一理念贯彻在自建资源采集的整个进程中。数字出版环境下，图书馆或研究机构只有洞察用户需求的变化趋势和馆藏建设的发展规律，掌握印刷资源、数字资源和各种自建资源、网络资源的特点和优势，使其协调发展，从而形成连续系统、完整统一的馆藏体系，为用户提供全面、系统、精准的服务。

5. 协调协作原则

协调协作原则是指在自建数据库的选题、数据采集和文献利用等方面，注重地区之间，省、市馆之间，高校馆与公共馆之间的协作和分工，加强协调，避免重复建设，互通有无，实现资源共享。根据需要和可能，可按单位、按地区共建共享专题特色数据库，集中人力、物力和技术力量，以这种方式建设数据库，更需以协调协作为基础。

6. 建设与服务同步原则

建设与服务同步原则是自建资源建设应遵循的动态性原则。各种类型的资源建设都是一个循序渐进的累积过程，自建资源同样有一个不断采集、不断补充的过程，建设与服务同步就是以服务用户为核心，建设中及时地收集用户的信息反馈和使用统计，适时修订和调整阶段性建设目标和重点，在服务中发现问题并解决问题。

三、自建资源的未来发展趋势

（一）合作建设趋势

自建资源，虽然是自建，但绝不是各自为战。高校图书馆和公共图书馆在自建数据库的选题和文献利用方面，要注重协调协作，有所分工，互通有无。由地区中心馆牵头，加强组织协调，避免重复建设，这样才能使自建专题数据库在数量、质量和服务等各方面更有保证。在资源采集方面，高校图书馆应争取学校职能部门的支持，包括直接性支持和政策性支持。学校的政策性支持，包括经费上的支持和院系直接对自建数据库建设进行人、财、物的投入，在资源收集和提供方面进行支持。

（二）用户参与建设趋势

提供用户参与建设的机制和系统设置，吸引用户将自己收集和整理的信息存储到图书馆自建资源中来，这既是双赢的结果，同时也是未来资源建设的趋势：通过广大的、分布建设者的参与，实现高效的数据库建设。

（三）引入数字资源生命周期管理方法

数字资源生命周期管理是一种新的信息管理方法，是一种先进的信息管理理念。国内外知名图书馆，如美国加州大学伯克利分校图书馆和中国国家图书馆等，都制定了数字资源保存管理条例，依据被加工的数字资源进行分类分级存储管理。自建资源是数字资源中重要的、有特色的组成部分，将自建资源纳入图书馆数字资源生命周期管理，针对不同类型的数字资源制定相应的管理策略，以最低的成本获得最大的服务效益，实现数字资源的科学建设和管理。

第四章 数字图书馆信息资源处理

第一节 数字信息资源描述与组织

数字图书馆技术是一门多学科综合交叉的技术，包括信息技术，计算机技术、网络技术，多媒体技术等。每一种技术都对数字图书馆的发展起着积极的推动作用。其中，数字信息资源有效处理是数字图书馆支撑技术之一。

一、描述语言

数字信息资源描述是数字图书馆面对的一项重要任务，采用何种技术方式对数字资源描述以更好地为用户获取信息资源提供方便是数字图书馆首要解决的问题。而标记语言的发展日趋成熟，为信息资源描述带来方便。

传统因特网实现了计算机硬件的连通，Web 实现了网页的连通，Web 改变了人们学习与生活方式。HTML（超文本置标语言）技术拉近了 Web 与人之间的距离，通过它很容易、方便地获得信息资源。HTML 是 SGML（Standard Generalized Mark-up Language，标准通用置标语言）的一个实例化的子集，可扩展性差，用户根本不能自定义有意义的置标供他人使用。这一切都成为 Web 技术进一步发展的障碍，在这种情况下 XML 顺应而生。其实早在 1969 年，IBM 公司就开发了一种文档描述语言 GML 用来解决不同系统中文档格式不同的问题，GML 是 IBM 许多文档系统的基础，包括 Script 和 Bookmaster。1986 年该语言演变成一个国际标准（ISO8879），并被称为 SGML。SGML 是很多大型组织，如飞机、汽车公司和军队的文档标准，它是与语言无关的、结构化的、可扩展的语言，这些特点使它在很多公司受到欢迎，被用来创建，处理和发布大量的文本信息。1989 年，在 CERN 欧洲粒子物理研究中心的研究人员开发了基于 SGML 的超文本版本，被称为

HTML。HTML 继承了 SGML 的许多重要的特点，比如结构化、实现独立和可描述性，但是同时它也存在很多缺陷：如它只能使用固定的有限的标记，而且它只侧重于对内容的显示。同时随着 Web 上数据的增多，这些 HTML 存在的缺点就变得不可被忽略。W3C 提供了 HTML 的几个扩展用来解决这些问题，最后，它决定开发一个新的 SGML 的子集，称为 XML。XML 的出现就是为了解决 HTML 所存在的这些弊病。它保留了很多 SGML 标准的优点，但是更加容易操作和在 WWW 环境下实现，在 1998 年，它就变成了 W3C 的标准。XML 有以下几个优势。①它允许各个组织、个人建立适合自己需要的置标集合，并且这些置标可以迅速地投入使用。这一特征使得 XML 可以在电子商务，政府文档、司法、出版、CAD/CAM、保险机构、厂商和中介组织信息交换等领域中一展身手，针对不同的系统、厂商提供各具特色的独立解决方案；② XML 的数据存储格式不受显示格式的制约。一般来说，一篇文档包括三个要素：数据、结构以及显示方式。对于 HTML 来说，显示方式内嵌在数据内中这样在创建文本时，要时时考虑输出格式，如果因为需求不同而需要对同样的内容进行不同风格的显示时，要从头创建一个全新的文档，重复工作量很大。此外 HT-ML 缺乏对数据结构的描述，对于应用程序理解文档内容、抽取语义信息都有诸多不便。

二、元数据

（一）元数据的概念与作用

元数据（Metadata）是关于数据的数据。哈佛大学数字图书馆项目对元数据的定义为：元数据是帮助查找，存取、使用和管理信息资源的信息。元数据在数字图书馆中的主要作用是对数字信息资源的组织和整序，亦即为分布式数据发现和检索奠定基础。通常元数据体系具有以下功能。

1. 描述功能

数字图书馆中的元数据描述功能有两个方面：①描述数字化信息的基本特征，使得数字化图书馆系统能够通过元数据体系自动搜索到数字化信息；②描述用户提问。

2. 整合功能

所谓整合功能，指的是数字图书馆的元数据体系将各种不同格式的元数据，通过建立映射、翻译等方法整合成一种元数据格式的过程，即实现不同格式元数据之间的互操作性，也是一个异构数据库之间的整合过程。

3. 控制功能

元数据体系规范控制功能包括信息内容规范化描述、规范标引和信息评估等方面。元数据体系可以通过标准元数据模型来规范化描述数字信息。

4. 代理功能

元数据本身也是替代记录，数字图书馆中的元数据体系同样具有代理功能。元数据的代理功能可以有效地节省网络资源，这是因为元数据是数字化信息资源的一种描述，记录了数字化信息资源的基本特征，可以基本反映信息的概貌，同时，元数据和数据相比，其数据量要小得多，可以作为完整信息的代理。

（二）元数据类型

1. 描述型元数据

它是所有划分标准中的公认类型，属于元数据的基本功能范畴。描述型元数据支持资源的发现和鉴别。题名、创造者、制作者，出版者，出版日期等都是典型的描述型元数据。

2. 管理型元数据

数字图书馆中通过它实现对数字信息资源的有效管理。传统图书馆中有关借阅权限、馆藏地点等信息都是管理型元数据的例子。

3. 结构型元数据

结构型元数据反映数字信息资源的内部形式特征，如目录、段落、章节等，从而实现对数字信息资源的结构化存取。

4. 技术型元数据

数字图书馆是高新技术的集聚地，其作业环境是典型的技术环境。将各种技术有效地应用于对数字信息资源的组织和管理，正是技术型元数据的功能和作用。

5. 保存型元数据

保存型元数据是指支持数字化资源长期保存的数据。在数字图书馆中，关于数字化信息资源发现与检索的元数据研究固然重要，关于支持信息资源长期保存的元数据研究同样非常重要。无论人们试图以哪一种技术来解决数字化信息的长期保存，都必须知道数字信息本身及其环境的一些技术特征，这便是保存型元数据所揭示的内容特征。

（三）主要元数据

数字资源的形态各异，既有论文、会议录等普通电子文本，也有图像、声音、网页等，不同形式的数字资源对数据格式的要求也不一样，因此现在有多种描述网络数字资源的元数据格式，到目前为止还没有出现成熟的统一格式。以下主要阐述两种元数据：MARC 与 DC。

1.MARC

MARC 为"机器可读的目录"，也称机读目录，起源于 1965 年的美国，是计算机能够识别和阅读的目录。国际图书馆协会联合会推出 NUMARC 格式，将内容标识符标准化。1979 年我国成立了全国信息与文献标准化技术委员会；1982 年出版的《文献目录信息交换用磁带格式》，为中文 MARC 格式的标准化奠定了基础；1991 年《中国机读目录通信格式》正式出版，从而正式开始了我国文献机读目录的建设工作。中国机读格式 CNMARC，以 NUMARC 为依据，它的通信格式与国际标准化组织制定的"文献目录信息交换用磁带格"ISO2709（是一种交换 MARC 记录的标准格式）的规定一致，现已成为我国文献处理工作者的必备工具。科学地揭示和有效地报道文献的外形特征与内容特征，指导阅读是 CNMARC 的基本功能。MARC 最大的价值在于标准化而适于机器处理，从而有利于规模化应用，并极大地提高了系统效率。然而碍于当时的技术，严格的形式化并不是为了读者而设计的，而是为了传统的业务流程（如卡片或印刷目录输出）而设计，甚至仅仅为了机器而设计（定长与否的考虑），造成 MARC 适用性日益降低。原因有以下几个。①字段众多，重复严重。真正对读者有意义的字段（主要指与内容描述有关的字段）很少，因此真正用作索引的字段并不多。最新的研究统计，80% 的书目记录只使用了 36 个字段或子字段。②技术过时。格式设计所依赖的是以磁带为主要存储介质的技术，在目前各种集成系统的技术实现中早已采用了关系数据库技术，及其他更为先进的全文索引、面向对象技术甚至 XML 技术（在与其他数据格式进行数据交换时）等。③著录规则不统一，语义含糊。不同国家地区和不同版本的 MARC，即使能互操作，操作起来也很困难。④字段、子字段标识和结构复杂。书目记录的描述主体、客体及关系模型不清晰，格式规定琐碎、不统一。例如，新引入的数字资源链接 856

字段，著录方式千差万别，造成系统实现方式也难以统一。另外，还有语义与语法及结构捆绑，适应性和灵活性差，难以适应新媒体和新技术发展的需要。具体表现在难以应用于电子资源编目，以及难以进行无损失的元数据映射；数据加工成本巨大、专业门槛高、难以普及；数据生产的周期较长，时间滞后，不利于服务开展。尽管 MARC 可能对数字资源用处不再，我们的书目信息不能借助 MARC 融入互联网庞大的信息库中，但 MARC 可以说是图书馆自动化的基础，是图书馆在信息环境下处理文献资源的手段，是目录储存的基本格式。与纸质图书关系密切，还是有一定的存在价值的。

2.DC

DC 是元数据格式中的一种，在 1995 年 3 月，OCLC（联机计算机图书馆中心）和 NSCA（美国超级计算机应用中心）联合赞助并在美国俄亥俄州的 Dublin 举办了第一届 Dublin Core 研讨会。来自图书馆界、计算机和网络等有关领域的 52 位学者和专家基于网络信息资源的描述问题，对提交的元数据进行了讨论并达成了一致意见，创建了包含 13 个基本元素的 Dublin Core 集，并明确了元素描述的含义。目的是解决网络资源的描述问题，以有效发现信息资源，并为网络检索提供服务。在 1996 年 9 月的第三次研讨会上又新增了两项，即 desripion 和 rights management，形成了如今的 15 项著录项目。从 1995 年 3 月开始，OCLC 与有关机构已经举行了多次研讨会。从每次会议来看，DC 的发展经历了从用于资源描述的 15 个简单 DC 元素，到增强资源描述能力的 DC 限定词，即"堪培拉限定词"，再到以元数据模型，应用系统开发工具及中文元数据的应用等为重点的研讨内容。从这里，可以看出 DC 在发展道路上逐步成熟、标准化、国际化以及面向应用的发展历程。DC 从问世到现在，受到了国内外大量图书馆界，特别是数字图书馆界研究人员的高度重视。

国际上出现了大量的 DC 多种语言翻译版，用户遍及世界各地，一些国家已经将其纳入国家标准中。DC 元数据的影响逐步扩大，很有可能将来成为各国都能接受的国际标准。DC 的 15 个元素依据其所描述内容的类型和范围分为 3 组：一是对资源内容的描述，有标题、主题、描述、来源、语言、关系和层次；二是对知识产权的描述，有创建者、出版者、投稿者和权限；三是对外部属性的描述，有日期、类型、格式和标识。

DC 的 15 个元素含义如下。

（1）Subject：主题词或关键词项，资源的主题，一般是描述资源的主题和内容的关键词或短语。建议采用受控词表和规范的分类体系。

（2）Title：标题项，由资源作者或出版者给出的被描述资源的名称。

（3）Creator：作者或创建者项，对创造资源知识内容负主要责任的个人或机构，例如书写文献的作者，视频作品的艺术家、摄影师或插图画家等。

（4）Publisher：出版者项，负责发行被描述资源的组织，如出版社、公司实体等。

（5）Description：描述项，资源内容的文本描述，包括文献类对象的文摘或视频作品的内容描述等。

（6）Contributor：其他参与者项，指没有在 Creator 元素中列出的对被描述资源的创作做出了贡献的其他人或组织，其贡献次于创建者（如编辑、誊写员，描图作者等）。

（7）Date：发布日期项，被描述资源公开发布的日期，采用 ISO8601 所规定的格式。

（8）Type：类型项，被描述资源属性的范畴或类型，如主页，小说、诗歌，手稿、技术报告，论文，词典等，资源类型通常从资源类型列表中选取，目前这一列表正在发展完善中。

（9）Format：格式项，被描述资源的数据格式，用于注明需要什么软件或硬件来显示和执行这一资源。为了提高互操作性，格式值应从格式列表中选取，目前这一列表正在发展完善中。

（10）Identifier：标识项，能够唯一标识描述资源的字符或数字。例如，网络资源中的 URL、国际标准书号 ISBN 或其他规范名称皆可作为标识值。

（11）Relation：关联项，被描述资源与其他资源之间的关系。例如，再编自、翻译自、节选自，格式转换自。为保证互操作性，关联值应从关联列中选取，目前这一列表正在发展完善中。

（12）Source：来源项，用来唯一标识被描述资源的衍生源。如当前资源为其原始形式，来源项元素可以不用。

（13）Language：语言项，被描述资源内容的描述语言。如有可能，该字段内容应遵循 RFC1766 的规定。

（14）Coverage：时空范围项，被描述资源空间或时间特性。空间范围指物理区域，来自规范词表的地名或全称。时间范围指资源内容，而非资源产生的时间（由日期 Date 元素表示）。时间描述（通常是一个时间范围）采用与日期 Date 相同的格式，或者采用规范列表中的时间范围描述或全称。

（15）Rights：版权管理项，被描述资源的版权声明和使用范围。DC 的特点主要表现在：①简易性，只有 15 个元素；②通用性，可用于任何学科或领域的资源描述；③可修饰性，可通过使用限定词对资料进行详细著录；④可扩展性；⑤可重复性。

目前 DC 元数据已包括由一系列扩展元素、元素修饰词、编码体系修饰词、抽象模型，应用纲要等规范组成的标准体系，成为一般性资源描述、特别是互联网语义信息描述（Semantic Web）的基础性规范。这套体系还在不断发展、完善中。

DC 有简单 DC 和复杂 DC 之分。简单 DC 指的是 DC 的 15 个核心元素如题名、主题等。与复杂的 MARC 格式相比，DC 只有 15 个基本元素，较为简单，而且根据 DC 的可选择原则，可以简化著录项目，只要确保最低限度的 7 个元素（题名、出版者、形式、类型、标记符、日期和主题）就可以了。复杂 DC 是在简单 DC 的基础上引进修饰词的概念，如体系修饰词（SCHEME），语种修饰词（LANC）、子元素修饰词（Subelement），进一步明确元数据的特性。特别是通过体系修饰词，把 MARC 的优点和各种已有的分类法、主题词表等控制语言吸收进去。

三、RDF 资源描述框架

（一）概述

资源描述框架（Resource Description Framework，RDF）是一个用于表达关于万维网（World Wide Web）上的资源的信息的语言。它专门用于表达关于 Web 资源的元数据，如 Web 页面的标题，作者和修改时间，Web 文档的版权和许可信息，某个被共享资源的可用计划表等。然而，将"Web资源"（Web resource）这一概念一般化后，RDF 可被用于表达关于任何可在 Web 上被标识的事物的信息，即使有时它们不能被直接从 Web 上获取。比如关于一个在线购物机构的某项产品的信息（例如关于规格、价格和可用性信息），或者是关于一个 Web 用户在信息递送方面的偏好的描述。

RDF 用于信息需要被应用程序处理而不是仅仅显示给人观看的场合。RDF 提供了一种用于表达这一信息，并使其能在应用程序间交换而不丧失语义的通用框架。既然是通用框架，应用程序设计者可以利用现成的通用RDF 解析器（RDFparser）以及通用的处理工具。能够在不同的应用程序间交换信息意味着对于那些并非信息的最初创建者的应用程序也是可利用这些信息的。

（二）资源陈述

1. 基本概念

假定 John Smith 创建了某个网页，如果用自然语言（比如英语）来陈述该事实，一种简洁明了的方式是采用下面这种简单陈述的形式：

http：//www.example.org/index.html has a creator whose value is John Smith.

该陈述包含 3 部分内容：

①陈述所描述的事物（譬如此例中 John Smith 所创建的网页）；②陈述所描述事物的具体属性（property）（譬如本例中的 creator）；③陈述所描述的作为该属性（陈述所描述事物对应的）的值的事物（如这个网页的 creator 是谁）。

上述陈述中，网页用它的 URL（Uniform Resource Locator，统一资源定位符）来标识。单词"creator"被用来标识事物的属性（property），短语"John Smith"被用来标识作为属性（property）的值的事物（一个人）。该网页的其他属性（property）可以通过书写其他具有相同形式的英文陈述来描述：用 URL 标识该网页，用单词（或其他表达式）来标识网页的属性（properties）及其值。

RDF 是基于这一思想的：被描述的事物具有一些属性（properties），而这些属性各有其值（values）；对资源的描述可以通过对它做出指定了上述属性及值的陈述（statement）来进行。RDF 用一套特定的术语来表达陈述中的各个部分。确切地说，关于事物（譬如上例中的网页）的陈述中用于识别事物的那部分就叫作主体，而用于区分陈述对象主语的各个不同属性（如作者、创建日期、语种等）的那部分就叫作谓词，陈述中用于区分各个属性的值的那部分叫作客体。因此，考虑英文陈述：

http：//www.example.org/index.html has a creator whose value is John Smith

这个陈述里的不同部分用 RDF 术语来说就是：

①主体是 URL-http：//www.example.org/index.html；

②谓词是词"creator"；

③客体是短语"John Smith"。

正如英语是作为（用英语沟通的）人们之间很好的沟通工具一样，RDF 是用来做出机器可处理的声明的工具。那么，如果想做出这种适合机器处理的声明，还需要两件事：

①一个可用来区分标识一个陈述中的主体、谓词、客体的机器可处理的标识符系统，同时这个标识符系统不会和其他人可能在 Web 上使用的相似的标识符系统混淆。

②一种用以表示这些陈述并让这些陈述可在机器间交流的机器可处理的语言。

当前，Web 已经提供了一种形式的标识符——URL（Uniform Resource Locator，统一资源定位符）。如前述例子，就采用了一个 URL 来标识 John Smith 所创建的网页。URL 是标识（identify）Web 资源（Web resource）的字符串，这是通过标识资源的首选访问机制来实现的（本质上，即资源的网络"位置"）。然而，对于许多不具有网络地址或 URL 的资源（这一点与网页是不同的），能够记录关于它们的信息也同等重要。Web 提供了一套更通用的标识符形式，称为统一资源标识符（Uni-form Resource ldentifier，URI）。URL 是 URI 的一种具体形式。所有 URI 都具有共同的特征：即不同的人或组织可以彼此独立地创建并使用 URI 来标识事物。但是，URI 并不局限于标识具有网络地址或其他计算机访问机制的资源。实际上，可以创建 URI 来引用陈述中需要被标识的任何资源，包括：

①网络可访问资源，如一份电子文档、一个图片、一个服务或一组其他的资源；

②非网络可访问资源，如人、公司、在图书馆装订成册的书籍；

③不物理存在的抽象概念，如"作者"（creator）这个概念。

由于上述通用性，RDF 用 URIs 作为其标识机制（用于标识陈述中的主体、谓词和客体）的基础。更准确地说，RDF 使用的是 URI 引用（URI references）。一个 URI 引用（或"URIref"）是一个在尾部附加了可选的"片段识别符"（fragment identifier）的 URI。RDF URIrefs 可以包含 Unicode 字符，这就允许在 URIrefs 中使用多种语言。RDF 将"资源"（resource）定义任何可被 URI 引用（URIref）标识的事物。因此，使用 URIrefs，RDF 实际上可以描述任何事物，并陈述这些事物之间的关系。

为了用一种机器可处理的（machine-processable）方式来表示 RDF 陈述（RDFstatements），RDF 采用了可扩展标记语言（Extensible Markup Language，XML）。XML 被设计成允许任何人来设计他们自己的文档格式，并可用这种格式书写文档。RDF 定义了一个特殊的 XML 标记语言（称为 RDF/XML）来表示 RDF 信息和在机器间交换这些信息。XML 的内容和标签（除了一些特例）能够包含统一字符编码的字符，这就允许了来自各种语言的信息可以被直接显示出来。

2.RDF 模型

RDF 基于图论思想描述陈述，图中包含节点与弧。这样，一个陈述可表示为：①一个表示主体的节点；②一个表示客体的节点；③一个由主体节点指向客体节点的表示谓词的弧。

RDF 陈述中的客体可以是 URIrefs，也可以是常量值（称作文字），用于表示某种属性值的字符串。为了表示多种类型的属性值，RDF 陈述中的客体可能是 URIrefs 或字符串表示的常数（称为文字，literal）。（比如，在以"http：//purl.org/dc/elements/1.1/language"为谓词的例子中，那个文字就是一个英文的国际标准双字母码）。在 RDF 的陈述中，文字（literal）可能不被用作主体或者谓词。在画 RDF 图时，节点为 URIrefs 的用椭圆来表示，而节点为文字的则用方框来表示。

也可以将图论表示法转化为三元组表示法，在三元组表示法中，图中的每个陈述都可以写成一个依次为主体、谓词、客体的三元组。用三元组表示法来写就是：

http：//www.example.org/index.html；

<http：//purl.org/dc/elements/1.1/creator；

<http：//www.example.org/staffid/8574 0；

http：//www.example.org/index.html；

<http：//www.example.org/terms/creation-date；　"August 16，1999".

http：//www.example.org/index.html；

<http：//purl.org/dc/elements/1.1/language；　"en".

每一个三元组均对应于图中的一条弧，且这个弧的起始节点和终止节点分别是陈述中的主体和客体。和图形表示法不同，三元组表示法要求一个节点在它出现的每个陈述中都要有标识。因此，例如"http：//www.example.org/index.html"，在三元组表示法中，一共出现了三次（在每个三元组中均出现一次），而在图形表示法中只出现了一次。但是，三元组表示法和图示法描述了完全相同的信息，这揭示了一个要点：RDF 的基础是陈述的图模型，而用于表示或描述这个图的表示法则是次要的。

完全的三元组表示法要求写出完整的 URIref（括在尖括号中），正如上面例子那样，所以造成了在一页中有很多长句。为方便起见，本文档用一种简写法（也在其他的 RDF 规范里使用）来书写三元组。在这种简写法中，一个不用尖括号的 XML 限定名（QName）作为一个完整的 URIref 的缩写形式。一个 QName 包括一个被赋为命名空间 URI 的前缀，其后是一个冒号，然后是个"局部名称"（localname）。由 QName 可以生成完整的 URIref，即将局部名称添加到已经赋了命名空间 URI 的前缀。因此，如果将命名空间 URI "http：//example.org/somewhere/" 赋值给 QName 前缀 foo，那么 QName "foo：bar" 就是 URIref "http：//example.org/some-where/bar" 的缩写。这里的例子中也会用一些"公认的"QName 前缀（这些前缀无须说明就可使用），定义如下：

前缀 rdf：，命名空间 URI：http：//www.w3.org/1999/02/22-rdf-syntax-ns#；

前缀 rdf s：，命名空间 URI：http：//www.w3.org/2000/01/rdf-schema#；

前缀 dc：，命名空间 URI：http：//purl.org/dc/elements/1.1/；

前缀 owl：，命名空间 URI：http：//www.w3.org/2002/07/owl#；

前缀 ex：，命名空间 URI：http：//www.example.org/（or http：//www.example.com/）；

前缀 xsd：，命名空间 URI：http：//www.w3.org/2001/XMISchema#。

显然，"example"的前缀"ex："的变形在需要时也会用在示例中，例如：

前缀 exlerms：，命名空间 URI：http：//www.example.org/terms/（作为示例的组织中的词汇）；

前缀 exstaf f：，命名空间 URI：http：//www.example.org/staffid/（作为示例的组织中的雇员标识）；

前缀 ex2：，命名空间 URI：http：//www.domain2.example.org/（作为示例的第二个组织中的词汇）等。

exstaff：85740. "August 16，1999"．

用这种简写法，先前的三元组可以写成；

ex：index.html dc：creatorex：index.html exterms：creation-dateex：index.htmldc：language

因为 RDF 用 URIref 替代词语来命名陈述中的事物，RDF 称一个 URIref 的集合（特别是为了某个目的集合）为词汇表（vocabulary）。通常，这些词汇表中的 URIrefs 被组织为一个有相同前缀的 QName 的集合。也就是说，一个词汇表中的所有术语都有一个相同的命名空间 URIref，通常这个 URIref（无论是谁控制）定义了这个词汇表。包含在词汇表里的 URIrefs 是通过在公用的 URIref 的末端加上局部名称形成的，这样就构成了一套有着公用前缀的 URIrefs。譬如：正像前面的例子展示的那样，一个组织，比方说是 example.org，可能定义一个前缀全部为 http：//www.example.org/terms/ 的 URIrefs 构成的词汇表，用来表示这个组织在业务中用到的术语（例如："创建日期""产品"等），同时也定义一个全部由 http：//www.ex-ample.org/staffid/ 开头的 URIrefs 词汇表来标识这个组织的雇员。RDF 用相同的方法来定义它自己的术语的词汇表，这些术语在 RDF 中有着特定的含义。RDF 词汇表中的 URIrefs 都以 "http;//www.w3.org/1999/02/22-rdf-syntax-ns#" 开头，通常情况下，其 QName 用前缀 "rdf：" 来表示。RDF 词汇描述语言定义了另一套都以 http：//www.w3.org/2000/01/rdf-schema# 开头的 URIrefs 的术语集合，其 QName 用前缀 "rdfs：" 来表示。（当一个特定的 QName 前缀以这种方式与一个已给定的术语集相关联的时候，那么这个 QName 前缀有时会用以作为这个词汇表的名称，比如，有人可能说 "rdfs：词汇"）。使用公用的 URI 前缀提供了一种便捷的方法来组织一套相关的术语集 URIrefs，然而，这仅仅只是一种约定。RDF 模型只认可完整的 URIrefs；它不会去看 URIrefs 的具体内容或使用任何关于它们结构的知识。特别地，RDF 不会仅仅因为 URIrefs 有一个公用的前缀而认定这些 URIrefs 之间有联系。当 URIrefs 带有不同的前缀时，并没有规定说，这些 URIrefs 就不能被认为属于同一个词汇表。某个特定的组织，过程（process）或者工具等可以根据自己的需要，来定义词汇。这些词汇的 URIrefs 可以来自任何其他的词汇，数目不受限制。

另外，有时一个组织将使用词汇表的 URIref 命名空间用作是提供关于该词汇表的详细资料，这种 Web 资源所在地的 URL。例如，像著名的 QName 前缀 de：将会在本文档的例子中用到，它是和命名空间 URIref：http：//purl.org/dc/elements/1.1/ 相关联的。事实上，这指的是都柏林核心词汇表。通过在网页浏览器中访问这个 URIref 命名空间就能获得关于都柏林核心词汇表的其他一些信息。然而，这也仅仅只是一种约定。RDF 不会认为每个 URI 命名空间都能确定一个可获取的 Web 资源。

在 RDF 图中可以自由混合来自不同词汇表的 URIrefs。譬如：在前面用到了分别采用了 exterms：，exstaff：，DC：词汇表的 URIref。在 RDF 图中，RDF 也没有限制能用多少个具有同一谓词 URIref 的陈述描述同一个资源。例如：如果资源 ex：index.html，那么 example.org 可能写以下陈述：

    ex：index.html dc：creator exstaff：85740.

    ex：index.html dc：creator exstaff：27354.

    ex：index.html de：creator exstaff：00816.

这些 RDF 陈述的例子开始展现一些使用 URIref 作为 RDF 标识事物的基本方式的优势所在。譬如：在第一个陈述中，不用字符串"John Smith"来作为网页的制作者，而是把一个 URIref（使用基于他的雇员号码的 URIref）http：//www.example.org/staffid/85740 赋予他。这样使用 URIref 的一个优点就是陈述主体可以被更加精确地标识出来。就是说，这个网页的制作者不是字符串"John Smith"，也不是数以千计的名叫 John Smith 的人中的一个，而是与那个 URIref（且不管是谁创建了定义了这种关系的 URIref）相关的那个特殊的 John Smith。而且，因为一个指向 JohnSmith 的 URIref，他就成为一个成熟的资源，并且仅仅通过增加其他主体为 John 的 URIref 的 RDF 陈述，就可以记录他的一些其他信息。

　　这些例子也说明了 RDF 在 RDF 陈述中用 URIref 作为谓词。就是说，RDF 使用 URIrefs 标识属性，而不是使用像"creator"或者"name"那样的字符串（或词组）。用 URIref 来标识属性的重要性是有很多原因的：①它可以把一个人用的属性和其他人用的属性区别开来，尽管他们可能用相同的字符串来表示属性。example.org 使用"name"想要使写出的某人的全名作为一个字符串文字（如"JohnSmith"），但是其他人可能想要使"name"代表某些不同的事物（如在一个程序段中的变量名）。当一段程序遇到"name"作为一个 Web 上的属性标识符（或者当合并来自多个数据源的数据）时将不一定能区分这些使用方法。但是，如果 exam-ple.org 用"http：//www.example.org/terms/name"当作它定义的"name"的值，并且其他人用"http：//www.domain2.example.org/genealogy/terms/name"当作他们定义的"name"的值，那么显然不同的"name"包含着不同的值（即使一个程序不能自动确定它们的具体含义）。②使用 URIrefs 来区分属性能使属性被看成资源本身。因为属性也是资源，仅仅通过增加主体为属性的 URIref 的 RDF 陈述，就能记录关于属性的信息（譬如：example.org 所用的"name"属性的含义的英文描述）。

　　用 URIref 作为 RDF 陈述的主体、谓词、客体支持了 Web 上的共享词汇表的使用和发展，因为人们可以发现并开始使用已经在用的词汇表来描述事物，这反映了人们对那些概念的共享理解。例如：在三元组"ex：index.html dexreator exstaff：85740"中：

　　ex：index.html dc：creator exstaff：85740

　　当谓词"dcxrearot"完全展开为一个 URIref 时，就明确地指向了 Dublin Core 元数据属性集中的"creator"的属性。这个三元组的作者有效地说明了网页（由 ht-tp：//www.example.org/index.html 所标识）和网页的作者（一个独一无二的人，由 http：//www.example.org/stafid/85740 所标识）之间的关系正是一个由 http；//purl.org/dc/elements/1.1/creator 标识的概念。另一个熟悉 Dublin Core 词汇的人，或是查明了"dexreator"确切含义（通过在 Web 上查找的它的定义）的人，将会明白这个关系的含义。另外，在这种理解的基础上，在处理含有谓词"dcxreator"的三元组时，人们就能编写出行为与这个含义一致的程序来。当然，这有赖于越来越普遍地使用

URlref 而不是用文字来指代事物；譬如：用 URIref 像"exstaff：85740"和"dcxreator"来代替字符串文字像"John Smith"和"creator"。即使是那样，RDF 对 URIref 的使用仍不能解决所有的标识问题，因为人们仍然能够用不同的 URIref 来指代同一个事物。由于这个原因，尽量使用现有的词汇表（比如 Dublin Core）的术语，而不发明可能与其他词汇表中术语重复的术语。

另外，要区分 RDF 本身赋予 RDF 陈述中的词汇（比如在先前例子里的 dcxreator）的含义与人们（或人编写的程序）可能赋予这些词汇的其他外部定义的含义。作为一门语言，RDF 直接定义的只有主体、谓词，客体三元组的图示语法，在 rdf：词汇表中的 URIrefs 的某些含义，和稍后会做介绍的某些其他概念。这些事物在 [RDF-CONCEPTS] 和 [RDF-SEMANTICS] 有规范的定义。不过，RDF 没有定义在 RDF 陈述中使用的其他词汇表中的术语的含义，如 de：creator。特定的词汇表会被创建且其中的 URIref 会被赋予特定的含义，但这是在 RDF 之外的。使用了这些词汇表中的 URIref 的 RDF 陈述可能会把那些术语的特定含义传达给熟悉这些词汇表的人，或是处理这些词汇表的 RDF 应用程序，而不会把这些含义传达给不是特意处理这些词汇表的通用 RDF 应用程序。

例如，人们可以给一个三元组，如 ex：index.html dc：creator exstaff：85740.赋予一定的含义，这是基于单词"creator"作为 URIref "dcxreator"的一部分出现所表示的含义，或者基于在他们理解了"dc；creator"在 DublinCore 词汇表中的确切定义。不过，就通用的 RDF 应用程序而言，这个三元组和下面的三元组在内在的含义上是一样的：

fy：joefy.iunm ed：dsfbups fytubgg：85740.

与此类似，任何可能在 Web 上找到的描述"dcxreator"含义的自然语言文本都无法为一个通用的 RDF 应用程序提供其直接可用额外的含义信息。

当然，来自一个特定词汇表的 URIrefs 可以在 RDF 陈述中被使用，尽管给定的应用程序可能不能把任何特定的含义赋予他们。例如，通用的 RDF 软件会识别出上述表达式是一个 RDF 陈述，其中"ed：dsfbups"是一个谓词等。它不会把词汇表开发人员赋予一个 URIref（如 ed；dsfbups）的任何特定含义赋给这个三元组。此外，基于他们对一个给定的词汇表的理解，人们仍可以编写出一个与这个词汇表中的 URIref 的特定含义一致的 RDF 应用程序，尽管这个含义对不是以这种方式编写 RDF 应用程序是无法理解的。

结果是，RDF 提供了一种发表更易被应用程序处理的陈述的方法。一个应用不能真正理解这些陈述，就如当一个数据库系统处理一个查询语句如：SELECTNAME FROM EMPLOYEE WHERE SLALRY>35000 的时候，数据库系统对像"em-ployee"或"salary"这类的词汇的理解一样。但是，如果一个应用程序编写的很合理，那么它处理 RDF 陈述时就好像它确实理解它们一样，这正像一个数据库系统和它的程序并没有理解什么是"employee"和"payroll"，却能在处理雇员和薪水的数据信息时做有用的工作一样。例如：一个人能搜寻 Web 找到全部书评并且为每本书创建一个平均等级。然后，这个人就可以把这些关于书的信息放到 Web 上。而另一网站能获取这些书平均等级的列表并且创造一个"评价最高的十本书"页面。这里，一个关于书等级的共享词汇表的可用性，及其使用，以及用于标识那些书的一组共享的 URIref，允许个人建造一个在 Web 上可相互理解和用处日益广泛（或说是做了其他贡献那样）的关于书的"信息库"。相同的原则适用于人们每天在 Web 上创建的关于数以千计的主题的大量信息。

3.RDF/XML 语法

RDF 的概念模型是一张图（graph）。RDF 提供了一种被称为 RDF/XML 的 XML 语法来书写和交换 RDF 图。与 RDF 的简略记法——三元组（triples）不同，RDF/XML 是书写 RDF 的规范性语法（normative syntax）。RDF/XML 定义于 RDF/XML 语法规范。

（1）基本原理

RDF/XML 语法的基本思想可以通过下面这句英文为例来说明：

http：//www.example.org/index.html has a creation-date whose value is Au-gust16，1999.

该陈述可以用 RDF 图来表示（其中的 creation-date 属性已指定了 URIref）。用三元组表示就是：

ex：index.html exterms：creation-date "August 16，1999".

（2）简写与组织 RDF URIrefs

到目前为止，所有的示例都假定所描述资源已指派了 URIrefs。在 RDF/XML 中，这个资源（resource）的标识是通过使用一个 rdf：about 属性

（attribute）并用资源的URIref作为属性值实现的。尽管RDF并没有规定或限定如何为资源（resources）指派URIrefs，有时希望为一些有组织的资源指派URIrefs。比如，设想一个运动产品公司example.com要为它的产品（如帐篷、旅行鞋等）提供一个基于RDF的目录，该目录是一个RDF/XML文档，用http：//www.example.com/2002/04/products来对它进行标识和定位。在该资源中，各个产品可能会有一个单独的RDF描述。

4.RDF的特点

（1）易控制

RDF使用简单的资源—属性—值三元组，即使在数量很大的时候，也很容易被控制。这个特点很重要，因为现在Web资源越来越多，如果用来描述资源的元数据格式太复杂，势必大大降低元数据的使用效率，其实从功能的角度来看，完全可以直接使用XML来描述资源，但XML结构比较复杂，允许复杂嵌套，不容易进行控制。采用RDF可以提高资源检索和管理的效率，从而真正发挥元数据的功用。

（2）易扩展

在使用RDF描述资源的时候，词汇集和资源描述是分开的，所以可以很容易扩展。例如，如果要增加描述资源的属性，只需要在词汇集中增加相应元数据即可，而如果使用是关系数据库，增加新字段可不是件容易的事情。

（3）包容性

RDF允许任何人定义自己的词汇集，并可以无缝地使用多种词汇集来描述资源，以根据需要来使用，使其各尽其能。

（4）可交换性

RDF使用XML语法，可以很容易地在网络上实现数据交换；另外，RDF Sche-ma定义了描述词汇集的方法，可以在不同词汇集间通过指定元数据关系来实现含义理解层次上的数据交换。

（5）易综合

在RDF中资源的属性是资源，属性值可以是资源，关于资源的陈述也可以是资源，都可以用RDF来描述，这样就可以很容易地将多个描述综合，以达到发现知识的目的。例如，在描述某书籍时指明其作者属性值是另一资源，就可以根据描述作者的URI来获得作者的信息，如毕业院校等，从而知道这本书是某一院校的毕业生写的，于是在表面上看来没任何关系的两者间建立联系，而这种联系往往是知识发现的前奏。

第二节 信息资源的智能化分析

一、分词处理

文本表示是文本分类的关键技术之一，而中文文本中词和词之间不像英文一样存在边界，所以在对中文文本表示之前，需要先进行分词处理。分词是文本解析的重要环节，是文本进行后续处理的预处理阶段，其结果好坏直接影响到文本分类的正确性。有人把文本解析比喻成人体的消化过程，输入食物、分解出有用的氨基酸和葡萄糖等。以下重点阐述中文分词研究成果。

（一）分词概念

英文，法文、德文等是以词为单位的，词和词之间有空格隔开，但中文字符序列中词与词之间无空隙相隔，所以在中文信息处理时需要分词处理。把中文的汉字序列切分成有意义的词，就是中文分词，也称为切词。中文分词是其他中文信息处理的基础，只有分词正确，文本分类，信息检索，信息过滤、文献自动标引，摘要自动生成等中文信息处理才能取得更好效果。但中文本身的复杂性及其书写习惯，使中文分词技术成为了分词技术中的难点。经过学者的共同努力，过去多年里中文分词取得可喜进步，主要总结了四个方面取得的成绩：①通过"分词规范＋词表＋分词语料库"的方法，使中文词语在真实文本中得到了可计算的定义，这是实现计算机自动分词和可比评测的基础；②实践证明，基于手工规则的分词系统在评测中不敌基于统计学习的分词系统；③在 Bakeoff 数据上的评估结果表明，未登录词造成的分词精度误差至少比分词歧义大 5 倍以上；④实验证明，能够大幅度提高未登录词识别性能的字标注统计学习方法优于以往的基于词（或词典）的方法，并使自动分词系统精度达到了新高。

（二）分词理论方法

目前所有分词算法都在歧义消除与未登录词识别方面寻找新思路，以提高分词速度与精度。精度与速度互相制约，难以平衡，所以需要根据实际情况设计算法。很多文献在封闭测试或者小规模的开放测试中得出分词精度

99%以上。结果不具有说服力，还需要权威机构测评鉴定。目前分词算法很多，大致可归纳为三大类：词典分词方法、理解分词方法和统计分词方法。

1. 词典分词方法

（1）算法

词典分词方法又叫作机械分词方法，按照一定策略将待分析的汉字串与一个词典中的词条进行匹配，若在词典中找到某个字符串，则匹配成功。该方法需要确定3个要素：词典、扫描方向、匹配原则，依据扫描方向可分为正向与逆向匹配；依据匹配原则可分为最大（最长）与最小（最短）匹配等。目前比较成熟的几种词典分词方法有：正向最大匹配法（Maximum Matching Method，MM），逆向最大匹配法（Opposite Directional Maximum Matching Method，OMM）、双向最大匹配法、最少切分等。MM算法于1960年被提出，它是词典分词算法基础，其他算法由MM算法发展演化而来。统计表明，在分词过程中单纯使用正向最大匹配的错误率为1/169，单纯使用逆向最大匹配的错误率为1/245。实际使用的分词系统，都是把机械分词作为一种初分手段，还需通过利用各种其他的语言信息来进一步提高切分的准确率。机械分词方法包含两个核心内容：分词算法与词典结构，改进方法可依据此核心内容进行。①字典结构改进，字符串匹配算法精度与速度受制于词典，词典数据结构会影响分词性能，所以该算法需要先进的词典数据结构，以提高分词速度；同时词典词收录量有限，而导致匹配错误，影响分词精度。通过对字典结构改进，加快检索时间，提高检索的速度。②改进扫描方式，优先在待分析字符串中识别和切分出一些带有明显特征的词（如标点符号），以这些词作为断点，可将原字符串分为较小的串再来进机械分词，从而减少匹配的错误率。③将词典中的词按由长到短递减顺序逐字搜索整个待处理材料，一直到分出全部词为止。其中第二种改进方式需要使用者斟酌，它增加了一遍扫描"切分标志词典"的时空复杂性，却并没有提高分词精度，切分标志其实都已经隐含在词典之中，是对词典功能的重复。实际上"切分标志"也没有标记歧义字段的任何信息。基于此，近来的分词系统中，已经基本上废弃这种"切分标志"预处理方法。

下面给出正向对大匹配（Maximum Matching Method，MM）算法基本思想：

①设自动分词词典中最长词条所含汉字个数为I；

②取被处理材料当前字符串序数中的 I 个字作为匹配字段，查找分词词典。若词典中有这样的一个 I 字词，则匹配成功，匹配字段作为一个词被切分出来，转⑥；

③如果词典中找不到这样的一个 I 字词，则匹配失败；

④匹配字段去掉最后一个汉字，I－－；

⑤重复②～④，直至切分成功为止；

⑥I 重新赋初值，转②，直到切分出所有词为止。

（2）词典数据结构

基于词典的中文分词方法，词典数据结构设计非常关键，它直接影响分词算法的性能。高效的分词词典需要考虑以下 3 个因素：①词典查询速度，任何一种词典分词算法都需要进行词匹配，查询速度①是最关键的指标；②词典空间利用率，词容量大，但占空间小，则查询时间也少；③词典维护性能，能方便支持词的删除、插入、修改等操作。在设计词典结构时，Hash 表是一种有效方式，最初词典按照简单的倒排原理设计，先对 GB2312–1980 中的汉字排序（即建立 Hash 表），然后将其后继词（包括词的属性等信息）放在相应的词库表中。梁南元在国内设计第一分词系统 CDWS 中采用该方法设计词典数据结构。为了提高查询速度也可以将词首字建立 Hash 表，词次字建立 Hash 表，其余放在词库表中。孙茂松等设计并实验考察了三种典型的分词词典机制：整词二分、TRIE 索引树及逐字二分，着重比较它们的时间、空间效率。实验显示：基于逐字二分的分词词典机制简洁，高效，较好地满足了实用型汉语自动分词系统的需要。从目前文献看，围绕词典结构提高分词性能的主流思想是设计 Hash 表，表个数随结构不同而不同，个数越多，空间开销越大，但查询速度也相应提高，具体设计需要在时间与空间之间权衡。

2. 理解分词方法

理解分词方法的基本思想就是让计算机模拟人对句子的理解，以达到识别词的效果，它在分词同时进行句法、语义分析，利用句法信息和语义信息来处理歧义现象。理解分词方法需要使用大量语言知识和信息。由于汉语语言知识的笼统性、复杂性，难以将各种语言信息组织成机器可直接读取的

①①.

形式，因此目前基于理解的分词系统还处在试验阶段。

（1）人工智能技术

①专家系统

分词专家系统能充分利用词法知识、句法知识、语义知识和语用知识进行逻辑推理，以实现对歧义字段的有效切分。何克抗等深入地分析了歧义切分字段产生的根源和性质，把歧义字段从性质上划分为四类，并给出了消除每一类歧义切分字段的有效方法。[①] 在对歧义字段进行统计分析的基础上提出了切分精度的"四级指标体系"，并在切分精度、切分速度、可维护性等方面论证专家系统方法是实现自动分词系统的最佳方素。

②神经网络

神经网络以模拟人脑并行，分布处理和建立数值计算模型工作的。它将分词知识所分散隐式的方法存入神经网内部。通过自学习和训练修改内部权值，以达到正确的分词效果。徐秉铮等在研究各种自动分词方法的基础上，提出用神经网络分析方法进行分词。

采用神经网络与专家系统的人工智能分词算法与其他方法相比具有如下特点：知识的处理机制为动态演化过程；字词或抽象概念与输入方式对应，切分方式与输出模型对应，亦即存在一个输入、输出逻辑概念到输入、输出模式的转换；能较好地适应不断变化的语言现象，包括结构的自组织和词语的自学习；新知识的增加对系统处理速度影响不大，这与一般机械匹配式分词方法有很大区别；有助于利用句法信息和语义信息来处理歧义现象，提高理解分词的效果。作为智能分词技术的一种探讨，将神经网络与专家系统思想引入中文分词，是一种有益尝试，为在后续智能自动分词技术中取得更多进展打下良好基础。

③生成－测试法

通过词典的动态化、分词知识的分布化、分词系统和句法语义系统的协同工作等手段实现了词链的有效切分和汉语句子切分与理解的并行。该方法具有通用性且实现容易，分词和理解能力强等特点。

从目前所做工作来看，理解分词技术基本采用人工智能技术实现。目前还没有基于人工智能的分词系统面世，说明将人工智能技术引入分词还处

---

① 何克抗. 教育行者学术常青 何克抗论文选集 [M]. 北京：北京师范大学出版社，2017.06.

在探索阶段。

（2）统计模型技术

基于规则统计模型的消歧方法和识别未登录词的词加权算法，通过大量语料库学习获取歧义高频字，作为歧义标记，利用规则统计模型对标记的上下文信息分类处理，剩下的部分进行正向或逆向动态最大匹配，对连续单字串使用词加权算法来判断其是否为未登录多字词。基于马尔可夫链的语境中文切分理论，进而提出一种语境中文分词方法，该方法建立在词法和句法基础上，从语境角度分析歧义字段，提高分词准确率。

3.统计分词方法

统计方法思想基础是：词是稳定的汉字的组合，在上下文中汉字与汉字相邻共现的概率能够较好地反映成词的可信度。因此对语料中相邻共现的汉字的组合频度进行统计，计算他们的统计信息并作为分词的依据。

4.三种主流方法比较

机械分词算法简单，易于实现，但受词典结构，容量限制影响到分词精度与速度。同时它没有考虑词语义、语法等知识，容易产生歧义分词字段，也缺乏自学习、自主调节能力。基于理解的分词系统目前还处于试验阶段，要取得实质进展还需时间。统计方法技术成熟，在新词发现与歧义消除方面有不错表现。

5.组合方法

单个方法既有优点，但也存在不足，实际分词系统设计时需要组合几种方法，利用各自优点，克服不足，以更好解决分词难题。

（1）字典与统计组合

字典与统计相结合的中文分词方法，该方法首先利用基于字典的分词方法进行第一步处理，然后利用统计的方法处理第一步所产生的歧义问题和未登录词问题。该算法在基于字典的处理过程中，通过改进字典的存储结构，提高了字典匹配的速度；在基于统计的处理过程中，通过统计和规则相结合的方法提高了交集型歧义切分的准确率，并且一定条件下解决了语境中高频未登录词的问题。

（2）分词与词性标注组合

词性标注是指对库内语篇中所有的单词根据其语法作用加注词性标记。

将分词和词类标注结合起来，利用丰富的词类信息对分词决策提供帮助，并且在标注过程中又反过来对分词结果进行检验、调整，从而极大地提高切分的准确率。目前隐马尔可夫模型（Hidden Markov Model，HMM）在词性标注方面取得不俗成绩。该模型研究透彻、算法成熟，效率高，效果好、易于训练。

（三）歧义消除研究

1.歧义类型

歧义是指同一个字符串存在不止一种切分形式。歧义字段分为交集型歧义字段（交叉歧义），组合型歧义字段（覆盖歧义）两种，假定 A、B、C 分别代表一个或多个字组成的字串，在字段 ABC 中如果 A、AB、BC、C 都是词，则称 ABC 为交集型歧义字段。在字段 AB 中，如果 A，B、AB 都是词，则称 AB 为组合型歧义字段。据统计交叉歧义字段占到了总歧义字段的 86%，所以解决交叉歧义字段是分词要解决的重点与难点。

2.消歧方法

目前解决歧义消除的典型方法有以下几种。

（1）三种主要分词及组合算法。

（2）穷举法。穷举法需要找出待分析字串所有可能的词。该方法简单，但时间消耗大，实用性不强。多数时候采用双向匹配算法，正向匹配结果与逆向匹配结果一致，分词正确，否则分词有歧义。

（3）联想 – 回溯法。回溯法首先将待切分的汉字符号串序列依特征词词库分割为若干子串，每个子串或为词或为词群（几个词组合而成的线性序列），然后利用实词词库和规则库再将词群细分为词。分词时，利用了一定语法知识。联想和回溯机制同时作用于分割和细分两个阶段，旨在有效解决歧义组合结构的切分问题。

（4）词性标注。利用马尔可夫链的词性标注技术结合分词算法消解切分歧义，而沈达阳等设计分词和词性标注一体化分词系统。

（5）EM 法。EM 法是一种基于非监督训练的分词歧义解决方案的一种分词算法。基于 EM 的思想，每个句子所对应的所有（或一定范围内）的分词结果构成训练集，通过这个训练集和初始的语言模型可以估计出一个新的语言模型，最终的语言模型通过多次迭代而得到。

（6）短语匹配与语义规则法。在短语结构文法的基础上，提出一种基于局部单一短语匹配和语义规则相结合的消歧方法。通过增加短语间的右嵌套规则和采用有限自动机的实现方式，解决了短语规则中存在冗余项的问题，提高了短语匹配效率和歧义消除类型的针对性。

（四）未登录词研究

1. 未登录词类型

未登录词大致包含两大类：①新涌现的通用词或专业术语等；②专有名词，如中国人名、外国译名、地名、机构名（泛指机关，团体和其他企事业单位）等。未登录词识别指正确识别未在词典中出现的词，未登录词的出现极大影响了分词的精度，如何解决未登录词识别问题成为分词准确性的一大难题。

2. 未登录词识别

识别第一类未登录词一般是先根据某种算法自动生成一张候选词表（无监督的机器学习策略），再人工筛选出其中的新词并补充到词表中。该方法需要大规模语料库支持。第二种未登录词识别常用办法是：首先依据从各类专有名词库中总结出的统计知识（如姓氏用字及其频度）和人工归纳出的专有名词的某些结构规则，在输入句子中猜测可能成为专有名词的汉字串并给出其置信度，之后利用对该类专有名词有标识意义的紧邻上下文信息如称谓，以及全局统计量和局部统计量参见下文，进行进一步鉴定。

归纳起来，未登录词解决方案有两大类：专用方法与通用方法。专用方法主要针对特定领域的未登录词如中文人名、中文地名、中文机构名等识别，此类方法主要是基于专有词库与规则展开。通用方法则重在解决所有类别的未登录词识别问题，前面列举的机械分词、理解分词、统计分词方法就是一种通用方法。

（1）专有名词库

专有名词库指对中文人名、地名，机构名等分别建立词库，该方法需要搜集特定资源并制定特定算法，信息集成难度大。

（2）启发式规则

通过前后缀的修饰词发现人名等未登录词。如"先生张三"，前面"先生"就是一个特定的修饰词，一般后面紧接着是人名。郑家恒将中文姓氏用字进行归类，并利用分类信息建立规则以识别"小张""老李"之类的人名，并且有效地区分出"张""李"等字的量词用法。

（3）通用解决方案

不针对特定的未登录词设计算法，适用于各种类型的未登录词。前述三种主流分词及组合算法则属于通用解决方案。另外，对中国人名、中国地名、外国译名进行整体识别为目标，采用分解处理策略降低了整体处理难度，并使用动态规划方法实现了最佳路径的搜索，较好地解决了未登录词之间的冲突问题。决策树的未登录词识别方法，先把未登录词识别问题看成一种分类问题，将分词程序处理后产生的分词碎片分为"合"（合成未登录词）和"分"（分为两单字词）两类，然后用决策树的方法来解决这个分类的问题。从语料库及现代汉语语素数据库中共统计出六类知识：前字前位成词概率，后字后位成词概率，前字自由度、后字自由度、互信息、单字词共现概率。

（五）分词系统研究进展

中文分词系统是利用计算机对中文文本进行词语自动识别的系统。一个高效的、性能优良的中文分词系统应该具备几个基本要素：分词精度、分词速度、系统可维护性、通用性、适应性。

1.早期自动分词系统

20 世纪 80 年代初有学者开始研究自动分词系统，陆续有一些实用性系统出现，典型的系统如下。① 1983 年由北京航空航天大学设计的 CDWS 分词系统是我国第一个实用的自动分词系统，它采用最大匹配分词算法，辅助以词尾字构词纠错技术。其分词速度为 11～15 字／秒，切分精度约为 1/400。② 1988 年山西大学研制出一种基于规则的汉语分词算法，并在微型机上设计和实现了一个汉语自动分词系统 NEWS。分词准确率高（99%）、切分速度快（在 AST/286 上为 362 词／分），是首次在我国实现的专门对新闻语料全文进行自动分词的实用系统。③ 1988 年北京航空航天大学实现的分词系统 CASS 使用正向增字最大匹配，运用知识库来处理歧义字段。其机械分词速度为 200 字／秒以上，知识库分词速度 150 字／秒（没有完全实现）。④ 1991 年由北京师范大学现代教育研究所设计书面汉语自动分词专家系统首次将专家系统方法完整地引入分词技术中。此外还有清华大学早期 SEG 分词系统，清华大学 SEGTAG 系统等。由于受硬件条件及分词技术影响，早期分词实用系统在分词速度与精度上还不够理想，实用性不高。但这些实用分词系统的出现为后续分词系统设计打下良好基础。

2. 现代分词系统

（1）中科院计算所汉语词法分析系统 ICTCLAS

ICTCLAS（Institute of Computing Technology，Chinese Lexical Analysis System）是中国科学院计算技术研究所经过多年努力研制的基于多层隐马模型的汉语词法分析系统，主要功能包括中文分词，词性标注，命名实体识别，新词识别；支持用户词典、繁体中文、GBK、UTF-8、UTF-7、UNICODE 等多种编码格式。

（2）海量智能分词研究版

海量公司 1999 年开始研究中文智能分词系统，它是第一个真正意义上的研究中文分词的商业公司。其中组合歧义的处理一直是分词领域的难点中的难点，海量分词系统能对绝大多数的组合歧义进行正确的切分。在新词的识别上，针对不同类型采用不同识别算法，其中包括对人名、音译词、机构团体名称、数量词等新词的识别，其准确率比较高。

由于计算机硬件技术的大幅提升，分词技术的逐步成熟，现在分词系统在歧义消除、未登录词识别方面取得较大进展，分词速度与精度明显提高，实用性越来越强。基于分词技术的信息检索，信息过滤、自动索引，文本分类等中文信息处理系统广泛应用于互联网络和办公自动化中，为人们工作、生活带来极大便利，促进人类信息生活向多元化、多样化发展。

3. 分词与词性标注测评

语料的选择考虑到其平衡性，科学性和代表性。其中汉语分词以《信息处理用现代汉语分词规范》为主要依据，同时参考 1998 年北京语言文化大学和清华大学提出的《现代汉语语料库文本分词规范》。在具体操作上，"分词单位"的选取参考预先提供的经过分词和词性标注的参照语料。对于在被评测单位加工后的语料中出现的，但参照语料中未涉及的一些"分词单位"，只要没有"硬伤"，都被认为切分正确。参照语料将在正式评测的两周前给出。词性标注采用本大纲附录中规定的词性标注集。各标记的定义可参考教育部语言文字应用研究所起草的《信息处理用现代汉语词类标记规范》。分词评测采用三个指标：正确率、召回率、F 值。歧义字段分词评测、兼类词词性标注评测和命名实体评测都采用正确率、召回率以及调和平均数 3 个指标。

汉语分词取得了骄人成绩，但也存在不足，从测评结果看，在命名实体识别还有许多难题需要攻克。

（六）研究难点与热点

1. 分词研究难点

大量文献表明，目前在中文分词研究领域难点问题还是歧义消除与未登录词识别问题，各种算法都在围绕该两大主题展开。前面归纳各种方法都是在现有算法基础上就如何解决歧义与未登录词而提高分词精度与速度下功夫，也取得不错成绩。

2. 分词研究热点趋势

（1）创新算法

研究者需要在更广泛的方法论上探讨算法，创新提出一揽子方案，设计出通用的解决歧义与未登录词识别的方法，提高分词精度与速度。如宋彦等提出结合基于字的条件随机场模型与基于词的 Bi-gram 语言模型的切分策略，实现字词联合解码的中文分词方法即是一种方法上的创新。

（2）统计组合算法

分词系统的实用化与工程化发展，需要处理大规模真实文本，统计方法有优势，但也存在不足，所以还需要结合其他方法，提升分词处理性能。目前大量文献集中于统计分词研究，基于统计的分词及与其他方法的组合是以后的研究热点，将会给中文分词带来实质性突破。

二、文本挖掘

在"信息丰富，知识贫乏"时代，如何在海量信息中快速有效地发现相关特定内容并加以利用，已经具有越来越重要的现实意义。文本挖掘结合信息处理技术、机器学习和统计学习理论，在文本识别、搜索引擎、信息过滤、电子政务等方面有着广泛的应用，已经成为信息处理现代化的关键技术之一。

（一）文本挖掘概念

数据挖掘（Data Mining），就是从大量数据中获取有效的、新颖的，潜在有用的、最终可理解的模式的非平凡过程。文本挖掘是数据挖掘的一个分支，其处理对象是文本。文本挖掘也称为文本数据库中的知识发现，是从大量文本的集合或语料库中抽取事先未知的、可理解的、有潜在实用价值的模式和知识。文本挖掘处理对象是半结构化或者非结构化的文档，而数据挖掘处理的都是结构化的数据。这导致文本挖掘比数据挖掘要复杂。对文本信息的挖掘主要是发现某些文字出现的规律以及文字与语义，语法间的联系，用于自然语言的处理，如机器翻译、信息检索、信息过滤等，通常采用信息提取、文本分类、文本聚类、自动文摘和文本可视化等技术从非结构化文本数据中发现知识。

（二）文本挖掘的过程

文本挖掘主要包括四部分：文本预处理（文本表示、特征抽取）、知识发现、挖掘效果评估和文本模式呈现。

1. 文本预处理

文本预处理指选取与任务相关的文本并将其转化成文本挖掘工具可以处理的中间形式。通常包括以下两个主要步骤。

（1）文本特征表示

文本特征指的是关于文本的元数据，分为描述性特征（如文本的名称、日期、大小，类型等），语义性特征（如文本的作者、机构，标题、内容等）。由于文本信息具有有限的结构或者没有结构，文本的内容是人类所使用的自然语言，因此计算机很难处理其语义。文本的这些特殊性致使现有的数据挖掘技术无法直接应用于其上，所以要对文本进行特征表示，将这些特征用结构化的形式保存，以便于处理。

（2）文本特征的提取

文本特征的提取是很复杂的过程，它主要包括：停用词表的预过滤，即使用高、低通过滤器过滤那些很不常用或诸如辅助动词之类出现频率很高的常用词，根据在文本结构中不同位置给予不同权重以及进行同义词分析、一词多义分析、词性变化分析等；中文文本处理，由于中文特殊的书写形式，灵活多变的构词方式以及对句子采取不同的分词形式可能产生完全不同的语义，因而汉语的自动切分相当困难，虽然目前存在词典分词法，切分标记分词法，单汉字标引法，智能分词法等多种分词方法，但分词效果仍然具有很大的提高潜力。分词问题将来的研究依赖于自然语言理解研究的进展。文本特征的提取对于文本挖掘是非常重要的，数据挖掘的方法能否移植到文本挖掘领域，在很大程度上取决于文本特征提取的效果。

2. 文本知识发现

经文本预处理之后，可以根据用户的需要使用挖掘工具进行数据挖掘，去检索，发现他们所需的知识和模式，即文本知识发现。从目前文本挖掘技术的研究和应用状况来看，通过语义的角度来实现文本挖掘的还很少，目前研究和应用最多的几种文本挖掘技术有：文档聚类、文档分类和摘要抽取等。

3. 文本挖掘效果的评估

文本挖掘过程中一个重要的环节是挖掘模型的评估，它是指利用已经定义好的评估指标对获取的知识或模式进行评价。如果评价结果符合要求，就存储该知识或模式以备用户使用；否则返回到前面的某个环节重新调整和改进，然后再进行新一轮的发现。通过评估可以改进文本挖掘知识发现过程。

4. 文本模式呈现

互联网上的文本信息，机构内部的文档及数据库的内容都在以几何级的速度增长，用户使用文本挖掘可能得到成千上万个返回结果，其中许多是与其信息需求无关或关系不大的。如果要剔除这些文档，则必须阅读完全文，这要求用户付出很多劳动，而且效果不好。文本呈现因此应运而生，它的一个重要技术是自动文摘，能够生成简短的关于文档内容的指示性信息，将文档的主要内容呈现给用户，以决定是否要阅读文档的原文，这样能够节省大量的浏览时间。

（三）文本分类

文本分类的研究可以追溯到 20 世纪 60 年代，早期的文本分类主要有词匹配法以及后来兴起的知识工程方法，后者通过手工定义一些规则来对文本进行分类，费时费力。到 20 世纪 90 年代，基于统计与机器学习的自动文本分类方法日益受到重视，它在准确率和稳定性方面具有明显的优势。通过统计理论和语言学等途径进行的文本表示和分类模型的研究也得到进一步拓宽或发展，相关领域的技术也在文本分类中得到新的应用。

1. 文本分类定义

文本分类定义颇多，比较典型的定义有：①自动文本分类（Automatic Text Cate-gorization），或者简称为文本分类，是指计算机将一篇文章归于预先给定的某一类或某几类的过程；②文本分类是指按照预先定义的主题类别，为文档集合中的每个文档确定一个类别，是文本挖掘的一个重要内容；③文本分类是指对所给出的文本，给出预定义的一个或多个类别标号，对文本进行准确、高效的分类，它是许多数据管理任务的重要组成部分；④文本分类是指按预先指定的标准对文档进行归类，这样用户不仅可以方便地浏览文档，而且可以通过类别来查询所需的文档。

2. 文本分类过程

根据文本所属类别多少可以将文本分类归为以下几种模式：二类分类模式，给定的文本属于两类中的一类；多类分类模式，给定的文本属于多个类别中的一个；属多类模式，给定的文本属于多个类别。文本分类主要包括四部分：文本表示、特征抽取、分类器构建和分类效果评估。

（1）文本表示

文本表示主要解决两个问题：①用哪些特征词表示文本；②如何刻画特征词的重要性。目前主要文本表示模型有：布尔模型（Boolean Model）、向量空间模型（Vector Space Model）。

（2）特征抽取

文本表示阶段抽取的特征词很多，有的文本可能高达几万个，造成后续面临高维空间处理；空间压缩、特征抽取则是化高维为低维，使问题处理方便，当然这种处理可能会丢失一些信息，在不影响特征分类准确度的情况下，减少文本描述空间的高维特征数量是很有必要的，这个过程也称为特征选取（Feature SclectIon）或个能抽取（Feature Extraction）。一般来说，一个有效的特征项集合必须具有以下两个特征。①完全性。特征项能够完整反映目标文本的内容；②区分性。特征项具有将目标文本和其他文本区分开的能力。

（3）分类器构建

根据抽取特征信息，构建分类模型，如神经网络分类模型、决策树分类模型、支持向量机模型等，最后用构建好的分类模型为一些新的、未知的文本分类。

（4）分类效果评估

对于分类算法的性能评价则需要考虑：①文本分类算法进行正确分类决策的；②文本分类算法进行快速分类决策的能力，即在准确性和效率方面是有要求的。目前对文本分类性能评价主要是通过实验进行，对于二元分类问题，常用的评价指标有：准确率／召回率，break-even点，11点平均、F-measure，精度／错误率等。在多元分类问题中，为了对整个分类系统进行评价，通常对单个分类器的分类指标进行宏平均或微平均。近年来ROC曲线也逐渐用于文本分类性能评价，特别是基于ROC曲线下面积（The Area Under the ROCCurve，AUROC）估算成为文本分类性能评价的又一重要指标，该面积代表了从测试集中随机选择一个正例比随机选择一个反例的概率要高。

3. 文本分类应用

（1）自动索引

针对检索系统特别是布尔型信息检索系统的自动文本索引依赖一个受控词表，给每篇文档分配一个或者多个关键词或者关键词短语描述文档内容，而这些关键词或短语来源于一个称为受控词典的有限集合。早期文档索引采用人工方法，当然是一件费时费力的活动，利用自动文本分类技术，可以极大提高检索效率。

（2）信息组织

信息组织属于典型的多类文本分类问题，如报社的广告归类、会议论文根据专题归类、专利归类、门户网站网页按照内容进行层次归类等。基于文本自动分类的信息组织可以极大提高分类效率，帮助人们快速获取所需信息资源。

（3）词感应消歧

词在不同语境下含义不同，词感应消歧就是要辨别词在不同语境下的准确含义。比如"bank"在"the bank of England"与在"the bank of river Thames"的含义不同：一个是指银行；另一个是指河岸。如果将词的不同语境看成文档，而词的不同含义看成类别，则词感应消歧就是典型的文本分类问题。

（4）信息过滤

随着信息获取方便性的提高，人们对获取网络上更为相关的信息的需求也在不断增长。这种动态需求也需要智能的信息过滤技术，帮助人们对源源不断到来的文本进行动态的分类、筛选，从而保留有用信息，屏蔽无关信息。利用信息过滤技术还可构建服务的个性化和主动性，提高信息获取的方便性。从文本分类的角度来说，它属于两类文本分类问题，它将所有文本区分为"相关文本"与"无关文本"。

信息过滤能够主动地获取用户特定的信息需求，进而使用这些信息需求组成过滤条件，对信息资源进行过滤，就能把符合条件的信息抽取出来进行服务。因此，信息过滤具有个性化与主动化这两个显著特点。个性化的实质是针对性，即对不同的用户采取不同的服务策略，提供不同的服务内容；主动服务的实质是主动性，即不需用户做什么，系统自动按照用户的需求来提供相应的服务。个性化主动服务将使用户付出尽可能小的努力，获得尽可能好的服务。

传统的获取信息的技术中用户是主动方，因此可以称之为"拉"（Pull），与之相反的另一种方式则称为"推"（Push），由信息发布方主动地将信息推送给感兴趣的用户。用户的兴趣可以使用用户自己提交的 Profile，或者用户访问过的文本集合来描述。面对用户形式各异的个性化信息需求，良好的信息过滤系统能够充分适应并及时捕捉到用户兴趣的迁移，始终提供最能满足用户需求的信息。此外，通过适当地引导用户参与到过滤过程中或者分析用户对待过滤结果的网络行为等技术实现动态反馈，根据这些反馈动态调整用户兴趣表示以及信息筛选的准则，从而实现更加高效自适应式信息过滤。

（5）邮件分类

Internet 最广泛的应用就是电子邮件，与人们工作、学习、生活息息相关的电子邮件给人们带来巨大方便的同时，也日益显示出其负面影响，即那种"不请自来"的"垃圾"邮件。它们或者是推销广告，或者是一些有害的不良信息，或者是一些病毒。垃圾邮件的监控管理成为日益重要的工作，文本分类技术可以帮助人们自动分类邮件，将垃圾邮件分类过滤。邮件分类可以看作通常的文本分类问题，它可以分为两种模式：一种是两类模式，按照垃圾与非垃圾来分类；另一种是多类模式，如工作、会议、垃圾等。文本自动分类技术的研究在一定程度上可以帮助人们自动分类邮件，将垃圾邮件分类过滤。

（6）话题跟踪

话题跟踪研究目标是要实现按话题查找、组织和利用来自多种新闻媒体的多语言信息。这类新技术是现实中急需的，例如，自动监控各种信息源（如广播、电视等），并从中识别出各种突发事件、新事件以及关于已知事件的新信息。这可广泛应用于信息安全、证券市场分析等领域。另外，还可以找出有关用户某一感兴趣话题的所有报道，研究这一话题的发展历程等。从文本挖掘的角度上来说，话题识别跟踪类似于文本聚类与分类。

（7）新信息检测

文档信息检索技术能够在一定程度上满足文档的检索需求，但是往往会包含大量的无关的、重复冗余的信息，同时信息粒度偏大。而且用户需要提炼自己的需求，以适当的关键词表达出来。为了进一步提高检索的性能，我们希望研发出一种新的检索技术，该技术能够检索出粒度比文档更小的相关信息，并进一步排除冗余，陈旧的信息。这里的粒度与文档相对应，一般称之为片段（Passage），其中包括段落（Paragraph）、句子集（Sentence Cluster）和句子。为了评价与计算的便利，一般采用句子作为这种信息检索的粒度，称之为句子级新信息检测（Novelty Detec-tion at Sentence Level）。句子级新信息检测内在地包含着两个主要内容：相关句子检索与新信息内容的检测。

新信息内容的检测可以分为监督与非监督检测。监督环境下的新信息内容的检测可以看作简单的两类文本分类问题，文本在这里指的是句子。类别对应为新信息与旧信息。

（8）网络舆情分析

舆情是指在一定的社会空间内，围绕中介性社会事件的发生、发展和变化，民众对社会管理者产生和持有的社会政治态度。它是较多群众关于社会中各种现象，问题所表达的信念、态度、意见和情绪等表现的总和。网络舆情形成迅速，对社会影响巨大，需要社会各界高度重视。

网络舆情监控主要是通过融合最新的海量信息搜集、全文搜索和数据挖掘、文本分类技术可以 24 小时监控成千上万的网站、论坛和博客的变化，帮助用户及时、全面、准确地掌握各种商业信息和网络动向，从而提高自身的竞争力和事件追踪能力。通过对信息进行进一步的整理、分析，监控系统还可以为客户决策提供高价值的市场参考及危机处理服务。

（四）文档聚类

文档聚类就是通过对文档的字词和结构特征进行分析，用来发现与某种文档相似的一批文档，帮助知识工作者发现相关知识。聚类方法通常有：层次聚类法、平面划分法、简单贝叶斯聚类法、最近邻参照聚类法、分级聚类法、基于概念的文本聚类等。文档聚类常常用于将一批文档聚类成若干个类，提供一种文档分析方法和组织文档库的方法。聚类分析可以用来发现文档特征生成文档分类器，以对文档进行分类。文本挖掘中的聚类分析可用于提供大规模文档库内容的总括，判断文档之间的相似程度。在搜索引擎服务中，用来减轻浏览相关，相似信息。文档分类和聚类是不同的，区别在于分类是基于已有的分类体系表的，分类表通常由人工制定，是进行了语义处理的。一般比较准确、科学地反映了某一个领域的划分情况，所以在信息系统中使用分类的方法，能够让用户手工遍历一个等级分类体系来找到自己需要的信息，达到发现知识的目的。这对于用户刚开始接触一个领域想了解其中的情况，或者用户不能够准确地表达自己的信息需求时特别有用。而聚类分析则没有这样的分类表，只是基于文档之间的相似度，并且仅仅在聚类分析的前提下生成的分类还需要人工赋予语义解释。也就是说，机器聚类筛选出来的特征可能是人无法理解的。目前，文档聚类在以下几方面得到广泛应用。

（1）文档聚类可以作为多文档自动文摘等自然语言处理应用的预处理步骤，比较典型的例子是哥伦比亚大学开发的多文档文摘系统Newsblaster。Newsblaster将每天发生的重要新闻文本进行聚类处理，并对同主题文档进行冗余消除、信息融合、文本生成等处理，从而生成一篇简明扼要的摘要文档。

（2）对搜索引擎返回的结果进行聚类，使用户迅速定位到所需要的信息。对搜索引擎返回的结果进行聚类的学习算法。比较典型的系统则有Vivisimo 和 Infonetware 等。系统允许用户输入检索关键词，而后对检索到的文档进行聚类处理，并输出各个不同类别的简要描述，从而可以缩小检索的范围，用户只需关注关联性比较大的主题。另外，这种方法也可以为用户二次检索提供线索。

（3）对用户感兴趣的文档（如用户浏览器 cache 中的网页）聚类，从而发现用户的兴趣模式并用于信息过滤和信息主动推荐等服务。

（4）聚类技术还可以用来改善文本分类的结果。

（5）数字图书馆服务。通过 SOM 神经网络等方法，可以将高维空间的文档拓扑保序地映射到二维空间，使得聚类结果可视化和便于理解，如 SOMlib 系统。

（6）文档集合的自动整理。如 Scatter/Gather 是一个基于聚类的文档浏览系统。而微软的 Ji-Rong Wen 等人则利用聚类技术对用户提出的查询记录进行聚类，并利用结果更新搜索引擎网站的 FAQ。

第五章 数字图书馆特色资源建设

第一节 特色资源的概念

一、图书馆特色资源

（一）图书馆资源

在人类历史文明发展中，图书馆有着悠久的历史。作为收集、整理和传播知识信息的场所，图书馆是人类历史和文化所创造的精华记载的标志。图书馆是搜集、整理、收藏图书资料以供人阅读、参考的机构。长期以来，图书馆以丰富的图书、期刊等文献资料吸引着读者，被广大读者称为知识的宝库。图书馆一直以巨大藏书量而著称，在它的发展史上，图书长期占据着绝对主体的地位。随着知识的急剧增长和出版业的发展，期刊、报纸等各种文献资料逐渐兴盛起来，日渐成为重要的文献信息形式；随着现代图书馆的发展，科学技术带来的协作与共享使图书馆的电子和网络信息变得日益重要。尽管图书馆馆藏的内容发生了变化，但它们都是图书馆资源的有机组成。除此之外，图书馆的工作人员、各种设备、建筑结构、服务风格、管理方式等与图书馆有关的一切都属于广义的图书馆资源。

（二）图书馆特色资源

从一般意义上讲，"特色"是事物所表现出来的独特的、优秀的个性风貌，也就是指一定范围内，该事物与众不同的独特风格，它是由事物赖以产生和发展的特定的、具体的环境因素所决定的，是其所属事物独有的。同时，需要注意的是，特色不是永恒不变的，而是一个不断发展、富有动态变化内容的、与时俱进的概念。现在的特色，以后也许就不再成为特色。

特色资源通常是指那些与普通资源相区别的特殊的资源，它有其与众不同的特点，是图书馆资源这一整体之中有特色的那一部分。因此，特色资源是图书馆资源的有机组成部分。

图书馆特色资源是一个内容丰富的概念。从宏观的角度来理解，图书馆资源中有特色的内容都可能成为特色资源。图书馆的特色资源主要包含以下几方面的内容。

1. 信息特色资源

随着科学技术的发展，信息化代表着现代图书馆的发展方向，信息资源在图书馆资源中占有越来越重要的地位。图书馆特色资源也日渐信息化，以崭新的面貌呈现在读者面前。信息特色资源既包括实体资源，也包括非实体资源，是图书馆特色资源建设的主体。当前，通常意义上讨论的数字图书馆特色资源建设，也以信息特色资源为主体。

2. 服务特色资源

服务特色资源是一种图书馆非实物资源，它无处不在，在细节上体现着图书馆的风格和特色。各个图书馆推行特色服务是现代图书馆特色化趋势的重要表现。服务特色资源体现了一个图书馆在服务方面的特色，是图书馆特色资源的有机组成部分。

3. 环境特色资源

主要指图书馆建筑本身的特色。从内容与特征的角度，可以将图书馆特色资源概括为图书馆针对其用户的需求，以某一学科、专题、人物以及某一历史时期、地域特点等为研究对象，依托该图书馆已有的馆藏信息资源，对更多文献信息资源进行收集（搜集）整理、存储、分析、评价，并按照一定的标准少有的资源。环境特色资源是本图书馆区别于其他图书馆，且具有本图书馆独特风格的信息资源。

这里主要考察图书馆特色资源中的信息特色资源，它是图书馆特色资源的主要构成部分，也是人们在图书馆学领域重点研究的内容。据此，简而言之，图书馆特色资源便是一个图书馆所收藏的文献信息资料所具有的独特风格。这种独特主要有两层含义：第一，它指一个图书馆拥有独具特色的部分馆藏；第二，它指一个图书馆总的馆藏体系具有与众不同的特点。在实践中，当前已经建设的图书馆特色资源通常符合第一层含义。

二、特色资源的本质含义

文献信息资源在国际化和标准化之外，资源特色化和个性化是图书馆追求的重要目标，是自建特色文献数据库的重要基础。资源的特色化和个性化具体表现为：显著区别于其他馆藏的、具有独特风格与形式，个性化体裁与别具主题内容的文献资源。既凸显厚重的人文底蕴，又张扬独特的个性魅力；既承载着深邃的文化积淀，又蕴含着时空的未来价值。独特性、延续性与价值性是特色资源的本质含义。

（一）主题独特性

体现国家、地方区域和学校的特色，既包括学科特色和馆藏特色，当然也包括断代资源的主题特色。

（二）时间延续性

应具备一定年限的收藏时间和文献积累，自收藏之日起没有间断，资料收藏较为系统、相对完整，具有时间的延续性。资源优势相对明显，具有一定的影响力。

（三）内容价值性

具有较高的研究价值与应用价值，或者至少具备其中一个方面的价值。随着时间的延续，其价值也越来越高。

三、特色资源的范畴

特色资源在独特性和延续性的本质特征框架内，展现的内容可丰富多彩，表现的形式可活跃多姿，呈现的类型可活泼多元。

（一）内容宽泛，主题多元

特色资源内容的范畴较为宽泛，从传统的典籍文献到当下的师生论著；从学校各学科的考题到历届硕士、博士学位论文；从手稿、抄本到地图、照片；从缩微制品到专题数据库以及家谱、族谱普、WTO文献等，应有尽有。

（二）掘旧采新，创造未来

未来毕竟仍由人类来打造。人类的想象力和创造力是社会的基石。尽管科技的进步具有划时代的意义，我们还需牢记我们社会的价值观和生活和谐的重要性。图书馆既筑就于文化遗产之上，又创造未来。因此，不仅要善于挖掘典籍文献资源，而且要面向未来，不拘一格地打造新资源，即要有强烈的"瞻前顾后"意识。

由此，我们得到启示，建设特色资源要富有创新意识和前瞻视野，既要"推陈"也要"出新"；既要"掘旧"也要"采新"；既要弘扬传统、萃取精华、服务当代，也要放眼未来、开拓个性化资源、占领创造未来资源特色的制高点。

第二节 数字特色资源的保存与利用

图书馆数字特色资源的长期保存与管理问题是伴随着网络化发展出现的新事物。由于数字技术的飞速发展以及互联网的普及，数字特色资源增长迅速，图书馆数字特色馆藏急剧增加。与数字资源的生产能力相比，数字资源的保存技术和能力却远远落后，随之而来的数字资源保存管理与数字资源的使用问题也日益突出。图书馆是各类知识、信息的集合地，在当今信息数字化、服务网络化的环境下，研究图书馆数字特色资源长期保存与管理是十分重要的。

一、数字特色资源的保存

（一）数字特色资源长期保存的原则

1. 针对性原则

在图书馆资源中，并不是所有的资源都需要长期保存，数字特色资源的保存要以满足用户需求为宗旨，并进行有针对性的长期保存工作。这就涉及了资源的选择问题，要发挥自身优势，结合图书馆的馆藏特色，学校的学科特色以及所处的地域特色进行考虑，同时，还要立足现有和潜在的用户需求，面向教学和科学研究的实际需要，充分考虑其实用价值和需求程度。

2. 科学性原则

科学性原则是指对数字特色资源进行长期保存时要遵循科学合理性，在科学的规划布置和指导下开展，不能盲目。在实际操作前，要对本馆数字特色资源保存的必要性和可行性进行充分的科学论证，不能随意拼凑。

3. 可用性原则

数字特色资源的长效利用是长期保存的主要目的。保证数字特色资源的可用性，先要清楚数据和软件之间的关系，并根据数据和软件之间的关系，选择合适的解决方案。不同种类的数字特色资源保存和利用的方式不同，应当根据资源的种类和类型制定合理的保存策略，保证资源的正常使用。

4.可靠性原则

不论采取何种保存和使用方法，都必须保证所保存资源的安全可靠性，确保保存资源的真实性。

5.经济性原则

经济性原则表现在以下两个方面：一是遵循针对性和适度性原则，在经济条件有限的情况下，通过最优化理论与方法，进行较小的经济投入来实现功能倍增；二是指经过整合后的特色性数字资源，要扩大使用范围，提高服务质量，以多样化的服务手段来产生最大的经济效益。

（二）数字特色资源长期保存的技术策略

数字特色资源的长期保存包括多方面的含义，基于不同的理解、不同的需求以及不同的关注层面，产生了各种技术和解决方案。这些技术实际上代表了数字特色资源保存的不同策略，表达了人们对不同技术特点研究基础之上的、实践中的取舍。

1.数据迁移技术

保持数字对象的长期可用性是数字保存的重要内容。迁移是广泛使用的一种数字资源长期保存策略之一，它根据软硬件的发展，将数字资源迁移到不同的软硬件环境之下，保证数字资源的可识别性、使用性与检索性。迁移可分为硬件迁移、软件迁移、载体迁移、格式迁移、版本迁移、访问点迁移等。然而，传统的迁移方式存在一些问题，从而产生不同程度的失真，如果某一步骤存在错误、遗漏或其他情况，就会影响以后的迁移，或者导致部分失真。与传统迁移技术相比，按需迁移则可以解释或读取特定文件格式的编码，并只执行一次。但是，该方法还无法准确地保持和提供可信赖的还原机制，同时，需要产生相应的迁移工具，也会造成相关费用的提高。

2.环境封装技术

环境封装是在对数字资源进行包装的过程中，将该数字资源所需的运行环境，如动态链接库，运行环境等一起打包，从而能够在其他环境下运行该程序包，如在 Java 程序中加入 J2SDK，以保证在新的环境下也能达到 Java 的环境要求。环境封装包括在 XML 中包含原始文件、在描述文件中包含指向软件的链接、包含软件本身这三种情况。在封装上，由于刷新元数据存在困难，而且其使用的软件在使用时也无法保证能够获得，因此，这种策略实际上还停留在讨论阶段。

3. 数据仿真技术

仿真其实是生成一套软件，用于模拟保存、访问数据的硬件或软件，有时只是模拟硬件或软件的一部分功能，预期重现数字对象的原始操作环境，其优势在于与操作平台无关。通用虚拟计算机（UVC）是由 IBM 公司提出的新技术方法，是一种新的用于还原数字对象的方法，它并不依赖现有的平台和格式。一个虚拟计算机可以用于详细说明某一天的操作过程，这些过程可能在将来的某台未知机器上运行。这种方法唯一需要的就是 UVC 仿真器。在保存实践中，首先要编写一个基于 UVC 的格式解码程序，用于被保存内容格式的解码和呈现，该解码程序运行在仿真的 UVC 平台上，把保存内容转换成逻辑视图（LDV）。LDV 是数字对象的结构化描述，通常按照一个特定的构建，如果未来有人想要浏览被保存的内容，就可以编写一个 UVC 仿真器，然后运行解码程序生成 LDV。同时，根据保存的 LDS 再开发一个浏览器，这样就可以实现对重点内容的保存。

4. 开放描述技术

开放描述是指信息系统通过计算机可识别的开放语言和规范方式，来描述自己系统各个层次的内容。尤其是自己的数据格式，组织体系和管理机制、所形成的描述文件及其定义语言置于本系统公知位置，或递交公共登记系统，第三方系统能识别、理解本系统的格式和规则，并在此基础上实现系统间的相互操作。数字资源的开放描述可以将数字资源的存储、描述、组织、传递方式以第三方可以获取的形式描述，从而实现第三方或未来对该类资源的使用。

5. 数据考古技术

数据考古技术是指从损坏的媒体、损坏或过时的硬件和软件环境中恢复数据内容的方法与手段，即从原始的字节流中恢复数字资源的原貌，并保证数字资源的可读性与可用性。数据考古是具有挑战性的技术，如果已经无法获取数字资源的原貌，就无法评估数据恢复的成果。因此，在正常的数字资源保存过程中，并不赞成使用这种技术策略，而是应该采用更为实际的运作方法。该方法仅在其他方法无法发挥作用的情况下使用。

6. 数据转换技术

广义的转换包括格式的转换、程序的转换、字符编码的转换、媒体的转换、操作系统的转换、硬件系统的转换等。转换的方法有三种：第一，把特色型数字资源的格式转换为通用的文本格式；第二，利用通用的、开放的数据库管理系统；第三，采用或开发对应的转换软件。转换技术应用的关键是对数据进行重定格式，或者转换时应考虑对时机的把握以及对实体类型与格式标准的选择，因为这些问题都会给数字资源的可靠性带来一定的影响。

7. 数字图形输入板技术

数字图形输入板技术能同时保存软件和硬件，降低迁移费用，同时具备自含动力源，能将所保存的信息直接显示在自含屏幕上，并且能够执行原处理器软件说明，对原程序和数据采用仿真加以存储。缓存器可根据用户对原文献的要求，实时显示有关数据。数字图形输入板的实体异常坚固、耐寒、耐高温、防水以及抗重力。但是，数字图形输入板的开发费用较高，仅适用于对政府法律文献、政府报告、珍贵艺术品的保存，其存在的数字资源与引起错误结果的软件和归档等问题也需要加以解决。

8. 数据更新技术

数据更新是指通过复制将数据流从旧存储介质转移到新存储介质上，以保护数据本身少受存储介质质量恶化的影响。更新是目前使用得最为广泛的数字资源保存技术，但是，只有当原数据格式没有淘汰时才能被读出，而且如果新、旧软硬件的环境不能兼容，则无法利用，也就失去了保存的价值。简单的数据更新也并不能对数据的结构特性、描述的原数据、检索以及展示方面的能力进行维护，无法满足用户的检索需求。

9. 身份识别技术

身份识别技术主要用于正确识别通信用户或终端的个人身份。最常用的方法是给每个合法用户一个"通行证"，代表该用户的身份。通行证一般由数字、字母或特定的符号组成，只有本人和所使用的信息系统知道。当合法用户要求进入该系统访问时，首先要输入自己的通行证，计算机会将这个通行证与存储在系统内有关该用户的资料进行比较验证。如果验明他为合法用户，就可以接受他对系统进行访问，如果验证不合法，信息系统就会拒绝该用户对系统进行访问。

10. 仿写技术

将数字信息文件设置为只读状态，在这种情况下，用户只能从信息系统中读取信息，而不能对其做任何修改，这就可以有效地防止用户更改数字信息内容，从而达到保护其真实性的目的。另外，对于数字信息的存储，如果采用一次写入光盘方式，由于它是使用不可逆记录介质制成的，可以有效防止用户更改数字系统内容，从而保持数字信息的真实性和可靠性。

11. 系统还原卡技术

使用系统还原卡后，尽管用户可以随意对系统中的数字信息进行增、减、改，但是，一旦系统重新启动，数据又会恢复原来的状态，用户的操作不会留下任何痕迹，从而保护了系统中数字信息的原始性。

二、数字特色资源的利用

（一）检索服务

数字特色资源可以为用户提供检索服务，包括简单检索和高级检索。简单检索提供按资源类型的检索，包括学位论文、期刊论文、会议论文、多媒体资源、电子图书、课件、音频、多媒体，标准文献、网络资源以及检索字段。高级检索可以选择多个检索资源，输入多个检索词进行检索，检索速度快，检索结果精确。

（二）个性化服务

在数字特色资源进行保存与发布后，可以在相应网站或数据库系统中通过建立我的图书馆、邮件等个性化服务来提高资源的利用率。

1. 我的图书馆

个性化服务是根据用户需求提供的特定服务，基于网络的个性化服务是图书馆服务的必然趋势。"我的图书馆"是基于网络的高校图书馆个性化服务的一种方式，它将成为未来图书馆个性化服务的重要方向。"我的图书馆"主要为用户提供一个图书馆资源的定制界面，其本质上是一个基于网络的带有网络前台的关系型数据库应用系统，主要包括以下几个内容。

（1）我的电子书架

当进行检索或浏览资源时，用户对于感兴趣的资源，可以通过点击"放入电子书架"进行保存，下次登录系统时，就可以直接通过"我的图书馆"浏览。

（2）我的链接

在"我的链接"管理界面，用户可以根据自身的喜好，添加相应的链接资源，可以是电子书、视频等，只需要添加相应资源链接的 URL、链接名和描述信息即可。

（3）我的检索历史

首先，利用平台的统一检索服务，用户可以检索到相关资源，然后选择感兴趣的资源，保存到收藏夹，这样在"检索历史"界面可以看到相关资源。"检索历史"主要包括检索表达式，检索资源、检索时间、删除操作。这样，用户在下次登录系统时，如果检索相同的检索词，就不需要再次输入了。

（4）我的关键词和学科分类

在该模块中，用户可以自己设置"我的关键词和学科分类"，为进行邮件推送服务提供基础。"我的关键词"提供按照题名、关键字、全文这三种检索方式。"我的学科分类"可以通过学科导航树来选择用户关心的学科分类。

2. 邮件推送服务

在邮件推送服务配置里，可以配置如下参数：收邮件地址、推送周期、推送内容，然后启动邮件推送服务。这样，用户就可以定期收到系统的推送信息了。

3. RSS 推送服务

RSS 是基于 XML 技术的互联网内容发布和集成技术。RSS 服务能直接将最新的信息即时主动推送到读者桌面，使读者不必直接访问网站就能得到更新的内容。读者定制 RSS 后，只要通过 RSS 阅读器，就可看到即时更新的内容。RSS feed 的信息来源是本地特色数据库中的所有已经成功发布的资源，这些资源按照学科代码分类号进行分类。在"RSS 推送服务"模块，用户在浏览器中创建自己的 RSS 频道，可以添加相应的频道名称、频道地址、更新时间、保存条目，配置完这些信息，一个 RSS 频道就创建完成了。每当这个频道有相关资源，用户就可以在阅读器中浏览。

（三）数字特色资源的整合

数字图书馆采用引进或自建数据库等方式构建了特色数字信息资源，并通过互联网为用户提供信息服务，极大地提高了满足用户信息需求的能力。然而，由于这些数字资源分布在不同的地方，由不同的技术开发人员开发和提供服务，对各自的资源拥有知识产权，用户在往需要花费很多的收多资源不同数字资源的使用方法，这在很大程度上影响了数字资源的利用。因此，如何整合已有的数字特色资源，为用户提供一个统一检索、方便简单、功能强大的资源使用环境便成为目前数字图书馆亟须解决的重要问题。

"整合"意为一个完整的数，数字特色资源的整合是指根据用户的需求和资源的特点，将图书馆相对独立的众多数字资源按照它们之间内在的知识关联进行重组，形成统一的、高效利用的数字资源体系。

数字特色资源的整合从技术和方法层面可分为以下四种类型：第一，建立数字资源导航系统，为用户提供众多数字资源的统一入口；第二，基于OPAC系统整合各类数字资源，提供在 OPAC 系统框架内的整合利用；第三，建立开放链接整合系统，以参考文献为线索整合图书馆各类数字特色资源；第四，建立整合检索系统，为用户提供同时检索多个数据库系统的统一界面，进而提供"一站式"的检索服务。

第三节 数字特色资源的建设原则

每个图书馆都应该按照自己独立的发展目标，而不应采取统一的模式。目前，馆藏文献量和图书馆建筑规模已不再是衡量图书馆水平的绝对尺度，图书馆的藏书再多、楼宇再高，但如果没有特色资源，读者找不到他所需要的文献资料，那么图书馆只不过是藏书楼或者一座标志性建筑而已。

特色就是你无我有，你有我全，你全我新。图书馆的特色表现在环境特色，馆藏特色和服务特色三个方面。建设特色馆藏资源就是拥有其他图书馆所不具备的独特风格的文献，特色馆藏一般具有永久保存和完整服务的价值。具体而言，特色资源建设包括五个方面的内容：一是搜集和开发具有某种优势的信息资源；二是对所收集的文献进行深加工，形成一批质量较高的二、三次文献；三是重点学科、重点课题，对国内外相关研究领域的新观点、新思潮、新动向进行跟踪，提供定性、定量的专题报告和论点汇编；四是对特色资源进行数字化加工，充分发挥自身的文献资源优势，建设好本馆的特色数据库；五是建设大学文库。

图书馆事业是一项古老而常新的事业，而特色资源建设是信息时代赋予图书馆的责任和机遇，也是网络环境下图书馆仍然充满生机和活力的佐证。同时，特色资源又在一定的历史条件下，随着时间的推移而逐步积累沉淀，形成优势，具有相对独立的稳定馆藏，一旦形成特色，就要巩固、健全和发展，尤其是在新的网络环境下，更应该坚持走特色建设的道路，以促进图书馆事业快速、健康地向前发展。

一、科学定位原则

在信息资源共享的今天，图书馆的建设应该准确定位，建设有特色的数字图书馆，尤其是地方高校，更应该建设有特色的数据库，只有这样，才能显示出自己的独特性。如果没有自己的特色，盲目建设，就会造成重复建设，导致极大的资源浪费。因此，高校图书馆应该根据学校的学科建设以及当地的文化进行科学定位，建立属于自己特色的数字资源，使自己在现代图书馆的竞争中处于有利的地位。公共图书馆数字资源建设应该立足于本地的经济和文化特点，以各类文献开发和数据资源建设为核心，建设和整合本地区特色产业的数字资源，更好地为当地的经济、政治、文化服务。

二、不可替代性原则

特色性大型综合数据库的特点是"大而全"，不足是"多而杂、多而散"。因此，特色数据库建设必须集中人力、物力、财力，最大限度地去穷尽有关"特色"文献信息的发掘，形成内容独特、组织系统、使用便捷的特点，做到人无我有、人有我优、人优我新。

三、实用和特色原则

从本质上说，数据库只是工具层面的东西，实用和具有特色才是其根本目的。建设特色数据库，应体现现有图书馆的特色。所以，在确定选题时应注意，特色资源建设的项目选题是否注重面向地方社会经济和教学科研发展的实际需要，同时也从读者使用、读者数量和特色资源质量的角度，优先保障重点学科，最大限度地满足用户需求。

四、共享和先进原则

所谓信息资源共享，指的是在特定的范围内，在平等、自愿、互惠的基础上，通过建立图书馆与其他相关机构之间的各种合作和协作关系，利用各种方法、技术和途径，共同建立和利用信息资源。特色数据库是文献资源保障系统建设中的重要内容，在用户信息需求不断增长及网络数字资源迅猛发展的形势下，要满足用户的信息需求，扩大自身生存空间，必须走共建共享的道路。图书馆进行数据资源建设时，要根据现有的资源状况结合馆内优势和特色，在对信息资源进行深度开发的基础上，建设自己学科特色的专题信息资源数据库，才能实现资源优势互补，才能最大限度地实现信息资源的共享。建设数据库时，要考虑数据库是否代表当地水平，在国内外有无较高学术价值；能否在较长时间内保持国内领先地位，对某重点建设项目、重点学科建设的文献保障，是否具有填补空白的作用；对社会发展和经济建设有无促进作用。图书馆之间必须加强沟通和合作，通过交流达成资源共建共享之共识，通过合作进行大规模的数据库建设，避免重复建设。打破各部门各自为政的局面，实行分工协作，联合建库。在建库的过程中，一定要采取先进的规范和技术，按元数据标引格式规范、文献著录标准、检索功能等一系列标准要求来建库，最终达到与全国图书馆实现资源共建共享的目标。

五、标准化和通用性原则

数字资源的加工和数据库的建设存在着一系列的数据格式标准和元数据规范，因此，建库前必须注意，为了实现资源有效共享，各承建单位在项目建设中必须遵循通用性与标准化原则，遵守网络传输协议、数据加工标准和有关文献分类标引、著录规则等要求，采用规范化的特色库援建模式和标准化的数据格式、库结构以及检索算法，确保数字化产品的通用性和标准化，从而为共建、共享创造条件。尽量增强文献标引的深广度，扩大检索点，设立途径的检索方式，完善索引，规范机读格式，努力提高建库质量。除采用已有的国家标准外，还要注意同国际接轨，加强国内外检索的通用性。

六、系统性和准确性原则

在信息资源建设的过程中，要注意文献信息资源的系统完整和各类信息资源之间的相互联系，保障重点学科，也兼顾其他学科，逐步完善学科覆盖面，形成合理的信息资源建设体系。同时，也要考虑准确性，加工数据时应采取科学、严格的质量管理办法，而且一定要采用准确的原始信息，即一次文献，尽可能避免其错误，提高引用率和检准率。从可持续发展的角度来说，特色资源数据库还需经常更新和维护。平时要多收集数据库在使用过程中的反馈信息，及时对数据库内容进行替换、删除、修改和整理，确定合理的更新周期，使用户最早获取最新信息，以保持特色资源的生命力。

七、安全性与可靠性原则

图书馆在进行数字资源建设时，要对大量的数字资源进行加工、存储、传递和管理，并且利用网络对众多的终端用户提供各种信息服务。因此，系统的安全性十分重要。在建设的过程中，既要选择技术成熟、性能安全可靠的信息存储设备，又要采用先进的网络管理系统，以确保网络系统的安全性和数据的可靠性。

八、分工协调原则

从全局出发，统筹规划、分工合作、合理布局，有重点地进行资源建设，体现整体优势，以管理中心为基础构建二级联合保障体系，形成具有较强整体功能的信息资源体系。

九、产权保护原则

建设一个数字图书馆必须尊重信息资源知识产权。数据库的建设是一项系统工程，知识产权保护是其核心内容之一。知识产权保护贯穿于数字资源加工、组织、管理、传播和使用的各个环节。特色文献数据库的建设应根据不同类型文献存在的法律形态，充分尊重不同著作权人的授权意愿，采取区别对待的原则，为信息资源的有效共享与利用奠定基础。特色数据库的建设必须严格遵守国家知识产权保护法，所有数据来源要产权清晰，发布的一切信息必须符合知识产权保护的要求。

第四节 数字图书馆特色资源建设的策略

一、数字图书馆特色资源建设的可行性

（一）丰富的馆藏特色文献为特色数据库的建立打下了良好的基础

全国各系统、各级别的图书馆，经过多年建设，在馆藏文献信息方面都各有所长、各有特色。因此，各图书馆应该以资源共享为原则，根据本地区、本院校、本系统的特点，建立特色数据库，为社会提供特色服务。首先，

众多专业图书馆由于各有其特定的服务对象，其馆藏文献信息各具特色，建立特色数据库有着得天独厚的条件；其次，许多公共图书馆根据其所在地区社会经济发展的需要，广征博采，在其藏书的学科领域、收藏级别以及文献类型和结构等方面，已经形成为本地区所需的具有各地方特色的文献藏书体系，其地方文献资源非常丰富。

（二）信息技术的发展和大多数图书馆自动化、网络化的实现

计算机一次性输入、多途径输出的功能以及自动识别与排序的功能，使文献信息的编排检索变得更加方便、更加快捷。电子扫描技术有效解决了以前人工抄写和键盘输入存在的人力、物力消耗高，数量、质量水平低等实际问题，使得报刊上的各种文献信息得到更快捷、更充分的揭示和利用。随着知识时代的到来，各图书馆也越发重视馆员综合素质的提高。在人事方面，实行岗位聘任制，精简人员，并且不拘一格选用人才。在引进有关电子信息技术新人的同时，注重老馆员的现代信息技术培训，营造一个良好的学习氛围，使整体水平均衡提高，为满足自建特色数据库创造人才条件。

二、数字图书馆特色资源建设的必要性

（一）特色资源建设是数字图书馆建设的需要

数字图书馆超越了时空的限制，使人们足不出户就可以获取自己所需要的文献信息，因此数字图书馆用户的多少就成为评价数字图书馆的一个重要指标。数字图书馆只有突出资源特色，才能在新的信息环境中更好地体现自身的价值，扩大自身的影响。

（二）特色资源建设是数字图书馆资源建设的必然选择

由于各高校的学科设置、所处地域与人力资源结构不完全相同，各高校数字图书馆都会形成自己的特色资源。高校数字图书馆应根据本校的教育对象、办学特点、重点学科以及专业的教学、科研工作的需要，对文献信息进行重点收藏与重点建设，形成独具特色的馆藏文献信息资源。本院校的专家、学者、教授、博士研究生以及硕士研究生的学术著作、科研成果、学术论文、教材讲义及本院校的学术会议材料，均可作为本校的特色资源，进行收集、整理、开发与利用。这些均是高校数字图书馆建设不断发展、完善的必然选择。

（三）特色资源建设使数字图书馆特色馆藏成为必然

数字图书馆特色资源表现在很多方面，但最能体现办馆特色的还是馆藏特色，它是数字图书馆开展特色服务工作的基础。要加强特色馆藏资源建设，首先要完成馆藏的中外文图书、报刊、光盘、电子期刊等资源的数据建设，如上海交通大学数字图书馆馆藏资源中的"电子资源整合"，使用户可以方便地找到所需要的电子期刊、电子图书、数据库等资源以及期刊被收录的情况等；其次，在特色馆藏或专题数据库建设中，对本校博士与硕士研究生学位论文数据等特色馆藏或专题数据应考虑版权及人力、物力等可持续发展因素，有重点、有选择地与国内相关单位合作，共建共享。

（四）特色资源建设是数字图书馆个性化服务的基础

传统图书馆以印刷型文献为主的馆际互借、合作采购、联机编目以及书本式目录的交换和文献信息资源服务受时间和空间的制约，利用率较低。随着科学技术的发展，传统的图书馆服务已经远远无法满足用户的需求，因此，数字图书馆服务势在必行。数字图书馆具有高度的共享性，能够通过网络对文献信息资源进行存储、检索和传递，快速地为用户提供世界各地的文献信息资源。图书馆的个性化服务，产生于用户对个性化文献信息的需求。通过个性化服务，可以满足用户的特性需求，促进数字图书馆开发特色资源。特色资源建设具有体现馆藏文献信息资源特色、为用户提供个性化文献信息服务、实现资源共享等特征。例如，清华大学数字图书馆设置了"特别帮助"栏目，针对不同的读者群，如教师、研究生、本科生、新生、校外人员等，提供利用图书馆方面的帮助。总之，要根据本馆的性质、任务、条件和读者需求，明确把握自己的馆藏定位，确定本馆数字资源建设的目标、内容、程度和方式，制定出长远的计划，从点滴的积累开始，逐步形成自己独有的数字资源。只有将各具特色的数字资源整合在一起，才能形成内容丰富的、覆盖众多学科的、满足不同需要形式多样的数字资源群，才能使数字图书馆的个性化服务得到更好的发展。

三、新数字时代图书馆资源建设所面临的变革

从 ENIAC 到"大智移云"，人类一步步地走进了一个崭新的数字时代。在新数字时代中，以计算机和网络为代表的信息技术迅速发展，信息的生产、存储、组织、检索以及传播的方式和手段都发生了革命性的变化，这种变化

深刻地影响着图书馆的工作内容、工作方式乃至存在形态。而在图书馆的资源建设方面，受到这种变化的影响更为直接。在新数字时代，图书馆资源建设不仅在方式和手段上发生了改变，而且资源的类型和性质也都发生了本质性的变化。具体变化有以下几点。

（一）资源性质的变化

目前，对图书最为权威的定界是"以纸张为载体材料，记录与传播知识，具有完整装帧形式的非连续性出版物"。在长期的图书馆发展历史中，图书一直是图书馆主要的甚至可以说是唯一的资源。"藏书"这一在我国先秦时期就已经出现的一个古老的概念和社会文化现象，一直是图书馆主要的甚至是全部的活动。

"藏书"就是在固定的图书馆空间内尽可能全面地搜集图书，并妥善地收藏与保管，因此，图书馆界将早期的图书形态概括为"藏书楼"。随着工业化的发展，特别是近现代印刷术与造纸术的广泛应用，图书的种类与数量日益增多，图书馆已不可能实现对全部文献的收集。因此，图书馆资源建设活动由"藏书"演变为有计划地、科学地、有选择性地搜集文献，业内将其概括为"藏书采访""馆藏建设""藏书发展""馆藏发展""藏书建设"等。在近现代，图书馆的形式发生了革命性的变化，但是，图书馆资源的性质并未发生任何实质性的变化。资源性质的改变开始于 20 世纪中叶，形成图书馆资源性质发生改变的最主要、最直接的原因是现代信息技术的发展。换言之，数字时代使得图书馆资源的性质发生了革命性的变化。

20 世纪 80 年代，微缩资料、音像资料、机读资料等"新型载体文献"大量涌现，成为图书馆馆藏资源的新形态。单一的"藏书"和"藏书建设"的概念已经无法涵盖图书馆"资源"与"资源建设"的多样性，因此，"文献"与"文献建设"成为图书馆"资源"与"资源建设"的通用称谓。

20 世纪 90 年代以后，信息技术的突飞猛进，尤其是互联网的普及、数字化技术的广泛应用，使图书馆的"资源"与"资源建设"发生了革命性的改变。首先，随着信息化进程的加快，各种形式的电子化或数字化信息迅速地涌入图书馆，它们和文献资源一样，成为图书馆资源的一部分。虽然目前在大多数图书馆中，文献资源仍然是主要的信息资源类型，但是它与数字资源此消彼长的趋势已不可逆转；其次，网络的发展与普及使其不仅成为信息的传播渠道，而且由于其广泛的覆盖范围和高校的传播速度，也可被近似地看作一种资源，一种几乎等同于"实体资源"的"虚拟资源"，与"实体资源"一样成为图书馆资源的有机组成部分。从此，图书馆"资源"与"建设资源"都发生了变化，逐渐演变为"信息资源"与"信息资源建设"，资源的性质也因此发生了根本性的变化。

（二）资源类型的多元化

目前，在我们所处的数字时代，信息是一种重要的资源已经成为共识。但什么是信息资源，国内外学术界并未形成统一的看法。一般来说，对信息资源有两种理解：一种是狭义的理解，即信息内容本身；另一种是广义的理解，指的是除信息内容本身外，还包括与其紧密相连的信息设备、信息人员、信息系统、信息网络等。图书馆行业一般是从狭义的角度理解信息资源，但是，由于行业与学科的继承性，行业内的关注焦点主要在信息内容的载体上，以此为中心扩展到广义的范围。

在农业时代，技术发展落后，无论是中国的《永乐大典》《四库全书》，还是西方的《纸莎草经典》、亚历山大图书馆藏书，虽然是倾全国之力，但文献资源依然数量稀少、类型单一。在工业时代，造纸与印刷技术的发展以及普遍的知识需求，促进了出版行业的繁荣，图书馆的资源也由单一的"手抄"或"刻本"古籍发展为按出版形式区分的多元化的资源形态。图书、报刊、科技报告，学位论文、专利文献、政府出版物、标准文献、产品资料、地图、乐谱等充斥着图书馆的空间，丰富着图书馆的馆藏。20世纪中叶，微缩文献与视听文献的发明与普及，敲响了图书馆资源转型的先声，图书馆资源建设突破了传统印本文献的局限，经过多元化文献资源，向多元化信息资源发展演变。

在数字时代，图书馆资源分为实体与虚拟两种形态。实体资源是记录在一定的物质载体上的，包括刻写型文献、印刷型文献、微缩型文献、视听型文献以及以数字化形式将文字、图像、声音、动画等信息存储在磁光介质中的数字化信息资源。虚拟资源借助于先进的信息生产、存储与传递技术，将各种各样的信息以数字化形式在网络环境中构建一个虚拟的信息空间，最大限度地实现信息资源的共建、共知与共享。虚拟资源的出现使得图书馆赖以生存的物质基础——信息资源突破了物理形态的限制，资源数量急剧增长，资源形态更加多元化，从而使信息资源建设工作面临着前所未有的机遇与挑战。

（三）资源建设方式的变革

在长期的图书馆实践活动中，文献采访一直是图书馆一项最重要的基础性工作。在长期的采访实践中形成了完整、系统的采访理论与方法以及成熟的资源建设方式。但是，在数字时代，传统的资源建设方式会产生革命性甚至是颠覆性的变革。

传统的文献采访主要是图书的采访，而工业革命后，随着科学技术的日新月异和飞速发展，报刊资料因其出版周期短、内容更新及时，成为承载信息内容的又一重要载体，也成为图书馆搜集、保存的另一主要资源。随后，科技报告、学位论文、专利文献等特种文献也加入了图书馆的馆藏"队伍"。图书、报刊等文献的建设都是以纸质印刷型实体文献为主，因此，图书等纸质文献出版目录或来源于线索的搜集，图书、期刊等品种数量的筛选、预订、现购、邮购、征集、交换等采购行为一直是图书馆资源建设的唯一方式。在长期的图书馆实践活动中，资源建设的方式虽然也在不断地发展，例如，计算机等信息技术的使用实现了采访工作自动化、依托图书馆联盟实现了集团采购（或称为图书文献资源大宗交易）适应行政体制改革开展了招标采购等变化，但采访的方式并未发生实质性的改变。

对于无纸信息社会能否实现、如何实现，社会各界见仁见智，但是从中外历年的出版统计数据可以清晰地看出：纸质文献出版增长率在逐年下降，而数字文献则在飞速增长。纸质文献与数字文献此消彼长，已是一个不可逆转的发展趋势。在这个不可逆转的发展趋势下，传统的在长期工作实践中形成的完整的、系统的资源建设理论和方法，已无法适应工作实践的需要，因而必然会发生实质性的变革。

实质性的变革是什么，目前还不确定，但关于"存取"与"拥有"的讨论，为变革的方向提供了头绪。以资源的实际拥有为目标一直是图书馆信息资源建设的基本模式，但是在数字时代，图书馆所面临的信息环境发生了颠覆性的变化：第一，信息数量激增与单一图书馆有限的收藏能力之间产生了尖锐的矛盾；第二，由于信息技术的迅速发展，尤其是网络环境的形成，信息的传播突破了时空的限制。这两个明确的发展趋势引发了图书馆行业关于"存取"与"拥有"的讨论。因此，数字时代图书馆的资源建设方式会同时包括拥有与存取两个层面。

在拥有的层面，将继承和发展传统的资源建设模式，所建设的资源范围会无限扩展，主体资源依然是纸质文献和数字资源，但会以数字资源建设为主。数字资源的建设方式除了继承传统的建设方式外，还会更加侧重资源的选择与评估，基于数字资源评估指标体系的资源选择会成为资源建设的常用方式。另外，在数字资源的建设中，会发挥图书馆联盟的作用，采用集团采购，即大宗交易的模式。此外，自建资源在馆藏资源中所占比重也会逐渐增大，例如，特色文献数据库建设、机构库建设会成为数字时代文献建设的日常内容。

在存取的层面，图书馆会通过搜索引擎，学科导航库、资源发现系统等，对海量的网络资源，如网页、博客、社交空间、OA资源等进行选择、索引并提供服务。在资源建设存取的层面，大数据、云计算、本体、关联数据等前沿技术会大量采用，建设方式会随着现代信息技术飞速发展而不断创新。

总之，图书馆是一个发展着的有机体，其发展与所处的时代息息相关，并受所处时代、所给条件的制约。现代信息技术的发展将人类带入数字化信息时代，时代的变革既为图书馆的发展带来了机遇，同时也带来了挑战。"物竞天择，适者生存"，只有每个从业者都关注这场变革，去迎接新的机遇与挑战，才能使图书馆在信息时代的大潮中不被淘汰，实现跨越式的发展。

四、数字图书馆特色资源建设的思考与对策

（一）坚持特色资源的实用性和原则性

图书馆的数据库既要实用，又要具有特色。图书馆建设特色数据库，应该体现本图书馆的特色。在选题时，应该注意数据库是否代表当前学科资源的先进性或当前学科的学术价值，能否在比较长的时间内保持特色资源的存在性，对某些重点建设项目、重点学科建设的文献保障，是否具有填补空白的作用，对社会发展和经济建设是否具有促进作用。

（二）注重人才培养，加强技术性人才引进，提高信息资源服务水平

目前，数字图书馆建设中的数字特色资源构建的重要性越来越突出。怎样才能更好地服务读者、吸引读者使用图书馆，数字资源的引入以及二次深加工等，都在很大程度上决定了读者的利用率。因此，仅有图书馆业务知

识的馆员已经不能满足图书馆的需要，而对于熟知计算机、数据库或者编程的技术人员，则应该加大引进力度，使其快速加入图书馆的队伍当中。近年来，各个图书馆都加强了技术型人才的引进工作，数据库的二次开发、自建数据库、特色资源库的建设都离不开他们的努力。

原生文献信息资源作为一种本土化的知识和智力资源，并不是天然就存在的，而是需要人们去不断积累和建设。馆员素质的高低，对文献资源的建设起着决定性的作用。要解决技术人才短缺的难题，应当从两个方面着手，一方面，图书馆在争取学校支持的同时，适当引进自动化管理专业人才，或者寻求学校其他信息服务部门的合作，为图书馆提供技术支持；另一方面，考虑到目前的实际情况，图书馆想要留住优秀的人才并不容易，因此，重点还是应该放在自我培养上。应尽可能地为本馆工作人员的继续教育和技术培养创造条件，使图书馆员的专业结构向多元化发展，尽快培养出既掌握计算机软件硬件技术，又懂得图书情报专业的复合型人才。

（三）特色资源建设的资金投入应加大，提高宣传推广的力度

特色馆藏具有稀缺性、排他性和学术独特性的特点，在一般情况下，应通过纸质文献与电子文献、实体馆藏与虚拟馆藏、馆际互借与资源开发的结合，逐步建立具有特色的馆藏资源体系，使馆藏信息资源配置合理化、数量最大化和利用高效化，从而满足读者对特定知识的需求或实现某些特定的目标。但这都需要大量的资金投入和后续费用的维持。因此，图书馆应该最大限度地发挥馆藏特色资源的利用价值，实现馆际互借和网上信息资源的共享和共存互补，充分发挥图书馆信息服务的整体效应，扩大特色资源的宣传和推广服务工作，使越来越多的人了解特色资源，使用特色资源，从根本上达到图书馆服务读者的目的。

针对院校人才培养的特点，汲取近年来馆藏建设的经验和教训，高校图书馆应在充分考虑校情和馆情的基础上，争取学校领导的支持，制定切实可行的原生文献信息资源建设规划，并将其纳入整个学校的建设发展规划中，从而争取更多的资金投入。没有经费的支持，规划就失去了存在的意义。只有经过一段时间的稳定建设，高校图书馆的原生文献信息资源才能符合结构合理、实用性强、能适应教学科研需要的要求。

（四）坚持数字信息资源的自主权

数字信息资源的独有特征——共享性，使其不像物质和能源的利用那样表现为独占性。但是，在市场机制的作用下，数字信息资源的保护问题相当敏感，其中最为突出的就是版权保护，它涉及如何保护作者、资源建设者和用户的合法权益。在数字图书馆特色资源的建设过程中，一定要坚持数字信息资源的自主权。

（五）加强民族文献的收集和整理，加强民族文献特色数据库的建设

民族高校图书馆的特色馆藏数字化建设依赖于资源共享平台，但是，目前只有少数大学承应了我国高校文献资源保障体系 CALIS 的重点学科专题数据库的建设工作，例如，内蒙古大学的蒙古学特色数据库是 CALIS 项目资助的特色数据库之一，在蒙古学的建设与揭示方面具有一定的学科导航意义。此外，西南民族大学、中南民族大学对民族网站做了相关链接，吉首大学对海外中国学网站做了链接。但是，从整体上看，普遍缺乏对网上动态信息资源的跟踪、评价、揭示。因此，民族高校图书馆要遵照 CALIS 的技术标准与规范，选择一个合适的信息加工平台（提供全文检索的支持），加强与联盟馆的协调与合作，用统一的标准建设有所分工、各具特色的数字资源库，真正实现信息资源共建、共知、共享。

（六）统筹规划、合理安排，加强特色资源整体规划，减少重复建设

特色数字馆藏的可持续发展能力决定数字图书馆的生命力。图书馆要在丰富的、可靠的、持久的、适用性强的数字资源中挖掘特有的内部资源，并将其保存、转化为特色数字馆藏，同时，还要加强馆际合作与交流，有计划、有组织、有步骤地建设数字馆藏。图书馆特色资源建设应充分发挥本馆资源优势，通过统一的协调管理，采取分工协作、联合建设的工作方式，不断更新和丰富各种特色资源内容。

（七）实现资源的共建共享，提高利用率，减少资源浪费

互联网的快速发展，改变了高校用户以往的信息获取方式，信息资源共建共享以及高校图书馆利用网络满足用户需求显得越来越重要。因此，需要建立区域性高校图书馆信息资源共建共享体系，开展联合咨询与开发，提升图书馆的核心竞争力，更好地为用户服务。

在原生文献信息资源建设的过程中，图书馆一定要打破陈旧观念，进

行开放式建设。也就是说，如果读者对图书馆的信息资源不知道、不会用、不熟悉，那么，原生文献信息资源的建设不但是一项极大的浪费，而且会给以后的发展带来非常不利的影响；反之，读者对图书馆的利用越充分，获得的信息越多，获益也就越大，对图书馆工作就越是重视和支持，原生文献信息资源建设的进展也就越能得到保障。因此，图书馆必须加强对读者用户的教育力度，培育读者的信息意识和利用文献信息的技能，让读者充分了解各种原生文献信息资源的用途，培养他们使用这些资源的兴趣。此外，还应该对读者进行恰当的指导，提高读者获取信息的能力，使他们感受到图书馆特色资源的重要性以及从中获取解决问题所需要的信息的便利和乐趣。

第五节　数字图书馆特色资源建设的积极意义

21世纪是知识经济时代，任何一个数字图书馆都只是全球性信息库——互联网中的一个小节点，信息资源不受时空的限制，它面向世界、服务于世界。因此，在信息时代，数字图书馆如果没有特色信息资源，就无法吸引读者，无法在互联网中承担部分职能，也就失去了存在的意义与价值。特色就是优势，特色就是竞争力，特色就是生命力，只有坚持走"专而精"的特色化道路，才能实现持续快速发展，才能在信息化社会中立于不败之地。数字图书馆也是社会化信息化工程的重要组成部分，在数字化建设过程中，应结合本校的办学定位、学科建设、科研重点，充分利用人才优势与资源优势，建设有本校特色的数字馆藏，形成多学科、多层次，优势互补的文献资源格局，开展特色服务，以便于更科学、更合理地利用文献资源，实现全国乃至全球范围内的资源共享。

数字图书馆建设的意义深远，特色化建设道路是其发展的必然趋势，各高校图书馆应抓住机遇，建设好有本馆特色的数字图书馆，为学校及社会提供优质的信息服务，促进我国信息化事业的发展。高校数字图书馆特色资源建设的意义主要有以下几点。

一、有利于图书馆藏书观念的转变

长期以来，高校图书馆的馆藏建设一直秉承"大而全"的原则，藏书建设以"自给自足"为目标，每个高校图书馆都试图把自己建设成为一个包罗万象的知识储藏殿堂，普遍拥有"你有他有，不如我有"的心态，这就造成了各个高校图书馆之间出现馆藏"你有他有我也有"的局面。然而，信息时代的到来以及图书馆特色资源的产生，使得图书馆变成相互联系的节点，各个图书馆比以往任何时代都联系得更加紧密。随着高校图书馆特色资源越来越得到重视，人们已经意识到，陈旧的图书馆馆藏建设观念已经不再适应社会新的发展和变化，也不能满足指导图书馆更广阔的资源建设的要求。

二、有利于增强高校图书馆的核心竞争力

高校图书馆作为高校建设与发展的"三大支柱"之一，是为高校教育与科研服务的学术性机构，是人类文化传承和文明社会建设的重要力量，在高校复合型人才培养和深层次学科理论研究中，具有举足轻重的地位和作用。然而，随着知识载体的智能化、电子化，信息传输的网络化、全球化，高校图书馆正面临着前所未有的冲击和挑战。面对这样的环境，高校图书馆应该根据各自的功能定位，确定主导方向，选择读者需求量大的、其他图书馆没有的或者不同的文献资源，从而建立起具有自身特色的文献资源保障体系，增强图书馆的核心竞争力。这样才能在竞争激烈的信息时代，在文献资源共享中体现自身的价值和优势，求得生存，获得发展。

三、有利于增强高校图书馆资源配置的合理性

在信息时代，面对知识激增、信息无限增长、各种载体文献不断增加，而经费预算却短缺的局面，图书馆该如何取舍？是减少复本的数量，还是保期刊减图书？事实上，一味"求全"解决不了根本问题。只有从各个图书馆的实际情况出发，将有限的经费进行合理分配，保障图书馆特色资源的重点投入，减少在非图书馆特色资源上的支出，把自身的特色资源建设成一个相对完备的文献信息保障系统。图书馆特色资源的形成，能够有效地减少现有图书馆馆藏重复建设的现象，通过资源共享，大大缓解某些资源短缺的矛盾，使图书馆资源布局逐步合理和优化。

四、推动图书馆建设从资源组织到资源服务上的变革

高校图书馆在长期的馆藏资源建设中，根据自身的性质、任务和学科建设、科研方向等，确定资源建设重点和原则，从而形成了图书馆的核心学科结构体系和馆藏资源特色。进行特色文献资源数字化、建设特色资源数据

库，是高校图书馆进行文献资源深层次开发，将馆藏特色资源与用户的特定需求有效结合并提供特色服务的重要手段，推动了图书馆从资源组织到资源服务的重大变革，它不仅展示了图书馆的个性，也成为图书馆提高信息服务竞争力的重要品牌。同时，它也是将馆藏文献资源结构进一步重组、加速数字信息成为学术信息主流形态的转变和营造网络成为用户信息利用的主要环境的重要举措，更是当前社会主义先进文化繁荣与发展不可或缺的重要组成部分。

五、加速了人文素养与科学精神的融合

为适应信息社会的发展，提升文献信息服务水平，近年来，高校图书馆积极推进数字化建设，尤其是将一些各具特色、凸显地域特点的传统文献进行数字化，由印本时代的社会记忆保存功能为主，转变为数字时代的信息全球化服务的提升，让现代技术与人文精神完美结合，让传统文化始终与时代共振，使科学精神与人文素养真正融合，这是人性化服务的一次飞跃，将对服务于当代文明发挥不可替代的重要作用。

在数字化时代，公众的人文精神不仅是传统文化意义上"格物、致知、诚意、正心、修身、齐家治国、平天下"的回归与重塑，更应体现在适应21世纪、新时代人类社会面临的深刻变革意义上的一种新的人文情愫——人文素养与科学精神的真正融合——在移动数字化时代寻觅传统文化精髓的根须，展现生态文明社会包容性发展的核心价值。

第六章 基于用户画像的数字图书馆精准化服务

第一节 相关理论及用户画像分析

一、相关概念

（一）用户画像概述

1.用户画像概念界定

Persona 一词最早来源于人类对自我诉求的深入探究，是一种系统化研究用户的方法，是对目标用户勾画、服务方向设计和用户诉求联系的有效工具，被广泛应用在电子商务、金融、社交网络等，也有高校用于学生思想动态分析、挂科预警和图书馆服等方面。从英文概念角度讲，目前国外普遍使用用户画像（User Portrait）、用户角色（User Persona）和用户属性（User Profile）这三个概念，其中用户角色是对业务系统中区分用户角色时使用，用户画像是对用户的不同维度刻画，用户属性倾向对属性内涵层面的刻画。从中文概念讲，我国对 Persona 的概念还没有统一共识，主要存在"人物模型""用户角色""用户画像"等不同定义。在大数据环境下，国内学者逐渐趋向使用"用户画像"一词。在互联网环境的不断发展下对用户画像的定义主要分为两个层次，第一层是 User Persona，即描述用户基本属性、静态标签的画像；第二层是 User Profile，即根据用户的行为数据、动态标签来描述用户。User Persona 主要是产品和运营人员根据用户的反馈信息、注册信息等静态信息中提取出用户特征，从群体用户中抽象出典型用户的过程，但在实际中这些信息具有一定的不完备性和不确定性。user profile 主要是通过数据挖掘等技术自主捕获用户的行为数据，如用户的点击、浏览、搜索等动态数据，利用分类等技术建立具体模型，概括出用户的真实特征。相比于

User Persona，User Profile 更具备真实性和时效性，刻画用户时更注重多维度和细粒度。

在这里，将结合互联网环境下两个层次的用户画像，从数字图书馆服务角度出发对用户画像的概念进行阐述。用户画像（User Portrait）是指全面收集用户使用数字图书馆过程中的数据，既包括用户的基本信息、专业背景、文化程度等静态数据，又包括用户的知识获取习惯、兴趣偏好、特长任务等动态数据，在此基础上提取、精炼、整合出表征用户特征的关键性指标，并细致勾勒出不同用户的信息全貌，从空间上全方位、时间上全过程、深度上精细化的呈现出不同用户利用、获取知识的行为规律，实现数字图书馆深层次的知识服务和精准服务。

2. 用户画像特点

用户画像在大数据时代下，结合大数据的"5V"特点，即 Volume（体量大）、Velocity（时效强）、Variety（模态多）、Veracity（低精确）、Value（价值密度低）。用户画像在新时代下需要收集、处理的数据量大、数据更新速度快、数据的准确性和实时性要求更高。因此，数据驱动下的用户画像具备以下新的时代特点。

（1）时空局限性

时间上看，用户的兴趣受到学习计划、认知加深、任务调整等因素影响发生漂移现象，随着时间的推移用户的感兴趣程度可能呈现提高、降低趋势，甚至是消失，致使用户画像具有时效性特征。用户画像是对目标用户某个时间段内的刻画，要实时准确把握用户的兴趣漂移，及时更新用户画像。空间上看，用户画像在不同的应用领域有不同的表现侧重点，根据领域特点建立相应功能的用户画像。数字图书馆领域的用户画像侧重获取用户利用知识的行为特征和规律，挖掘用户的兴趣偏好，预测用户的需求，从而实现服务的精准性。

（2）可迭代性

用户画像的数据源分为静态数据、动态数据。用户静态数据是用户的基本属性信息，如姓名、年龄、学院、专业等相对稳定的信息；动态数据是用户与系统交互产生的点击、浏览、检索等行为数据，随行为的持续发生而累加，使用户画像的结果不断发生变化。因此，用户画像具有可迭代性，根据用户的行为变化不断更新画像，随时调整服务方式。

（3）知识性

用户是资源的利用者、创造者，用户为了解决问题、获得决策产生了大量的行为数据，这些行为数据中蕴含了许多潜在的知识和经验。用户画像通过对用户行为数据的收集、整理、筛选后，对行为中隐含的知识、规律、经验等通过可视化的方式抽象总结，为用户所共享，使得用户画像本身具备较强的知识特性。同时，有些用户还是知识的创造者，用户画像通过构建某领域的专家画像，联通用户与用户之间知识，促进知识的分享与传播，发挥知识的价值。

（4）聚类性

在以人性普遍、人心相同奠基下形成的以用户为中心的服务理念中，研究人的行为、需求、偏好的共性是具有价值的。用户画像的目的就是细分用户，找到某类用户的共同特征，与其他用户区分开，形成目标用户。用户画像通过分析挖掘相关用户间的数据，依据用户的活跃程度、兴趣偏好、行为习惯等划分标准，将具有相似兴趣的用户聚成一个簇，同一簇中用户对象具有鲜明的相似点，不同簇间明显不同。通过对用户的分类、聚类后实现用户的分级管理，形成不同特征的用户群体，使得服务方可以针对不同的用户群体开展形式各异的服务。

3.用户画像维度

构建完整的用户画像，需要从多维度多层次的描述用户。不同领域用户画像的各有侧重，如营销领域侧重用户的价值属性、媒体领域侧重用户的兴趣偏好等。一套丰富的用户画像，要根据所在领域的用户属性、产品需求来建立有偏向的标签体系。

（1）自然属性维度

用户的自然属性维度是由相对静态的人口统计学信息、物质条件和社会环境信息构成，是影响用户行为的重要内容。人口统计学信息用于描述用户的基本特征，如姓名、年龄、电话、学历等，帮助识别用户的身份。物质条件信息是指用户所拥有的物质生活资料，如车辆、住所等；社会环境信息是社会发展方针政策。

（2）能力属性维度

用户能力属性维度主要是用户运用产品的能力，即用户的信息素养（搜索、查找、浏览、创造等行为）。大数据时代，用户具有消费者和生产者的双重身份，内容的优劣与用户的能力有很大关系。衡量用户利用、生产信息的能力可以直观了解用户对不同系统的收益率的贡献，从而促进系统采取有效措施吸引更多用户。在数字图书馆中，用户主动反馈和评论的信息及在科研活动中有意义成果的产出都属于用户的能力属性。

（3）价值属性维度

用户的价值属性维度是用户在系统中的消费能力，识别用户的消费行为习惯，如产品的偏好、使用行为、使用频率、使用时段等，从而针对用户的习惯为用户推荐商品，提高系统资源的购买率。对于数字图书馆而言，用户的价值属性维度是用户在图书馆中的活跃程度，即在图书馆中的登陆频次、浏览时长、访问量、咨询量、借阅量等。

（4）社交关系维度

用户的社交关系维度指的是用户先天条件下的社会关系网，这一维度的层级性和差异性更加明显。通过用户间的关注、分享、讨论、咨询、评论、点赞、合作等互动行为构建用户关系图谱，刻画用户间社交爱好、知识共享、科研兴趣的关联，揭示用户在社交平台的贡献率、活跃程度等社交影响力，采取差异化的营销手段，利用丰富的社交关系增强系统价值。

(5) 兴趣属性维度

用户的兴趣属性维度由用户显性兴趣和隐性兴趣构成，是对某商品的喜好程度的表现。用户显性兴趣是用户情感的外在表示，是用户主动提供的信息行为，如在检索式时输入的关键词、主题词等；用户隐性兴趣是通过系统跟踪用户的浏览、评论、收藏等行为获取的内在兴趣。通过对显性兴趣的获取和隐性兴趣的挖掘，了解用户的深层次需求，帮助系统开展个性化推荐服务，增强用户黏性。

4.用户画像构建流程

构建用户画像要遵循：①从具体业务场景出发，解决实际问题；②依据用户的属性和特征进行设计两项原则。针对不同的业务和用户需求，集合用户的属性维度，构建用户画像分为以下几个阶段。

第一阶段：采集基础数据。数据来源多样，按照用户画像的构建维度分为用户基础信息、用户偏好信息、用户社交信息、用户生成信息和用户价值评估信息。对于用户基础信息一般通过注册系统、第三方调查等手段获取；对于用户的其他信息一般通过智能采集系统日志方式获取。

第二阶段：数据预处理。通常采集到的原始数据都存在数值缺失、异常、冗余、噪声、错误等问题，为了避免脏数据对建模的影响，需要对其进行清洗、集成、归约、删除、变换等方式进行预处理，并标准化处理多源数据，保证用户画像数据的完整性。

第三阶段：用户画像建模。在处理后的数据基础上进行建模的过程，提取代表用户的特征标签，运用回归、决策树、支持向量机等算法为用户贴标签。根据不同的业务、需求，采用不同的算法模型，针对具体情况分析数据。通过用户建模进一步挖掘出用户特征的权重，完善用户的表达。

第四阶段：用户画像形成。本阶段是在收集数据、清洗数据、集成数据、分析数据的基础上利用机器学习算法建模，将结果转变为用户标签，利用可视化技术对画像的呈现，并通过模型预测新的标签，持续完善和更新画像。

（二）数字图书馆精准推荐服务

1.数字图书馆精准推荐服务范畴界定

推荐最早定义是一种古老的信息检索方式，据我国历史记载，推荐最早出现在西汉时期"令郡国举孝廉各一人"，即举孝、举廉各一人。实际上这种推荐方式已经包含了现代推荐系统的设计思想。隋朝科举制度的兴起，通过科举考试，为人才推荐加入了排序分发，此时的推荐架构已经和现代推荐系统非常接近。到20世纪90年代，第一次出现了推荐系统，旨在帮助用户在互联网发展下找到有用且具备吸引力的产品。随着时代的变迁，推荐系统逐渐实现智能的信息过滤和检索，提供方式从被动转向主动。推荐的目标是帮助需求模糊的用户获取感兴趣的信息，是系统主动帮助用户与信息建立高效的联系。然而在大数据环境下，资源的数字化、服务的互联化为数字图书馆用户获取信息资源提供了便捷的途径。外在的环境迫使数字图书馆充斥着趋杂、趋大、趋繁的信息，干扰用户的选择，同时用户对自身需求的表达不够全面、清晰，导致用户虽然会使用数字图书馆的检索系统但检索不到自己想要的信息，影响用户使用体验。在新环境下，为了达到推荐的精准化目标，数据化的认知构建成为实施精准推荐服务的前提，在数据化认知的基础上形成了集服务、用户、数据为一体的具有适应性反馈的闭环推荐系统，以促进用户发展为目的，以用户需求活动为导向，通过改变传统的资源配置习惯，用户的共性需求转变为用户的个性化需求，直观发现数字图书馆与用户需求间的差距，深入挖掘用户的内隐、潜在需求。实现以用户为核心，创设服务情境，精准分析用户数据，准确把握用户需求，跟踪用户兴趣变化，预测用户行为，推荐贴合用户需要的信息，达成一种"为人找信息"和"为信息找人"的双向融合的服务模式，促进数字图书馆服务的精准能力。同时还能帮助用户发现感兴趣、有价值的信息，在信息的生产者和消费者之间达到双赢的效果。

2. 数字图书馆精准推荐服务模式

数字图书馆精准推荐依托于数字化背景为用户提供不一样的推荐服务，从用户角度出发，为用户提供差异化的服务和非差异化服务。

（1）精准推荐服务差异模式

差异模式是通过计算不同用户的特征和需求，分析、挖掘用户的行为，建立用户模型，预测用户偏好，主动将用户感兴趣的信息、产品、服务推荐给用户。从而根据同一用户兴趣偏好的漂移、不同用户间的差异实现个性化推荐和社会化推荐。个性化推荐使用一定的推荐策略，以用户与数字图书馆交互行为为核心，计算用户与资源之间的相似性，为用户匹配相关度都最高的资源，并按资源匹配的高低顺序排列向用户呈现推荐的结果。社会化推荐是以特定用户群为服务对象，预先建立用户群体模型，确定群成员兴趣偏好，为群成员推荐信息，群成员提供反馈信息的一种服务模式。其中，用户匹配是社会化推荐的核心，用户归类、形成用户群体模型和最终推荐都是在用户形似度的比较上形成。差异模式在数字图书馆中主要表现为"猜您喜欢""收藏推荐""借阅推荐""浏览推荐""专家推荐"等服务形式，从推荐结果角度看，数字图书馆不同用户获得的推荐是不同的或是相似的。

（2）精准推荐的无差异模式

无差异模式是指对数字图书馆所有用户提供相同的推荐内容，不用建立用户模型、计算用户兴趣，也不用利用用户相关反馈，只能满足用户的一般需求，而无法对不同背景、情境、目的的用户需求进行推荐。无差异模式在数字图书馆中通常是以一个简单的页面形式将全部的信息呈现给用户，表现为动态推荐和静态推荐两种形式。静态推荐包括"新书通告""经典推荐""馆员师生推荐""期刊推荐"等形式，是管理人员通过后台的操作以静态页面的形式将推荐的结果呈现在用户面前，直接及时的满足用户一般性、普通型的需求。动态推荐是在统计算法或技术的基础上，以某一阈值为界限，动态为用户显式相同的推荐内容，包括"热门借阅""热门推荐""热门检索""热门收藏""借阅排行"等形式，在用户检索前提供引导，可快速帮助用户确立检索策略，满足用户需求。一些数字图书馆与网络读书平台合作，通过资源链接的方式为用户提供书籍的链接，拓宽推荐的范围。单纯从推荐结果来看，无差异化的推荐形式为不同用户推荐的是相同、一致的信息。随着用户要求的不断提高，已经有不少数字图书馆引入了相对独立的推荐系统，而不是统一依赖于相同的软件公司开发的推荐功能。设计开发专门的推荐平台，利用用户各种信息，使用户无须搜索便可以得到主动推荐内容，如上海交通大学的"思源推书"、清华大学的"读在清华"、重庆大学的"猜你喜欢"等。

（三）用户画像与精准服务关系

大数据环境下，数据驱动图书馆变革已经成为目前图书馆转型的趋势，精准服务即是数据驱动下服务变革的具体体现，精准服务作为一种基于数据的服务模式，为数字图书馆开展其他服务创造了有利条件。用户是集资源使用者、传播者和创造者于一体的多重身份，任何人都可以成为信息发布的节点，每一节点都是一个数据源，每一个数据源都有着不同大小的作用。数据覆盖了用户的全过程，在用户的利用、交流、共享中增值。数字图书馆期待在海量用户数据中发现有价值的信息，从而理解用户、体察用户和懂得用户，为用户提供嵌入式、深层次的精准服务。而建立在对用户数据挖掘和分析基础上的用户画像，是从数据入手研究用户的属性、行为和偏好，对用户的基本静态数据和行为动态数据进行二次重构，帮助数字图书馆解决数据转化为价值的问题，并能更好的认识用户、改善信息组织、发现信息传播规律和实施精准服务。

数字图书馆用户画像通过全面收集用户在使用数字图书馆过程中的数据，抽取表征用户特征的标签，勾画真实用户的虚拟全貌，全方位、全过程，精细化地呈现出用户利用、获取知识的喜好及行为规律，更好地把握、识别用户需求，为数字图书馆实现精准推送服务提供基础。用户画像通过挖掘用户在数字图书馆中关注或参与的具体内容，提前勾画出用户的画像模型，从模型中预判用户的潜在需求，向用户推送感兴趣的内容，实现针对具体用户的精准化推荐。同时，在考虑用户兴趣动态变化的基础上，利用统计、分类、聚类等技术计算用户间的相似性，形成多层次的用户画像，实现面向群体用户的分众化推荐。可见，在用户画像的助力下数字图书馆能更加精准的发现目标受众。在基于用户需求推荐的基础上，依据推荐内容的反馈信息，可进一步完善、丰富用户的画像，使得用户画像不仅是对用户潜在需求的研究，更是对用户持续性、实时性需求的研究。用户画像辅助精准服务，抓住用户兴趣，满足用户需求，提升其愉悦感和专注度，建立起用户对数字图书馆的信赖，培育其忠诚度。

二、数字图书馆用户画像分析

在 21 世纪迎来的第一轮信息文明浪潮下，人类迈向了连接一切、网罗一切、数据一切、智能一切的新时代，这样的新时代被称作数据驱动的智慧时代，数据驱动使数字图书馆的资源、服务、管理的数据化成为新常态，数据也成为数字图书馆服务发展模式变革的核心动能。用户画像是以用户为中心，将用户的各种各样信息透过数据挖掘组合在一起，勾勒出每个人的特征，影响着数字图书馆服务的开展。而数据在创建丰富的用户形象时释放其隐藏的价值，为数字图书馆实现精准推荐服务提供了新动能。

（一）数字图书馆用户画像需求与层次

1. 数字图书馆用户画像需求

随着互联网、云计算、物联网等技术的飞速发展，各类智能终端设备广泛普及，社会中各个行业以日为单位产生大量数据，每个人每天也在产生和消费大量的数据，整个世界处在数据海洋中。大数据浪潮已经将我们从数据化 1.0 时代推向了数据化 2.0 的智慧时代，数据成为各行各业研究的重要生产要素，成为精准化、智能化的支撑基础，各类型服务机构平台日益融汇，数字内容日趋结构化、数据化、参数化、语义化和可计算化，趋使信息的传播、发现、利用和再创造变得更加容易，全面颠覆了人们理解和应用数据的基本视角和方法。技术的变革促使数字图书馆进一步融入多模态、多样化、多来源的大数据环境中，同时，新的技术也融入了数字图书馆信息生产处理全过程，使得数字图书馆不再仅是一个收集、检索和浏览的资源存储中心，更是一个大数据平台和知识服务平台。在面对数字图书馆拥有的海量数据和多元服务情况下，用户逐渐陷入了知识迷航、信息过载、情感迷失等困境中，对数字图书馆服务的要求、知识内容的需求从个性化一般满足上升到精准化、碎片化、知识化的智慧层面。用户在大数据环境下知识浏览的需求程度由迷茫到清晰，用户越来越要求数字图书馆能够在海量数据中为其主动推荐、播报所需知识，而不再希望浪费时间和精力在海量资源中甄别和判读信息；知识获取的需求粒度由粗转细，用户已不再满足于获取知识的多少，而是更加关注获取的知识是否能真正解决特定的问题，为其精准呈现辅助决策的内容；知识发现的需求广度由已知到未知，用户越来越希望数字图书馆能够为其推送不曾知道的知识结构和规律，以激发其新的兴趣。环境的变化驱使用户的需求发生了变化，同时也迫使数字图书馆服务供给侧从"粗放型"向"精准型"转变。

用户画像是指从用户角度重新规划数字图书馆服务战略，解决用户细粒度需求和图书馆粗粒度服务间不对称问题，满足"找到人"—"找准人"—"抓住人"—"激发人"的服务要求。用户画像通过采集用户在数字图书馆参与的具体数据，建立用户描述性标签，分类定义用户偏好内容，确定感兴趣维度，使数字图书馆更容易识别、了解用户，帮助用户高效快捷的触达真正想要的内容，满足为信息找到人的要求。用户画像融合了用户基本属性、行为属性、情境属性等多维属性，通过交叉分析用户数据，关注用户行为和动机，洞悉用户获取知识的特征和规律、用户群的活跃程度及变化趋势，为其匹配更具针对性的资源，达到找准人的效果。用户画像通过跟踪把握用户需求的改变，融合具体的应用场景，将用户资源和知识创造相结合，形成用户立体画像、专业画像的有效结合，在用户的知识创造中重新理解用户，引导用户投入更多的精力和情感，建立用户对平台的信赖，满足互动沉浸式的体验，实现抓住人的目标。用户画像通过预测用户行为，帮助用户拓宽获取知识的宽度，激发用户的主动性和创造性，扩大用户视野，产生新需求，完成激发人的任务。

2. 数字图书馆用户画像层次

数字图书馆用户画像本质是在数据驱动下充分利用与用户有关的数据，将用户需求经过数据化、标签化、关联化、可视化的一系列操作过程，结合相应的场景产出适合用户需求的精准方案。简单来说，用户画像就是"打标签"和"组合标签"的过程。其中，贴标签是用户画像的核心工作，赋予标签的目的是让用户和管理人员理解及机器处理。通过多维标签的组合，形象直观地展示用户轮廓，形成立体、专业、动态的用户画像，并与图书馆资源、服务匹配，实现面向用户需求的精准推荐服务。用户画像是一个数据—标签—方案的层次体系，将用户的需求特征条理分明的呈现。

（1）用户画像接触点数据层

用户画像接触点数据层是对用户多形态、多样化、多载体的交互数据实现数据化的过程。数据时代，用户已不再是"计算机难民"，完全具备了自己发现和利用数字图书馆资源的技术与技巧。用户画像的数据产生于用户与数字图书馆内外部系统的交互过程中，包括用户身份识别系统、传感器网络系统、服务器监控设备、数字图书馆管理系统、移动服务平台、第三方知识发现服务平台等，多来源的数据是刻画精准用户需求画像的保障，也是无限逼近用户现实情境需求的基础。数字图书馆在收集数据时秉承"大、全、细、时"的原则，全方位采集与用户相关的阅读行为、个体位置、社会关系、心理变化等量化数据，这些数据直接决定了用户画像标签的信息。

根据数字图书的业务场景和用户交互行为，用户画像的数据分为显性数据和隐性数据，显性数据包括相对稳定的用户基本信息数据和用户生成数据；隐性数据隐藏在用户随机的网络行为信息中，分为用户偏好行为数据、社交行为数据和会话行为数据三类。用户基本信息数据反映用户的基本特质和人群类别，包括姓名、性别、教育程度、院系、专业等人口统计学特征和用户使用数字图书馆时的位置、时间、设备参数等情境特征；用户偏好行为数据描述的是用户使用图书馆资源浏览、检索、阅读、咨询、收藏、下载、评价及网上预约、续借、推荐购买、申请需求等行为，是用户对数字图书馆系统利用的喜好描述；用户社交行为数据是用户与其他用户在数字图书馆社交平台上交流、分享、评论、点赞、关注等的行为特点，以及用户与用户间学术内容的引用、被引等，用来捕捉用户的隐形兴趣；用户会话行为数据是对用户登录平台次数多少、时间长短，页面拉动、点击、跳转，浏览量和浏览路径、资源下载数量大小，咨询内容深浅等，是用户在数字图书馆系统的活跃行为描述；用户生成数据最能体现用户的主观性，既包括用户主动反馈信息和评论观点，还包括用户在科研活动中有意义成果的产出。

面向数字图书馆数据存储已经是结构化、非结构化、半结构化并存的事实，用户画像对不同结构形式的数据进行重新解构，从而获取有价值的数据。首先，转换数据导入、导出、存储与读写格式。其次，采用完整性约束、规则计算、人机结合等的清洗方式对重复、缺失、错误、冲突等噪声数据更正、剔除、插值，保证数据的唯一性、纯净性；利用统计分析、孤立点分析、关联分析、聚类分析等的审计方式对复杂、异构、多样、不可控的数据内容和规则进行一致性、完整性、精确性的验证，确保数据的真实性和高质量；借助字段映射、字段拆分、记录滤重、数据加权等方法对不完备、不真实、无序的数据进行去敏感化、匿名化、置化、有序化等操作实现目标数据合并。最后对数据类型、大小、单位转换为标准化目标数据后，通过碎片化数据的关联生成具有结构化、规范化、洞察性的用户画像个人数据库，完成用户的初步识别。

（2）用户画像体系标签层

用户画像体系标签层是将现实业务和虚拟数据实现了最佳结合，是一个化整为零、集零为整的过程。在获取用户数据源后，分析目标用户，对用户的需求、行为、偏好等数据进一步分析后打上标签、提取标签、更新标签、关联标签。标签是对用户相关数据统计分析处理后形成的具备指导意义、易理解的信息。标签从运算层级分为事实标签、特征标签和业务标签。根据接触点数据层收集到的数据，即事实层标签，将获取到的数据划分为用户基本信息、内容偏好、行为活跃、价值评估四个维度，每个维度代表用户的一种属性，每种属性下继续细化指标，得到用户的特征标签，组合细化指标实现面向业务场景的画像构建。数字图书馆用户画像就是从上述四个维度中抽取出最能代表其特征的一组标签的集合，将用户的复杂特征通过这四个角度衡量刻画。

用户基本信息维度主要用来识别用户的角色，下分为人口信息和人群信息二级指标；用户行为信息维度是用来挖掘用户的潜在需求，分为浏览信息和互动信息二级指标；内容偏好维度是用来挖掘用户的深层需求，由内容类型、功能使用偏好二级指标构成；价值评估维度是用户对数字图书馆服务收益率的贡献及用户自身综合价值的评估，分为贡献率和自身价值两类二级指标。其中，用户的内容偏好维度最能体现用户的近期需求和兴趣趋势，是标签体系的核心，与其他维度相互作用、相互影响。

不同维度下的标签对用户的影响强度不同，计算每一维度的标签权重值，进行归一化处理，在标签的取值范围内确定标签的优先级别，级别越大说明对数字图书馆某类内容的偏好指数越大。用户被赋予的标签是反映用户偏好、需求的信息，该信息越精准，画像就越准确。标签的权重受用户登录时长、访问次数、用户类型优先级等因素影响，运用欧式距离、皮尔逊相似度、Jaccard相似度、余弦相似度等方法对各维度上的标签及其权重进行计算，对用户标签进行细分，获得相似用户群，形成兴趣群体，刻画完整用户画像。同时，用户数据是处于不断更新的状态中，要根据标签准入、执行、评估和退出的生命周期不断更新、完善画像标签。更新时需设定一定的触发条件，不同标签维度触发条件不同。用户基本信息标签是不会每天或频繁发生变化，即判定为不变更。对于时间敏感型的其他三个维度，需提前预设一个时间周期，每隔一个周期根据存储的标签更新画像。一个周期内新存储的标签需要对其判断准入所属维度，计算其权重重新组合标签，分析新标签效能，评估其应用效率，在评估效果的基础上，对一定时期内的零产生、零关注的标签及时调整、优化，直至退出。

（3）用户画像方案层

本层在对用户优质数据清洗、认证、分类、整合，动态兴趣、行为记录表示、更新后，利用大数据技术将多维度标签结合，可视化地从中抽象出用户经验、方法、手段、规律等信息，形成代表全局性的用户需求画像和局部性的专业画像，提供精准化的定向优质服务。用户画像为数字图书馆精准服务提供了多角度、多方式的用户兴趣展示，结合可视化技术使用户需求形象化，在数字图书馆交互界面中对数据进行分类、排序、组合，用曲线、二维图形、三维立体图形和动画等多种展现形式，每一类图形中又包含多种图像的展现形式，使用户全面直观感受相同数据源的不同展示效果，激发人的形象思维，启发用户、馆员、图书馆从不同角度看待相同的数据。同时，数字图书馆根据业务需求、服务目标将用户标签从不同维度组合形成符合不同领域需要的专业画像，综合考虑用户的社会身份、工作需求、显著地点等情况，融入相应的场景中产出精准方案，推送与用户需求密切相关的知识、解决问题的答案，匹配相应的专业咨询、专项跟进、科技查新、领域趋势预测等服务。由于用户的应用场景各异，用户画像通过把握不同用户需求、兴趣的发现结果，帮助用户在短时间内从多种多样的数字图书馆服务方式和应用类型中选择适合自己的服务，如为学术用户主动提供科研情报服务策略、为普通读者推送热门图书推荐服务、为科研学者根据课题周期跟踪检索文献的服务等，满足不同用户的使用体验。数字图书馆依据用户的选择增加不同服务场景在服务总成本中的投资比例，提高资源利用率，进一步提升服务收益。用户画像主动收集已有还尚未被利用的数据，持续丰富和拓展标签的数据源，显性化处理具备规律性、有序化的可用数据，深层次挖掘数据价值，完成数据价值的增值，实现数据从看到养、从养到用的过程，越来越趋向达到用数据直接解决问题的目标。

（二）数字图书馆用户画像的功能

基于对数字图书馆用户画像需求和层次分析，可以看出数据驱动下的用户画像，实现了用户、资源、服务以数据为中介的交互。用户对数字图书馆的使用行为，消除了用户数据和馆藏资源数据之间的隔阂，使两类数据间产生关联。用户画像预测用户的行为和需求，激活数字图书馆馆藏资源在服务中的作用，是数字图书馆实现精准化、智能化推荐服务的重要手段。

1.整合用户数据

数字图书馆用户画像是一个虚拟数据集，是对用户数字生活空间和真实生活空间的无缝衔接。用户画像通过收集用户真实世界中与数字图书馆交互产生的检索、浏览、甄别、筛选、使用、吸收、转化等行为数据，以故事的形式展示用户的需求、偏好、意愿、观点等数据后，帮助数字图书馆挖掘用户需求、感知服务市场、预测未来发展等，进而为用户推荐更为合适的服务。大数据时代下的数字图书馆服务内容已不再囿于单一的自有资源，而是在不同类型机构的通力协作下，打破部门、系统间的障碍，利用共享协作的发现服务平台为用户提供知识服务。用户画像正是以数字图书馆用户的跨平台多来源行为数据为基础，进行筛选、分析、关联、聚类等处理后，发现用户平台交互、服务利用、资源吸收等特征，结合用户的知识背景、近期需求、兴趣偏好等内容为用户进行推荐。用户画像从用户角度出发，分析用户的线索数据，推测内外显行为数据，获取用户使用数字图书馆接触点最高的途径，通过虚拟和现实途径实现用户数据驱动下的数字图书馆知识信息、细微服务的精准投递和播放。可见，用户画像通过整合用户数据为数字图书馆后续开展精准推荐服务提供基础。

2. 定位目标用户

数字图书馆用户画像在采集、归纳、比较、整理和分析用户数据后，多维、多层次关联用户属性特征和行为特征，构建了以用户为中心，集用户角色、行为、爱好、习惯等标签于一体的用户需求画像，实现精准定位用户。用户需求画像体现了社会中每个独立个体存在的重要性，通过可视化技术展示出用户的真实自我。个人用户画像是群体用户画像的基础，根据用户画像标签库聚类个体用户，通过用户间的互动行为分析用户间的相似度，提取偏好与行为相似的用户，形成不同特征的用户群，每个用户群有其突出特征，清晰展现群体间的差异。通过识别用户的长期主题兴趣、短期知识需求和动态情境变化，判定用户类别，掌握不同用户的兴趣变化、行动路线等，从而主动发现目标用户，实现数字产品与用户的精准对接。从用户角度看，用户需求画像帮助其更详细地了解自身的知识需求、量化自我分析；对馆员而言，为提升自身知识服务能力提供支持；于数字图书馆，是开展精准推荐服务的重要环节。

3. 辅助精准推荐

大数据环境下，数据之间呈现着依赖、协作、交叉的关系，数据在用户、用户行为、用户所处环境的共同作用下产生交集，形成一种多维数据交叉的数据网络，每一维度的数据是用户画像的一个"像素"，维度越多，像素越高，画像越清晰，越能提高推荐的精准度。用户画像从多维多层次描述用户特征，挖掘隐藏在交叉数据背后的价值，揭示多种数据的流动规律，形成面向不同服务领域的资源关系流动网，追踪到用户在不同时间、空间下的足迹，解释、评价用户获取知识的方式和经验，可视化呈现知识点与知识点、知识点与用户、用户与用户间的相关关系，帮助用户发现未知的知识特征、可能感兴趣的信息。数据驱动下的用户画像作为沟通用户与资源的桥梁，借助标签这一有力工具，将用户的需求、行为数据与馆藏资源相匹配，辅助用户跳出繁杂信息的包围圈，反过来让适合用户的知识主动追击用户，实现在数字图书馆精准服务过程中知识导引，达到精准知识、细微服务的精细配送效果。同时，用户画像开启了一个以数据为核心牵引的用户兴趣可视化的呈现模式，透过多维可视化图表量化分析、处理、预测用户兴趣变化，以数据思维精准捕捉用户的隐显兴趣、中长期兴趣和情境兴趣，按照不同的兴趣特征推荐知识，辅助数字图书馆实现点对点的智慧化精准推荐服务。

第二节 数字图书馆精准推荐服务创新要求和框架设计

数字图书馆是一个不断发展的有机体，在环境、技术、需求的驱动下持续前进。如今，人类已经从 IT（Information Technology，信息技术）时代进入 DT（Data Technology，数据技术）时代，DT 时代一个非常重要的特征是体验，体验即感受。对于以数据化认知构建的数字图书馆精准服务而言，精准意味着对用户需求形成精准对接，不仅追求用户体验，还追求更广的受众面。因此，需要利用新兴技术、数据思维、智能力量重构与用户需求相匹配的服务模式、内容和机制，形成发展新形态。服务是数字图书馆的本质属性，而用户的需求又决定了数字图书馆的生存，数字图书馆精准推荐服务创新要以用户需求为驱动力，关注用户的体验，真正摸清、看透、找准用户的需求，为用户提供嵌入过程的、深度的、高附加值的精准服务。为了使数字图书馆精准推荐服务能达到真正的精准性和智能化，在引入用户画像的基础上，对精准推荐服务的宏观系统层面智能配置、中观推荐层面精准匹配和微观用户层面精准定位。

一、数字图书馆精准推荐服务创新基本要求

大数据时代下，数字图书馆精准推荐服务是一种基于数据的服务，更新了传统的服务理念，由"资源为主"走向"服务为主"，由"图书馆为主"转向"用户为主"，由"用户为主"深入"用户驱动"。用户画像作为一种服务创新的独特视角，对用户的行为、偏好、价值属性数据二次重构，得到虚拟化的用户形象，帮助数字图书馆迅速精准定位服务目标、实施服务精细配送。

（一）服务内容精准化

服务内容精准化是指在数字图书馆资源与用户数据的双向匹配中达到推荐内容的精准化。面对大量多模态、多样化的资源，用户更希望数字图书馆能准确匹配资源，形成以用户为中心的双向融合、交互的推荐业务链，从根本上改变被动信息服务时代信息与用户交互沟通呈现的单向、线性的推荐模式，缩短用户与服务之间的距离，让用户在有限的时间内高效获得、利用资源，减少不必要的精力、时间支出。精准推荐服务创新离不开对自身资源的精准掌控，通过对数字图书馆资源进行细粒度挖掘、重组，语义化、标签化处理后形成资源画像，并持续通过对用户全量数据的利用后，形成千人千面的用户画像。通过画像精准预测用户行为规律，获取用户隐性需求，融合推荐技术、可视化等技术，自动适应不同用户的不同需求，主动向用户推荐针对性的服务，让用户在画像的辅助下自主发现资源，让资源精准配送到每一位用户。

（二）服务定位精确化

服务定位精确化需要将数字图书馆精准推荐服务准确定位到每个用户身上。数据技术的广泛应用和互联网的持续发展，深刻影响着人类获取知识的方式，用户的行为呈现出非周期的无限记忆状态，用户产生的每一个行为受到当前行为和历史行为的双重作用。用户行为数据的多样性导致用户需求的复杂性增强，不仅是对个体用户而言，还有不同背景、不同时期的群体、不同学习、科研、任务阶段的群体，其需求都呈现出较大差异。为了实现针对不同用户的特定需求提供精准化的服务，数字图书馆精准推荐服务通过收集分析不同类型用户的行为数据，标签化有效数据，利用数据挖掘、聚类分析、预测分析等方法发现用户有意识表述的需求、挖掘用户模糊意识的需求、预测用户未来趋势的需求，根据需求程度的不同为服务精准定位用户。同时，用户画像从多角度描述了用户的自然特征、社交特征、兴趣特征和能力特征等，使数字图书馆重新认识、理解用户；并通过计算行为间的相似性，形成具有突出特征的用户群，合理区分目标群体，使得数字图书馆精准推荐服务在把握用户需求差异的基础上细分用户，在适时的场景下向用户推荐个性化、实用性的知识与服务，实现为精准用户推荐精准服务。

（三）服务功能用户化

服务功能用户化最能体现以"用户为中心"的服务理念，通过重设服务情境，启发用户新需求，激发用户主动性，满足用户深层次需求。数字图书馆传统服务理念是资源决定服务，服务决定需求，数字图书馆有什么样的资源，就基于现有资源进行推荐，用户的需求也受限于数字图书馆的资源和服务，造成大量"零数据"产生，导致资源利用率不高，对用户的吸引力不够。进入数据时代，"用户驱动"将是推荐服务获得可持续动态发展的根本保证和动力，用户需要什么，数字图书馆就提供什么服务，最大化契合用户需求。用户对于推荐结果追求的是准确度提升的同时兼顾多样化和新颖性，满足其自身的惊喜感。为用户推荐服务的过程中，用户需要保持高度的参与感，才能感受到自身的价值，并拓宽用户接受信息的宽度和深度，使用户深入了解自己的品位，根据自己的兴趣做出选择，而非盲目遵循推荐的建议。面向用户画像的数字图书馆精准推荐服务创新完成了从满足用户基本需求到帮助用户开发、表达更多兴趣，再到认识、理解、反思自我，辅助用户解决更复杂的问题，支持用户的决策，促使用户更加满意自己的选择，实现创新价值。

（四）服务平台智慧化

智慧化的服务平台在利用智能化工具的基础上，从立体化的视角实施多层级服务，达到推荐服务的智慧化。当今信息、知识环境正在发生着深刻的变革，大数据、云计算、物联网、人工智能等技术日新月异，社会环境从信息化到数字化，从数字化向智慧化发生着转变。同时数字图书馆服务也开始从信息时代的 D（数据）—I（信息）的信息服务链发展到以知识为中的DIKW 知识服务链，现在正迈向 D（数据）—W（智慧）的智慧服务链。因此，面向用户画像的数字图书馆精准推荐服务创新要在以用户为中心的理念下体现智慧化，转变传统推荐服务性质，融合数字化、网络化、智能化等技术，将用户与资源、资源与资源、用户与用户、馆与馆、库与库、网与网之间跨时空互联，集成用户的情境数据和资源流通数据，合理利用用户行为记录，根据感知到的用户情境和获取的偏好向用户进行推荐。智慧化的推荐平台注重用户体验，实时监控用户需求变化，回应用户新请求，通过用户画像为用户提供有针对性的分析报告，满足用户从自我视角全面直观的感受自身知识体系。并将用户感兴趣的需求转化成视觉形式，以图像形式展现在用户面前，启发用户形象思维，引导用户从不同角度理解不同的数据，使学习者兼备创造者的身份，激发创造灵感，增强数据价值。

二、数字图书馆精准推荐服务体系构建

（一）数字图书馆精准推荐服务体系组成要素

1. 用户

用户既是数字图书馆精准推荐服务的主体，也是画像分析的对象。用户画像对目标用户真实数据基础上形成的综合原型，目的是识别、细分、定位目标用户，从而展开精准推荐服务。

发现用户需求是服务的起点。用户需求是由目的、原因和行为组成，目的是用户的基础需求，原因是用户的真实需求，行为是用户实现需求目标进行的所有操作步骤。在对用户需求分析过程中，用户的阅读、搜索、下载、分享、评论等行为都是满足用户需求的过程，而在满足用户需求过程中，哪个环节是满足用户的关键节点，即为服务的精准推荐点。所以在精准推荐服务中，通过用户画像找到满足用户需求的痛点是首要解决的问题。

实现精准推荐不仅要确定用户的真实需求，更要根据用户的真实需求找到核心用户。找到需求敏感程度最高的用户，甄别用户群体，聚焦核心用户，即对需求最有需要、使用频率最高的用户。核心用户是从大范围的普遍用户缩小到目标用户，更进一步定位到典型的"粉丝用户"。通过用户画像刻画用户的真实需求，定位到最有需求的用户，实现服务推荐的精准化。因此，作为数字图书馆精准推荐服务的主体，用户需求是精准推荐服务的重要组成部分。

2. 基础数据

数据是链接用户与画像的钥匙，也是开展精准推荐服务的源泉，主要包括用户数据和馆藏资源数据。一方面，精准推荐服务离不开对目标用户数据的利用，目标用户的数据分为内容数据和行为数据，内容数据包含了用户的社会属性数据、系统访问属性数据、用户使用设备的属性数据等，突出的是用户具体行为之外的特征；行为数据指用户的正向特征和负向特征，代表的是用户对于数字图书馆资源需求的程度，需求越深，计算时权重越大。另一方面，对馆藏资源数据的分析是为了能与用户偏好、兴趣、研究领域等关联，进行精准的资源匹配。馆藏资源数据主要包括内部数据和外部数据，内

部数据如馆藏的书目数据、多媒体数据、全文数据、分布数据、利用数据等，外部数据有移动互联数据、在线社交数据、科学数据、开放网络数据等。数字图书馆精准推荐创新服务中离不开用户数据和馆藏资源数据，二者互为补充，当用户需求特征不足时，首选通过馆藏资源特征进行精准推荐，解决推荐冷启动问题，为新用户进行推荐；当用户需求特征足够时，利用行为特征数据挖掘出潜在的需求，为用户推荐热点、新鲜的内容。

3. 画像建模

画像建模是通过获取用户有价值的数据，形成用户的综合模型，全方位的展现用户原貌、分析用户需求。通过网络爬虫、文本挖掘等技术抓取用户的跨平台数据，运用关联、序列化等方法深度挖掘数据，抽取出关键信息，发掘数据之间的关联性，生成标签的多层级结构，利用本体、向量等对用户多元化标签分类建模，建立用户需求模型，以分析用户现实需求、潜在需求；同时，引入时间序列、神经网络等预测未来需求走向，包括对用户短期需求预测、长期需求预测及实时需求预测，实现从多维、多角度熟知用户的需求偏好，指导数字图书馆根据用户需求调整服务策略，达到精准推荐。在画像建模基础上开展精准推荐，从本质来看，是用户需求与数字图书馆资源匹配的过程。首先，从用户画像中提取用户各维度的单项偏好，定量测算用户单项偏好的权重，构建用户的综合偏好；其次，结合时间阈值，探究用户需求、行为的漂移程度，挖掘用户需求、行为漂移的决定因素；最后，在筛选、过滤、确定资源的源领域后，运用规则匹配用户综合偏好和源领域中的相关知识，为用户精准推荐内容。

（二）数字图书馆精准推荐服务体系架构

基于上述面向用户画像的数字图书馆精准推荐服务创新基本要求、构成要素的分析，结合数字图书馆所处的互联环境，这里构建的创新体系是由数据模块、推荐模块、用户模块组成的逐层递进架构。其中，数据模块是创新体系架构的基础，是面向数据的感知、收集、存储过程；推荐模块是创新体系架构的核心，是实现用户数据整合、用户需求建模、匹配推荐服务的过程；用户模块作为创新体系架构的顶层，是为用户提供服务的直接门户平台，是完成推荐任务和为用户提供决策支持的过程。三个模块相辅相成，环环相扣，完成数据从感知、收集、存储、建模、匹配、推荐、交互的良性循环，实现数字图书馆精准推荐服务的创新。

1. 数据模块

数据模块是开展精准推荐服务的基础，数字图书馆利用物联网技术具备了实时感知能力，及时识别物体和采集数据，整合各个系统间的数据，为画像和推荐模块提供基础支持，与用户模块构建动态联系。只有采集到的数据可以证明用户的需求，数据在创建画像时才变得有价值。数字图书馆精准推荐服务通过 RFID（射频识别）、GPS（全球定位系统）、网络监控器、传感器等技术感知并采集用户的实时数据，获取此类数据，用户本身无法察觉，是系统单向感知得到，需注意数据采集时的广度和精度。数字图书馆通过设置多个数据采集点，保证数据获取的完整性，提高设备的感应度，对数据实现高精度控制；同时，获取的这些数据在大数据环境下产生速度加快、来源途径各异、数据高维稀疏，数据的结构比例发生变化，非结构化、半结构化、流式数据成为常见类型，需重新解构数据。对不同结构的数据进行选择、清洗、检测、转换、装载等一系列标准化处理后，通过云存储将结构化、有序化的数据存储在大数据资源库中，方便资源之间的共享。利用云计算进行数据挖掘，获得有价值的知识存储在知识库中，提取出用户数据存储在用户个人数据库中，供画像分析使用。

2. 推荐模块

推荐模块是承接数据模块与用户模块的重要中间层，利用画像分析人与人、内容与内容以及人与内容之间的关联，通过准确提取、预测用户偏好数据，结合相关信息为用户建立需求模型，实现需求建模—需求资源匹配—推荐的服务过程。

首先，通过数据层对用户数据的收集获取画像的原始数据，借助分类、聚类算法从中提取出用户的事实属性数据，如用户自然属性、行为属性、偏好属性等。采用统计分析、机器学习等方法进行特征提取，将用户事实维度数据标签化处理，构建用户特征标签，用来识别用户，深入了解用户兴趣爱好、用户活跃程度、用户关联关系、用户价值等信息，并通过用户建模分析进一步为标签赋予权重，使标签有价值的同时完善对用户的价值衡量。利用监督学习、回归预测、线性规划等思想的基础上形成预测标签，实现对用户行为趋向、兴趣程度、流失程度等的预测。基于不同的业务场景，系统利用一定的逻辑推理和业务规则灵活组合特征标签和预测标签，形成定制的业务标签，完成特定情境下用户画像的构建。为了满足每个用户的需求，利用聚类将具有共同需求的用户组合在一起，形成一个具有共同需求、使用模式和易于管理的群体，进一步理解用户的使用模式。同时，由于用户行为是处于不断变化中，对用户每条行为记录进行实时监控，更新标签，实现用户偏好标签粒度级别的生成，及精准识别个体用户在不同群体中的转化。

其次，对数字图书馆资源进行细粒度处理，抽取资源的属性信息，将内容特征标签化，形成可视化的资源画像。

最后，在用户画像和资源画像的基础上，将用户的推荐请求转化为按客观标准求解的问题，即利用一定推荐算法精准对接用户综合偏好和源领域中的知识。一方面，当用户与数字图书馆发生交互时，在用户画像的基础上利用协同过滤算法识别用户和匹配推荐项目，预测用户的潜在偏好，生成个性化的推荐结果；另一方面，当新资源进入数字图书馆时，在资源画像基础上利用基于内容、关联规则等算法关联用户历史数据，自动覆盖用户群更关心的内容，做重点展示。本模块的核心任务是构建准确细腻的标签体系，使抽象出的每一个标签都是某一类用户特征的表示，实现用户数据向用户标签的转换，在高度归纳用户特征的同时也方便计算机处理和匹配。

3. 用户模块

用户模块即精准推荐服务的应用模块，是数字图书馆与用户直接交流的平台，当用户注册、登录到推荐门户时，系统根据收集到的用户背景信息，可将用户划分为不同学科、不同专业、不同年纪、不同时期、不同领域等的用户群，对于不同的用户群提供不同的推荐服务，如对于科研用户而言，可为其提供科研领域的期刊排行、数据库、研究报告等的推荐；根据用户的推荐请求、行为习惯等明确目标用户的需求，发现和定位核心用户、普通用户、潜在用户等，一般来讲核心用户的画像颗粒度较为细腻，更加精准，从核心用户出发进行推荐，结合用户的兴趣点为用户推荐可能感兴趣的知识，服务更加具备针对性；依据用户的兴趣特征聚类相似的用户，建立用户兴趣生态圈，为用户开展用户评价、相似用户推荐和专家推荐等服务。

该模块作为用户与系统接触的媒介，在最大限度内实现对目标范围用户的精准推荐。为用户提供直观的反馈渠道和简易的界面，记录推荐的点击和关注效果，将监控到的数据加入候选知识库、用户数据库中，通过对用户推荐、接受用户反馈等方式持续修正对用户兴趣的判断，实时调整推荐结果的输出。同时更注重对用户数据的合理利用，通过汇总用户静态数据、动态数据、实时数据和历史数据，利用引人注目的信息图表来突出展示用户的兴趣变化，可视化呈现用户画像结果，诱导用户探索其自身偏好，辅助用户动态制定决策，拓宽推荐的宽度。总之，对数字图书馆精准推荐服务的创新应该从基础数据开始，注重数据收集的全面性和时效性，精准表示画像模型，深入挖掘用户数据的价值，发挥用户的主动参与性，提升服务的效能，缩短用户与服务之间的距离，真正实现让用户在有限的时间内高效、精准的获得资源，享受服务。

第三节 基于用户画像的数字图书馆精准推荐服务应用

一、高校图书馆阅读推广参与式用户画像模型构建

（一）数据来源

用户画像的构建建立在读者真实数据基础上，因此对图书馆各类系统数据的整合是用户画像构建的基础。信息技术和互联网技术的深入发展及其在图书馆各类系统中的普遍应用，为获取读者基本属性数据、阅读行为数据等提供了极大便利。然而当前大部分高校图书馆的应用系统仍相对独立、关联性弱，数据来源以异构多源为主且存储于多服务系统（如 OPCA 系统、业务管理系统、信息发布系统、门禁系统等）。但是，随着新技术的发展及新一代图书馆系统、统一化管理平台及智慧图书馆的发展和应用，数据的获取更加便捷。构建图书馆阅读推广参与式用户画像的数据来源包括：①读者的基本信息，即用户基本属性数据，如姓名、出生年月、学号 / 一卡通账号、年级 / 班级及专业等，这类数据属于静态数据（相对稳定、不易变化的数据）；②读者的网络行为数据和数字阅读数据，包括读者的阅读行为（阅读习惯、阅读经历、阅读记录）、阅读心理偏好、社交特征、检索与查询记录、荐购记录及读者通过报名系统参与各类阅读推广活动的基本信息、参与活动信息等数据，此类数据主要存储于图书馆的业务管理系统（如 OPCA 系统、门禁系统、座位预约系统、自助借还系统）、图书馆门户网站、电子阅读平台

（移动图书馆、数据库系统、电子图书借阅系统、PAD/kindle 电子书借阅器）及微信、微博、各类 App 等载体；③各类线下阅读推广活动各阶段通过问卷反馈获得的调查数据，其中，后两类数据属于动态数据（随读者网络或阅读行为变化而变化的数据）是构建高校图书馆阅读推广参与式用户画像最重要的数据来源，这些数据可通过图书馆统一化管理平台、调查问卷（纸质／网络）识别和获取。面向大学生的阅读推广应针对不同读者画像存在的不同需求进行区分，既要满足个体读者的阅读需求，又要满足群体读者的阅读需求。具体而言，高校图书馆在构建参与式用户画像时，可区分个体读者画像和群体读者画像，针对前者提供个性化阅读服务，基于典型群体读者画像设计和改进高校图书馆阅读推广服务，从而实现阅读推广的个性化、精准化。

（二）高校图书馆阅读推广参与式用户画像模型

将高校图书馆阅读推广参与式用户画像模型分为数据采集层、数据处理层、标签抽取层、用户交互关联层及应用实现层。参与式用户画像是典型数据驱动的用户画像，采用"数据—标签映射法"完成从数据到用户标签体系的构建。

1. 模型各功能层

（1）数据采集层

数据是用户画像构建的基础，主要来源于用户静态属性数据和动态属性数据两大类。用户静态属性数据主要包括人口统计信息、读者账号、LBS（Lsocation Based Service，基于位置的服务）数据等基本数据信息，而用户的行为、偏好及社交等产生的数据是用户动态属性数据的主要来源。

（2）数据处理层

数据处理是涉及多个环节和技术的融合过程。随着信息技术的发展，数据类型呈现多样化趋势，结构化数据、半结构化数据及非结构化数据是目前数据处理的主要类型。数据清洗是对所采集数据中重复、冗余的数据进行清除、对缺失的数据进行补充，在此基础上，运用分类算法、聚类算法、关联数据、序列分析、自然语言处理、机器学习、归约等算法和技术进行数据的深度挖掘，据此对数据进行记录、整理、论证及管理，以形成规范化的数据集，为构建用户标签体系提供基础。

（3）标签抽取层

对经过处理的数据集进行进一步的归类和标签抽取，运用"数据—用户标签映射法"，以数据处理层规范化的数据集为基础，构建"基本属性—行为属性—偏好属性—社交属性"标签的用户标签体系架构。

（4）用户交互关联层

用户交互关联层的实质是用户画像模型构建、阅读资源构建及两者的匹配与互动。个体读者与群体读者之间、不同读者之间都不可避免地存在相互冲突的需求，因此用户画像模型的构建应区分为单用户画像建模和群体用户画像建模。阅读资源画像是图书馆及其专业人员对本馆及其相关阅读资源进行搜集、归类，进而构建资源标签库，实现资源画像模型构建。用户与资源的交互关联包含用户画像模型与阅读资源画像模型的匹配和关联。

（5）应用实现层

通过用户画像与阅读资源画像的匹配关联在阅读资源／服务平台进行资源的调度、阅读服务的推荐和可视化、个性化展示。阅读推广是一项涉及线上和线下的活动，因此在应用实现层应针对线上阅读推广活动和线下阅读推广活动进行分类处理，并提出具有针对性的阅读推广活动方案。

2. 模型的更新与反馈机制

读者的行为、偏好及社交状态是动态变化的，其产生的相关数据必然是动态和实时更新的。而任何数据的更新都会带来用户标签信息的变化，因此数据采集层与标签抽取层之间是双向的实时更新与反馈的关系，从而保证所构建的用户标签体系的精准性。构建读者参与式用户画像的目的在于为不同的读者推荐不同的资源，最大限度地满足读者的个性化阅读需求。这种机制应根据读者的实际行为进行反馈和调整，并根据读者阅读兴趣的变化动态更新内容。

二、基于参与式用户画像的精准阅读推广模式

参与式用户画像是以海量数据为基础的画像模式，因此构建基于参与式用户画像的精准阅读推广模式的基础在于对各类数据的海量获取，经过分析处理，实现数据到用户标签的映射，完成读者用户画像模型的构建，进而实现针对不同读者（个体读者和群体读者）的阅读资源的精准推荐。

（一）基于参与式用户画像的精准阅读推广实施

1. 实施过程

高校图书馆在实施基于参与式用户画像的精准阅读推广时应区分内部实施过程和外部实施过程。内部实施过程是指通过系统平台构建阅读资源画像、读者用户画像的内在过程；外部实施过程是指读者用户画像与阅读资源画像实现匹配关联及可视化的外显过程，这个过程不仅包括线上的阅读资源精准推荐，而且包括线下具有针对性的实体阅读推广活动的开展。

高校图书馆基于参与式用户画像的精准阅读推广实施过程应兼顾内外部过程，实现内外部过程的协调统一。具体而言：①内部实施过程，基于参与式用户画像的精准阅读推广内部实施过程主要是读者数据采集、处理、标签体系构建及用户画像构建的过程，具有数据－用户依赖性；②外部实施过程，是读者需求与阅读资源完成匹配及呈现的过程，应考虑采用线上和线下两种方式。

2. 实施过程中的注意事项

大数据技术、智慧图书馆及社交媒体的发展为高校图书馆基于用户画像实施精准阅读推广带来了极大的便利，但也导致精准化效果与用户隐私安全的矛盾。参与式用户画像是以"数据－用户"为基础的，构建读者用户画像的整个过程涉及读者的各类信息，不可避免地会涉及用户安全与隐私问题。因此，在内部实施过程中对用户隐私数据的采集要遵守相关法律法规，并做好保密工作，注重对读者隐私的保护；在外部实施过程中，高校图书馆在进行线下阅读推广活动时不能泄露读者隐私信息。

（二）基于参与式用户画像的精准阅读推广模式构建与分析

1. 基于参与式用户画像的精准阅读推广模式构建

（1）阅读推广活动内在循环系统机制

任何一项阅读推广活动都是一个集阅读推广对象、阅读推广方式、阅读推广客体及阅读推广主体4个维度于一体的内在循环系统，与这4个维度相对应的即读者、服务、资源及系统（推广人）4个具体要素。

（2）基于参与式用户画像的精准阅读推广模式构建

这里充分融合阅读推广活动内在循环系统机制，改变以往研究忽视阅读推广内在机制作用的弊端，构建了基于参与式用户画像的精准阅读推广模式，以期为高校图书馆开展阅读推广实践提供参考。

2. 基于参与式用户画像的精准阅读推广模式分析

（1）个体读者精准阅读推广

随着阅读推广活动的深入开展，以往粗放型的阅读推广方式已经难以满足读者需求，精准阅读推广成为高校图书馆阅读推广的重点内容。通过参与式用户画像勾勒出个体读者的阅读特征，挖掘读者的显性阅读需求和隐性阅读需求，进而掌握其阅读动机，为个体读者精准阅读推广奠定基础。就线上而言，个体读者精准阅读推广主要是对个体读者进行阅读资源的个性化推荐。个性化推荐系统可根据个体读者用户画像模型与阅读资源画像模型进行自动关联匹配，实现个性化阅读资源的推荐和智能阅读指导。就线下而言，个体读者精准阅读推广主要是阅读推广人面向个体读者进行一对一的阅读指导和阅读资源推荐，以满足读者的个性化阅读咨询需求。

（2）群体读者精准阅读推广

高校图书馆可通过数字图书馆的网络拓扑、调查问卷及走访的形式了解读者信息，进行用户画像精准建模：①分析偏好阅读某一类读物读者群的特点，通过群体建模分析将某一类读物推广至更大的高校读者群体；②有针对性地推选出校内"阅读领袖"，其在所在群体中处于"核心"位置，其阅读喜好、推荐书目及评论均具有较强的传播力和号召力，通过校内"阅读领袖"进行阅读推广更易被群体内其他读者接受。通过参与式用户画像构建可以精准推举出1+N个具有某一阅读特征和兴趣的"阅读领袖"，而"阅读领袖"背后则隐藏了一个具有共同偏好、阅读兴趣、社交领域的庞大隐性读者群体。据此，高校图书馆阅读推广工作者可实施线上或线下的精准阅读推广活动，邀请"阅读领袖"共同开展线下实体阅读推广活动，以吸引、带动其背后的隐性读者群体。

第七章 数字图书馆服务技术的创新

第一节 数字图书馆数据库技术的应用

数字图书馆是保存大量结构化信息的数字化资源库，是由软件和计算机群通过互联网连接在一起的高级信息系统。数字图书馆的最终目标是让所有的人在任何时间、任何地点都可以用任何连接互联网的数字设备来访问人类所有的知识。数字图书馆不能简单理解成传统图书馆、博物馆、档案馆的数字化，数字化的真正潜在意义在于能够对信息资源进行智能检索、分析、处理。数字图书馆将改变知识生产者、传播者、整理者，消费者之间关系的改变，加快知识传播和更新速度，从而从根本上变革了图书馆的概念。数字图书馆是一个应用前景非常广阔的研究领域，特别是对于教育，数字图书馆将成为非常重要的教育设施，由国家出面组织建设数字图书馆的意义很大。第一，数字图书馆应该是一个国家的数字文化平台，包括图书馆、博物馆、档案馆、大学、政府部门提供的各种文化资源；第二，数字图书馆还应该是一个国家数字教育平台，成为网上业余教育中心、在职教育中心甚至趣味教育中心等；第三，数字图书馆也是一个国家数字资源中心，包括卫星、遥感、地理地质、测绘、气象、海洋等科学技术数据和人口、经济等统计数据。

一、数字图书馆的发展概况

（一）数字图书馆面临的技术挑战

数字图书馆是一个宽带多媒体网络和海量信息治理系统，它所面对的存储对象和技术领域远远超出了目前传统图书馆的范围。存储对象包括数字化的图书、音像、新闻、美术、照片、雕塑、电影、软件、电子出版物、互联网内容、卫星数据、气象数据、地理数据、政府文件等各种各样的人文与科学数据，因而牵涉大量的治理问题。数字图书馆涉及的技术领域很宽广，需要大量的技术突破作为支撑，例如基于内容的多媒体检索技术和智能化、个性化和自动化服务技术，这样数字图书馆的真正潜力才能发挥出来。建设数字图书馆至少面临着 10 个技术挑战。

1. 海量信息资源建设问题

如何快速、有效、有序、合法地把包括历史资料在内的各种媒体资源数字化后放入数字图书馆，是涉及技术、治理和法律等诸多方面的难题。其中，中文图书的自动录入将是最繁重的一个任务。

2. 存储与压缩问题

如何有效地压缩，保存和方便使用这些海量数据，使得系统的成本不至于过高而且系统响应很快，是数字图书馆系统设计最需要技巧环节之一。

3. 分类、索引和检索问题

为了规范化和易于后续开发，数字图书馆一开始就需要定义能够覆盖包括电子图书在内的多种媒体类形的元数据规范，以及基于此规范的内容索引方法和分类方法。为了支持海量数字化资源的自动分类和检索，需要研究基于内容的多媒体处理技术。

4. 安全性问题

安全性包括版权保护和系统安全性的保护。版权保护，是数字图书馆能够健康发展的前提。

5. 用户界面问题

智能化用户界面设计的技术核心是为用户使用数字资源库提供方便的支持，是数字图书馆系统与用户交流的窗口。如何充分利用图形、语音及其融合技术，设计一个具有人性化、智能化的友好、直观、方便的接口，让中国用户得心应手，不仅需要技术突破，还需要大量实践的检验。

6. 信息表现问题

数字图书馆中的许多非文本数据都可以直觉化、可视化，可以用图像、图形、语音等直接表现出来。但是如何对知识或信息的表现最有效，目前还没有很好的答案。

7. 多语言问题

数字图书馆中的图书可能是用英语、汉语等多种语言书写的，为了让更多的人能够方便地阅读各种语言的图书资料，数字图书馆需要提供机器翻译能力。

8.工具与平台问题

工具包括图书录入工具、音像制品录入和编辑工具、浏览工具、开发工具等，平台包括软件平台、数据库平台等。目前已经有一些商品化的软件平台，但是如何针对数字图书馆的需求设计专用工具与软件平台，是一个亟待解决的技术挑战。

9.标准与规范问题

数字图书馆领域目前国内没有相应的电子图书标准、多媒体信息表达标准、元数据标准、服务与互操作标准。

10.系统开放性问题

数字图书馆是一个集成各种数据资源和工具环境的大规模系统，因此系统的开放性是成功的必要条件。

（二）中国数字图书馆示范工程

智能计算机系统主题已经积累了大量关键技术，与数字图书馆直接相关的技术有：分布计算软件平台、印刷体汉字识别系统、通用分词系统、汉语自动切词和词性标注技术、计算机辅助汉语校对系统、中文文献自动摘要系统，基于文本内容的智能浏览与导航平台、多级结构曲线字库和古籍排版系统、英汉翻译系统、汉日机器翻译系统、语音合成技术与汉语文语转换系统，等等。除此之外，智能计算机系统主题在高性能计算、网络计算、多媒体技术，人工智能技术等方面的技术成果为我国数字图书馆的建设打下了很好的基础。示范工程的目标是以国家科技部支持的国家高性能环境为平台，研究数字图书馆关键技术，并以各级图书馆，博物馆，新闻出版社及其用户为应用服务对象，最终开发研制出一套数字图书馆示范应用系统。

二、流媒体技术在数字图书馆中的应用研究

针对数字图书馆多媒体信息资源处理中存在的难题，简要介绍了流媒体技术的定义、技术原理和文件格式，对三种主要的流媒体技术进行了比较，描述了流媒体站点的具体实现过程。

数字图书馆是采用现代高新技术的数字信息资源系统，它不受时间和空间的限制，是一个多功能、易于使用、超大规模的信息资源库。在数字图书馆的资源建设中，多媒体信息占据了信息资源的很大一部分。相对于文本信息，多媒体信息对于存储容量、传输带宽的要求都要高很多。流媒体技术是当今网络世界最热门的技术，它为数字图书馆处理多媒体信息资源提供了新的思路。

（一）流媒体技术概述

流媒体技术也称流式媒体技术，所谓流媒体技术就是把连续的影像和声音信息经过压缩处理后放上网站服务器，让用户一边下载一边观看、收听，而不要等整个压缩文件下载到自己的计算机上才可以观看的网络传输技术。该技术先在使用者端的计算机上创建一个缓冲区，在播放前预先下一段数据作为缓冲，在网路实际连线速度小于播放所耗的速度时，播放程序就会取用一小段缓冲区内的数据，这样可以避免播放的中断，使得播放品质得以保证。

流媒体技术并非单一的技术，而是建立在众多的基础技术之上。流式传输是其中的关键技术，是指通过网络传送媒体（如音频、视频）技术的总称。流式传输有顺序流式传输和实时流式传输两种模式。在前一种模式下，用户下载文件的同时可以在线观看媒体，但是只限于已经下载的那部分，不能观看未下载的后面部分；而后一种模式可以支持用户快进或后退来观看后面或者前面的内容。因此，目前流式传输主要采用的是实时流式传输模式。

1.流媒体技术原理

流式传输的实现需要合适的传输协议。在流式传输的实现方案中，一般采用 HTTP/TCP 协议来传输控制信息，而用 RTP/UDP 协议来传输实时声音数据。流式传输的一般流程如下。

一是用户选择某一流媒体服务后，Web 浏览器与 Web 服务器之间使用 HTTP/TCP 交换控制信息，以便把需要传输的实时数据从原始信息中检索出来；然后客户机上的 Web 浏览器启动 A/VHelper 程序，使用 HTTP 从 Web 服务器检索相关参数对 Helper 程序初始化。

二是 A/VHelper 程序及 A/V 服务器运行实时流控制协议（RTSP），以交换 A/V 传输所需的控制信息。RTSP 提供了操纵播放、快进、暂停及录制等命令的方法。A/V 服务器使用 RTP/UDP 协议将 A/V 数据传输给 A/V 客户程序（一般可认为客户程序等同于 Helper 程序），一旦 A/V 数据抵达客户端，A/V 客户程序即可播放输出。

2. 流媒体文件格式

流媒体文件有很多种类型，现在最为流行的流媒体是 Real Net-works 公司的 Real Media、M 信息共享空间 rosoft 公司的 Windows Meadia 以及 Apple 公司的 Qu 信息共享空间 KTime 等，它们都有一套自己格式标准。

一是 Real Networks 公司的 Real Media。Real Media 包括了 Real Audio，Real Video 和 Real Flash3 种文件格式，分别用于制作不同类型的流媒体文件。其中 Real Audio 用来传输接近 CD 音质的音频数据，Real Video 用来传输不间断的视频数据，Real Flash 则是 Real Networks 公司与 Macromedia 公司新近联合推出的一种高压缩比的动画格式。

二是 M 信息共享空间 rosoft 公司的 Windows Media。M 信息共享空间 rosoft 是由 M 信息共享空间 rosoft 公司推出的一种数据格式，音频、视频，图像以及控制命令脚本等多媒体信息通过这种格式，以网络数据包的形式传输，实现流式多媒体内容的发布。Windows Medlia 的核心是 ASF，它是一种同步媒体的统一容器文件格式，其最大优点是体积小，因此适合网络传输。

三是 Apple 公司的 Qu 信息共享空间 kTime。Qu 信息共享空间 kTime 是出现较早的流媒体文件格式之一，Apple 公司的 Qu 信息共享空间 kTime 电影文件是数字媒体领域事实上的工业标准。Qu 信息共享空间 kTime 电影文件格式定义了存储数字媒体内容的标准方法，使用这种文件格式不仅可以存储单个的媒体内容（如视频帧或音频采样），而且能保存对该媒体作品的完整描述。在实际使用过程中（例如从网上下载的媒体文件等），有些并不是流媒体的文件格式，而是流媒体的发布文件，它们和流媒体有着十分密切的关系。这类文件本身并不提供压缩格式，也不带有音像数据，它们的作用在于以特定的方式安排音像数据的播放。常用的流媒体发布文件格式有 ASF、ASX、RAM、RPM、SMI、SMIL、XML。

四是北京爱迪科森信息技术有限公司开发的网上报告厅。爱迪科森网上报告厅主要用于学术类视频报告编辑制作，简单方便各单位建设自己的特色数据库。爱迪科森网络报告厅系统分视频制作，系统发布、客户端三部分。整个系统实现了视频采集、文字编辑、主题划分等制作功能，操作简单。同时附有用户管理、视频管理、分类管理、流程管理四大模块，支持用户建立自己的特色数据库。网上报告厅有着自己的特点和优势。视频制作是傻瓜式操作的。系统发布无须人工干预。客户端是嵌入式播放器，利用 COM 技术制作，免安装，连接地址串透明化处理。文件编码采用 WINDOWSME-DIA 编码器，编码格式为 RM 格式文件。文件发布可以提供单播、广播等多种模式，适用于视频点播、多用户视频广播等。

3. 流媒体技术比较

Real Networks 公司的 Real Media、M 信息共享空间 rosoft 公司的 Windows Media 和 Apple 公司的 Qu 信息共享空间 kTime 这三种技术之间的差异并不大。一般来说，如果使用 Windows 服务器平台，Windows Media 的费用最少；Qu 信息共享空间 kTime 在性价比上具有优势，而 Real Media 则在用户数量上有优势。

（二）流媒体的实现过程

Real Networks 公司制定的音频视频压缩规范 Real Media，是目前在 Intermet 上最为流行的跨平台的客户服务器结构的多媒体应用标准。因此，下面以 Real Media 为例来介绍流媒体站点的具体实现过程。Real 系统由 Real Server（服务器）、Real Encoder（编码器）和 Real Player（播放器）组成。其中 Real Encoder 负责将已有的音频和视频文件或者现场的音频和视频信号实时转换成 Real Medlia 格式，Real Server 负责广播 Real Media 格式的音频或视频，而 Real Player 负责 Real Media 格式的音频或视频数据流实时播放出来。建立一个流媒体点播和直播的站点，通常有如下几个步骤。①制作 .rm 文件。Real Networks 公司提供 Real Producer 制作软件，它可以实现数字文件向 .rm 文件的转换，同时也支持实时的网上直播的转换。根据网络带宽的不同，Real Producer 提供了多种不同的 .rm 文件转换格式，可以实现从 28.8kb 到 100Mb 的不同带宽上的传播。②在 Web 服务器中安装流媒体发布软件。Real Networks 公司提供 RealServer 作为 Real Media 文件的发布软件。因此，必须将 Real Server 服务器程序安装在 Web 服务器上，并正确地设置它。其过程：一是安装服务程序；二是设置 MIME 类型。③在网页中嵌入 Real Player 播放器。安装配置好服务器，并准备好 RM 文件后，就可以在 Web 页中使用 RM 文件。常用的两种使用形式是：使用标准的 HTML 连接 RM 文件；使用 <EMBED> 标记实时嵌入 RM 文件。④为客户端安装 Real Player 播放器。

流媒体技术作为一项新的网络技术，几乎解决了数字图书馆在多媒体信息资源利用中遇到的所有问题。数字化图书馆建设中比较普及的流媒体应用系统包括视频点播 VOD 系统和远程教育系统，而对于数字图书馆的多媒体对象服务器来说，采用相同的设备却可以为更多的用户提供更好的服务。因此，流媒体技术的应用将给数字图书馆中多媒体信息资源的处理带来新的发展和变化。

三、图书馆异构数据库集成技术浅析

分析了图书馆异构数据库集成的意义，介绍了 XML 在数据库集成中的主要的几种技术以及其在异构数据库中的应用，在此基础上实现了异构数据库集成的原型系统。

（一）异构数据库集成技术分析

随着互联网、内部网的蓬勃发展，信息化的不断深入，许多图书馆为加强信息资源建设，提高服务质量，通过自主购买、自建数据库等多种形式，引进和建设了多种不同的数据库资源，使得图书馆的电子图书、电子期刊、网络数据库等数字化信息资源显著增加。这些数据库往往由不同的数据提供商提供，系统运行环境各不相同，海量的数据被存放在异构数据库中，不利于数据共享，而且随着数据量的增大，异构数据库集成的需求也越发强烈。因此，异构数据库数据集成具有重要的理论意义和实用价值，异构数据库数据集成技术成为学者研究的热点。异构数据库的集成就是要将不同数据库系统、不同操作系统、不同计算机平台或者不同的底层网络进行屏蔽，使得用户通过一个检索平台可以同时对多个数据库进行检索，用户访问异构数据库集成系统如同访问一个数据库系统一样。从而提高信息资源整体使用效率，有利于实现信息资源的共享。

1. 异构数据库集成的主要技术

（1）数据仓库法

就是建立一个存储数据的数据仓库，通过工具定期从数据源过滤数据，然后装载到数据仓库，供用户查询。数据仓库中主要存储的是历史和汇总数据，用于决策支持，主要供分析或决策等人员使用，而且为避免数据仓库与数据源中数据出现不一致，通常不允许用户对数据仓库进行更新。

（2）数据转换程序

利用数据转换程序，对数据格式进行转换，从而能被其他的系统接收。

它是通过周期性的同步更新数据库内容，简单地实现在数据库级分享信息。

（3）使用中间件

中间件是软件实现的功能层，它的作用是将查询请求分解，把查询请求转换成相应数据库的查询语言和检索方法，分别对各个数据库发出检索请求，再将来自各个数据库的命中结果集成在一个界面中显示给用户。

2.XML 在数据库集成中的应用

XML 是由 W3C 制定的一种标记语言，其目的在于描述信息的内容和结构，是标准通用置标语言。XML 描述数据本身，其显示要通过 XSL 来实现。XML 包含 3 个要素：DTD（文档类型）或者 XMLSchema（XML 规范）、XSL（可扩展样式语言）和 xlink（XML 链接语言）。DTD 或者 XMLSchema 规定了 XML 文件的逻辑结构，定义了 XML 文件的元素，元素的属性以及元素和元素属性的关系。XSL 用于规定 XML 文档呈现的式样。一个 XSL，样式表集合了一系列设计规则以用于将信息从 XML 文件中取出，并将其转换成 HTML 或其他格式。由于数据显示与内容分开，XML 定义的数据通过指定不同的显示方式，使数据更合理地表现出来。XML 通过多样化的数据格式，它能使不同来源的结构化，非结构化数据可以很容易地进行合并。

（二）异构数据库集成平台原型设计

建立一个异构数据库集成平台，负责异构数据库的数据集成与数据库检索。系统构架为 BS 模式，系统中建立一个 Web 服务器，用户通过访问 Web 服务器，实现对异构数据库的检索，将数据生成动态 XML 反馈给用户。其中，通过 XML 中间件用户请求将被转化为 XML 格式，将用户请求分配到对各个异构数据库的 XML 子查询，查询结束后，结果将被转换为 XML 文件，中间件再将这些 XML 文件进行合并，提供给用户接口。XML 中间件主要由包装器（Wrapper）和仲裁机构（Mediator）两部分组成，它们完成了中间件系统的主要功能，包装器负责与异构数据库交互，包装异构数据源，实现操作的一致性，数据访问的透明性和位置透明性；仲裁机构由集成调度单元，服务层和查询处理器三部分组成，集成调度元根据系统传递的不同消息调用服务层所提供的服务，生成对应的中间件全局模式和查询条件。这样一来查询处理器就根据查询条件通过包装器提取异构数据源的数据，嵌入相应的全局模式中，将数据结果返回给客户端。异构数据库集成系统，是解决图书馆数字资源检索困难的一种尝试，目的是为用户提供统一的检索平台和检索方法，使读者更加快捷直观地访问到不同类型数据库的数字资源，加快数字资源的建设。

四、网格技术的发展与数字图书馆建设

（一）网格技术的特点及其意义

网格是近年来兴起的一种前沿信息技术，是互联网信息技术发展的新趋势。它的思想来源于电力网格，目的是将计算能力和信息资源像电力网一样通过网络形式方便地传送到用户中。网格是高性能计算机、数据资源、因特网三种技术的有机组合和发展，它把分布在各地的各种计算机连接起来，进行资源共享。网格就是构筑在互联网上的一组新兴技术。它将高速互联网、高性能计算机，大型数据库，传感器，远程设备等融为一体，为科技人员和普通用户提供更多的资源、功能和交互性。互联网主要为人们提供电子邮件、网页浏览等通信功能，而网格的功能则更多和更强，能让人们透明地使用计算，存储等其他资源。因此，网格是一个一致、开放、标准的计算环境的信息基础设施，支持聚合地理上广泛分布的高性能计算资源，大容量数据和信息存储资源、软件和应用系统、高速测试和获取系统，以及人力等各种资源的合作问题求解系统的构造。

1. 网格的特点

（1）高性能

如果把互联网和今天的道路相比，那么网格的带宽就相当于 100 条车道的高速公路。除此之外，网格系统中有许多高性能计算机，数据处理能力大大提高，网格还可以将用户需要的信息资源向其主动推送或放到离用户最近的服务器上，节省用户的时间。

（2）一体化

信息资源在网络上是分散的，孤立的，如果不能把它们联结起来，那么就是一盘散沙，其效用根本无从发挥。互联网可以通过网页把计算机连在一起，但用户需要通过网址或搜索引擎去获得信息，这会受到技术条件，检索技能方面的限制。网格则把在不同地理位置上的资源沟通起来，用户所处的位置与资源所处的位置无关。由于软件、数据、存储设备等都纳入网格之中，用户就像使用自己计算机上的资源那样使用网络上的其他资源，这种无

缝结构是网格的突出特征。

（3）扩展性

网格有极强的可扩展功能，从最初包含少数的资源可以发展到具有成千上万的大网格，可以把无限数量的计算机设备添加到任意的网格中，为运行的网格环境增加计算能力。

（4）适应性

网格有强大的资源管理功能，可以及时化解资源的调用和输出之间的矛盾，特别是具有对突发事件的应变能力。网格的适应性还体现在对用户需求多样性的满足，总是能尽量为用户提供最好的服务。

（5）知识生产

用户使用互联网只能获得信息，而不能通过互联网对信息的加工来生产知识。而网格在调动各种资源解决用户复杂问题的同时，可以为用户提供具有附加价值的高层次服务，其结果是导致对知识的发现，挖掘和生产。网格在剥去了各种具体的信息资源外在的"形"的基础上，将其内在的"神"及功能抽取出来，形成了一种管理分布于网上资源的抽象管理能力。网格在实现"形"与"神"分离的同时，将原来有形的、专用的计算能力转化为一种无形的，更通用的信息资源配置方式。这种观念和使用方式上的改变，是由网格技术支持的，不是凭空产生的，如同互联网改变了人们传统的通信方式和通信手段一样，网格将改变人们传统的信息资源管理方式，为人们提供更强大、更方便，更高级的信息资源利用手段。网格正在向两个方向发展：

一是高性能计算机的应用，使得需要一台超级计算机数年完成的工作，通过网格在短时间内完成；

二是高可靠性的应用，在网格中只要有一台计算机工作，系统就可以工作，如果一台计算机的出错率为百分之一的话，那么两台计算机同时出错的概率为十几万分之一。

2. 网格是因特网应用的新发展

有人把网格看成未来的互联网技术，是继因特网之后的第三次互联网浪潮，是"下一代因特网""新一代 Web"等。因特网实现了计算机硬件、网页等的联想，而网格的性能比因特网具有更强的功能：第一，网格比因特网具有更大的带宽，欧美的网格计划都使用更高速度的主干网；第二，网格上将有更多高性能计算机，它的计算速度、数据处理速度可以大幅度提高；第三，网格的体系结构将比因特网更能有效地利用网络信息资源。网格采用广域缓存技术，能够自动把用户最需要的信息放在离用户最近的服务器上；第四，网格将促进更多、更大规模的网络社区的出现，这些相互联结的社区最终构成一个庞大的网格社区。

3. 网格将带来一场互联网的革命

互联网的作用是将各种计算机连结起来，而网格是将各种信息资源连结起来。互联网实现了计算机硬件的连通，Web 实现了网页的连通，而网格试图实现互联网上所有资源的全面连通，包括计算资源、存储资源、通信资源、软件资源、信息资源、知识资源等。网格的应用将会遍及各个领域，从而给各行各业带来巨大的效益。网格和高性能计算机等信息技术的根本目的就是辅佐人类实现人与机器共生，从而解放人的大脑，提高社会的生产力。

（二）网格技术在数字图书馆建设中的应用

数字图书馆是综合运用多方面高新技术支持的数字信息资源系统，将分散于不同载体、不同地域的数字化信息资源以网络化方式互相联结起来，实现资源共享。数字图书馆是计算机可处理的，有序组织的信息集合，是存储数字信息的仓储。数字图书馆通过数字技术进行信息资源的组织和管理，能够储存海量信息，用户可以通过互联网络高效方便地进行查询，检索服务。数字图书馆具有信息资源数字化，信息组织非线性化，结构复杂化，信息传递网络化，服务方式多样化等特点。而网格是高性能计算机、数据源、因特网三种技术的有机组合，它具有高性能、一体化、知识生产、资源共享、异地协同工作、支持开放标准、功能动态变化等优点，为数字图书馆建设提供了有利的条件。

1. 网格为数字图书馆构造统一的平台

网格技术的巨大优势是比较明显地降低建立网站和提供网络服务的成本。网格的许多平台和资源都是共享的，它将分布在各地的计算机、数据、信息，知识等组织成一个逻辑整体，此基础上运行各自的应用网格，为数字图书馆提供各种一体化信息服务的信息基础设施。在信息网格中，资源被统一管理和使用，用户可以通过网格操作系统透明地使用整个网络资源。网格利用现有的网络基础设施为用户提供一体化的智能信息平台，创建一种基于因特网的新一代信息平台和软件基础设施。在这个平台上，信息处理是分布式，协作和智能化的，用户可以通过单一入口访问所有信息，而不是像目前的因特网那样，用户需要自己在成千上万的网站中去寻找合适的信息。

2. 网格有利于数字图书馆的信息集成

数字图书馆建设是一个庞大的信息工程，涉及许多方面，只有协同工作，才能保证正常地运转。网格将分布在不同地理位置的资源通过高速的互联网进行资源集成，从而提供一种高性能计算，管理及服务的资源能力。在分布式的异构环境中，网格技术能够精确定位所需的数据集，并为后续处理提供支持。人们利用这些资源就像用电源一样，不必计较这些资源的来源和负载情况。网格计算可以合理而有效地将远程资源高效地组织起来，形成网络虚拟计算机，形成超强的能力。网格已经发展成为连接和统一各类远程异构资源的一种重要的途径。

3. 网格有利于实现数字图书馆的资源共享

网格把整个因特网整合为一个巨大的超级计算机，实现网上所有资源的全面连通，能消除信息孤岛，实现计算机资源、存储资源，数据资源，信息资源、知识资源等多种资源的全面共享。网格提供单一的系统映像，具有透明性、可靠性、负载平衡等功能。网格支持对异构数据资源的访问，为用户提供统一的访问接口，选择适当的访问协议来实现用户提出的数据访问请求。网格与目前的计算机网络不同，网格能实现应用层面的连通，它主要关注的是如何消除信息孤岛，实现信息资源的智能共享。网格技术的进一步充分应用，能够极大地提高数字图书馆资源的利用效率。

4. 网格有利于数字图书馆的海量数据处理

数据图书馆所要处理的数据通常比较大，网格则能够很好地解决海量数据的计算处理和分析问题。它能将分布在不同地方的计算机连接在一起，用户只需通过客户端发出要求计算的指令，网格就把这些任务调配给各个计算机执行，然后将各个计算机计算出来的结果汇总反馈给用户。连接的计算机规模越大，计算能力就越高。此外，通过网格用户还可以在较短时间内把需要的数据从不同的数据库中找出来综合在一起，省去了多次访问不同数据库的麻烦，并能直接调用网格中的算法和程序等资源，避免许多重复性的工作。网格计算可以智能地分配计算资源，能够优化现有的计算资源，更快地解决数字图书馆的设计和利用问题；能够将应用程序的每个部分调整到最适合它的系统中去，从而以更短的时间、更低的成本解决有关应用问题。网格与数字图书馆技术有机结合起来，从而为在分布式异构环境中实施信息资源发现和知识发现提供支持。具体而言，数据网格通过提供一组服务来支持资源和信息发现，通过存储资源代理使计算可以在异构的存储资源上进行。

5. 网格有利于数字图书馆进行知识管理

网格的知识生产特性是网格与因特网两者之间质的区别，因特网本身不生产知识，人们都是先把信息知识用其他方式生产出来以后再放到网上，供用户查找利用。而网格则能根据用户的要求自动地生产知识。在知识生产的过程中，高性能计算机将起到关键的作用，它把从数据源得到的各种原始数据，运行特定的程序加工成信息和知识。网格可以自动地找有关的数据源进行综合分析和知识的发现，形成新的认识。可见，网格有利于数字图书馆进行知识管理。随着网格技术的不断发展，数字图书馆的功能和作用都会得到全面提高，在客户提出请求或查询时，网络将会自动处理分析，并把有关的结果传送到客户登录的节点上，从而使得数字图书馆的服务更加完善。

6. 网格有利于降低图书馆服务的成本

网格能大量节省所需的资源，解决"过剩的计算容量，昂贵的容量扩展，高额的管理成本"三大难题。现在图书馆界有数量众多的服务器和计算机，它们大多得不到有效利用，而网格技术则能将它们有效并联起来，形成超过许多超级计算机的运算能力。如果将数百万台计算机加入网格计算的行列，它每天所形成的计算能力约相于数千台计算机满负荷工作一年。

五、面向数据库的中间件

20 世纪 90 年代初，数字图书馆被提出以来，关于数字图书馆的理论和实践研究已经有了极大的进展。数字图书馆将成为"未来的决策网络和应急知识网络"。随着 Intermet 的发展壮大，数字图书馆的建设实施也在紧锣密鼓地进行中。网上信息源的分散和系统结构的差异给数字图书馆的建设带来很大的困难。因此，对各种不同结构的数据库实现透明访问是数字图书馆建设中的一个极为重要的问题。面向数据库的中间件正是解决这一问题的必由之路。

（一）面向数据库的中间件

1. 中间件

中间件指的是一些系统软件，它们能使最终用户和开发人员觉察不到应用程序所使用的各种服务和资源上的差异。如果一个计算环境由多个开发商提供的产品组成，那么这些差异可能是开发商产品之间的差异或应用程序需求之间的差异造成的。中间件的目的是通过为异质计算环境中的服务和资源提供统一、一致的观察结果，简化用户界面。中间件在为同一平台或不同平台上使用不同开发商产品的最终用户或者开发人员创造了浑然一体的连通性。因此，确切的说，它是透明的，开发人员和用户看不到它，中间件可以分为以下几类。

（1）通信处理（消息）中间件。正如，安装红绿灯，设立交通管理机构，制定出交通规则，才能保证道路交通畅通一样，在分布式系统中，人们要建网和制定出通信协议 Q，以保证系统能在不同平台之间通信，实现分布式系统中可靠的、高效的、实时的跨平台数据传输，这类中间件称为消息中间件。

（2）事务处理（交易）中间件。正如城市交通中要运行各种运载汽车，以此来完成日常的运载，同时随时监视汽车运行，出现故障时及时排堵保畅。

（3）数据存取管理中间件。在分布式系统中，重要的数据都集中存放在数据服务器中，它们可以是关系型的、复合文档型、具有各种存放格式的多媒体型，或者是经过加密或压缩存放的，该中间件将为在网络上虚拟缓冲存取、格式转换、解压等带来方便。

（4）Web 服务器中间件。浏览器图形用户界面已成为公认规范，然而它的会话能力差、不擅长做数据写入、受 HTTP 协议的限制等，就必须进行修改和扩充，形成了 Web 服务器中间件。

（5）安全中间件。一些军事、政府和商务部门上网的最大障碍是安全保密问题，而且不能使用国外提供的安全措施（如防火墙、加密、认证等），必须用国产产品。产生不安全因素是由操作系统引起的，但必须要用中间件去解决，以适应灵活多变的要求。

（6）跨平台和架构的中间件。当前开发大型应用软件通常采用基于架构和构件技术，在分布式系统中，还需要集成各节点上的不同系统平台上的构件或新老版本的构件，由此产生了架构中间件。

2.面向数据库的中间件

面向数据库的中间件，简而言之，就是指一切连接应用程序和数据库的软件。与一般的中间件一样，面向数据库的中间件允许开发人员通过单一的，定义良好的 API 访问另一台计算机上的资源，如数据库服务器。例如，如果一个关系数据库中的数据要被作为一个对象来访问，面向数据库的中间件可以将存储在关系数据库中的信息映射成源应用程序或目标应用程序可以访问的对象。对于其他类型的数据库（如层次型数据库、多维数据库等）也是如此。面向数据库的中间件还可以提供对任意数量数据库的访问，而不需考虑数据库的模型和运行平台，这样无论是哪一种数据库，SQLServer、DB2、Ora-cle 还是 Sybase，都可以同时通过同一界面进行访问。通过这种机制，就可以把不同类型的源数据库和目标数据库映射成相同的模型，使他们易于集成。面向数据库的中间件提供很多重要的功能，包括应用程序接口将应用程序语言转化为可被目标数据库理解的语言，如 SQL 通过网络传递数据库查询请求在目标数据库中执行查询将响应集（查询结果集），通过网络返回到请求应用程序将响应集转化为请求应用程序可以理解的格式。

3.面向数据的中间件的类型

目前面向数据库的中间件有好几种类型，但基本上都属于本地中间件、呼叫层接口（Call Layer Interface，CLI）和数据库网关。本地中间件是为特定数据库设计的，如 Sybase 设计的从 C++ 访问 Sybase 数据库的中间件就是一个面向数据库的本地中间件。由于是为特定的数据库设计的，面向数据库的本地中间件能提供最佳的访问性能。但也因此一旦用本地中间件建立了数据库连接，当要改变数据库时，需要对应用程序进行很大的修改。呼叫层接口（CLI）如 ODBC 和 JDBC 提供多个数据库的统一界面。它可以把一般通用的接口呼叫转换成任意的数据库本地语言，也可以把响应集再转换成一致的表现形式，以便向数据库发出请求的应用程序可以理解。数据库网关能提供对大型系统内部数据的访问。它们可以从统一的应用程序接口集成多个数据库以便访问，重映射旧的数据库模型（如简单文件、ISAM、VSAM 等）并且对出入数据库网关的查询和信息进行转换。

（二）几种常见的面向数据库的中间件

1.ODBC

它实际上并不是一个产品，而是微软在几年前创建的一个标准。ODBC是一个 CLI（Call Layer Interface），通过允许开发者制作一个在大多数关系数据库中可运行的简单的 API 调用，简化从 Windows（以及其他一些操作系统）到数据库的访问。像所有的中间件一样，ODBC 提供一个定义良好的、不依赖于数据库的 API。使用 API 时，ODBC 通过一个驱动管理器来判定应用程序要连接的数据库的类型，并载入（或卸载）适当的 ODBC 驱动，这样一来，就实现使用 ODBC 的应用程序和数据库之间的相互独立。大多数的数据库都有 ODBC 驱动。ODBC 是免费的，而其驱动不是。这些 ODBC驱动可以从数据库供应商或第三方提供商购买。流行的应用程序开发工具大多通过 ODBC 提供对数据库的访问。实际上，ODBC 是微软 Visual Bas 信息共享空间以及其他开发工具与数据库连接的唯一途径。

2.JDBC

JavaSoft 的 JDBC 是第一个支持 Java 语言的数据库应用程序接口（API），功能上与 ODBC 相仿，提供 Java 开发人员一个从支持 Java 开发或支持 Java应用程序运行的环境访问各种数据库的统一的接口。JDBC 主要由两层组成：JDBC 应用程序接口（JDBCAPI）和 JDBC 驱动应用程序接口。JDBCAPI 提供从应用程序到 JDBC 管理器的通信。开发者通过 API 使用标准 Java 机制访问数据库。数据库供应商提供 JDBC 驱动接口，也可以通过 JDBC-ODBC连接桥使用传统的 ODBC 连接。JDBCAPI 定义了一个 Java 类集，允许 Applet、Servlet、JavaBean 和 Java 应用程序连接数据库。通常，由这样一个小应用通过网络连接远程关系数据库服务器，如 Syabas、Oracle 或 Informix。这些由数据库供应商提供的原始的 JavaJDBC 类与用户自定义的应用程序类共存，提供一种"纯 Java"的可移植的数据库访问。这样就允许从任意支持 Java 的平台到任意数据库的连接。JDBC 管理器和 ODBC 管理器一样，按Java 小应用或应用程序的需要载入或卸载数据库驱动器。JDBC 支持单个或多个数据库服务器的连接。就是说，一个小应用可以同时连接本地的所有数据库和 Internet 上的公用数据库。

3.OLEDB

OLEDB 常被戏称为 ODBC 的"大哥"，它定义了一个数据访问服务器的集合，通过这些服务器可以很容易地连接到任意数目的数据源。这样，开发者就可以把多种不同的数据源作为单一的虚拟数据库来管理。OLEDB 允许使用标准的 COM 接口访问数据。OLEDB 提供开发者访问关系数据库、文件、扩展表、电子邮件等数据的方法。通过 COM 接口，开发者可以使用 OLEDB 方便地集成面向对象的数据库和多维数据库。使用 OLEDB 时，数据库被简单地看作一个数据提供者组件。任何通过 OLEDB 使用本地数据格式和表现方法的组件都被视为数据提供者，包括关系数据库（使用 ODBC），ISAM 文件、文本文件、E-mail、微软 Word 文件和数据流文件。这里的核心思想是生成独立的 OLEDB 组件对象用以调度数据提供者的各种附加特性和功能。这些独立的 OLEDB 组件叫作"服务提供者"。服务提供者类似于查询处理器允许应用程序使用它们实现不同数据联合（同族的或异族的）之间的互联。数据以单一的视图的形式存在，而不管它们的数据模型是关系型的、面向对象的还是多维的。与数据提供者相对的是 OLEDB 数据消费者、单个数据提供者的应用程序或作用于任意多数据提供者的类属消费者。如微软的 Excel、Word、Project 都可以成为数据消费者。

4. 数据库网关

数据库网关（也叫 SQL 网关）是一种应用程序接口（API），通过使用同一接口提供对运行在多种平台上的不同数据库的访问。它们类似于实际的数据库中间件产品，提供给开发者到任意数目数据库的访问接口，包括一些运行在典型的不易访问的环境下的数据库。例如，通过一个 ODBC 接口和一个数据库网关，可以同时访问存储在大型主机环境下的 DB2 数据库，小型机上的 Oracle 数据库和 Unix 服务器上的 Sybase 数据库。开发者只需使用一个 API 调用，数据库网关就可以完成所有的其他工作。数据库网关把 SQL 调用解释成为标准 FAP（Format and Protocol）格式。FAP 格式通用的客户机和服务器连接，也是异质数据库和运行平台的通用联结。网关可以把 API 调用直接翻译成 FAP，把请求传递到目标数据库并翻译以便目标数据库和平台做出响应。目前市场上有很多数据库网关产品，如 EDA/SQL、RDA、DR-DA 等。RDA 并不是一种产品，它是一个开发者访问数据的标准。

RDA 使用 OSI 并且支持动态 SQL 语句，允许客户端同时连接一个以上的数据库。但它不支持典型的事务相关服务。

DRDA 是 IBM 的一个数据库连接标准，它有许多数据库的支持如 Sybase、Oracle、IBI 和 In-formix。与其他的数据库网关一样，DRDA 提供便利的运行在多平台环境下的任意数目数据库的连接。DRDA 把数据库任务定义为远程请求，远程工作单元，分布式工作单元和分布式请求。DRDA 是一个定义良好的标准，它要求数据库符合标准的 SQL 语法，以便能够充分发挥 DRDA 在不同的系统、不同的情况下运行不同的数据库的功能。

随着计算机、通信、多媒体，高密度存储等信息技术的发展和应用，尤其是网络的迅速普及和扩大，数字图书馆的建设已经成为各国信息水平的标志。而在数字图书馆的建设中，中间件的使用则是解决异质平台、异质环境，异质数据库的统一访问、统一存取的最佳方案，在数字图书馆的研究和建设中已经有了应用，并收到了良好的效果。随着应用需求的发展，中间件的研究和功能也越来越被重视，应用也越来越多。面向数据库的中间件是数字图书馆的一项关键技术，必将在数字图书馆的建设中发挥更大的作用。

第二节 数字图书馆虚拟参考咨询平台的开设

随着文献载体由印刷型向数字型的转移，数字化资源正逐步走向互联网。为适应数字资源的建设需要，近年来，国外已涌现出许多基于网络的参考咨询服务，国内的一些主要图书馆也正在紧跟此服务模式，特别是在风起云涌的数字图书馆建设中。为了最大限度，并以最快速度解答读者在使用数字图书馆时发生的问题，不少图书馆已把虚拟重扫技术作为数字网书馆建设的一个重要组成部分。

一、用户的需求日益增长是推动网上参考服务发展的动力

（一）起源与发展

1984 年美国马里兰大学健康服务图书馆首先推出"电子参考服务"（EARS——The Electron 信息共享空间；Access to Reference Serv 信息共享空间 es），可以说，它是世界上第一个网上参考咨询服务系统。在 1995 年以后，国外一些图书馆开始用 Chat 技术即网上"聊天"或视频会议

（Videoconferencing），以及微软推出的 Netmeeting 等进行网上参考咨询服务。

随着因特网的普及和发展，图书馆利用 Web 方式向广大读者服务。在图书馆的主页上除了有各种图书馆信息的介绍外。还有大量外购的电子文献资源、自建的特色数据库、学科的导航库等，向读者提供了大量的文献获取服务。当读者在查找或检索各种资源时，发现疑难问题，渴望得到咨询员的及时帮助，这样就产生了读者对虚拟参考咨询服务（以下简称 VRS）的需求。即要求在网络环境下，专家直接"面对"读者，及时回答读者的问题。依靠传统图书馆咨询馆员的咨询模式是不能满足网络时期的需求的。即使有些图书馆通过电子邮件 BBS 公告版及留言板等咨询方式，也不能在第一时间解决用户的疑问。

因此，虚拟参考咨询服务就应运而生。咨询馆员可以在网上通过文字实时解答提问，也可以推送页面给用户，既可让用户知道咨询员所推荐的信息资源，也让用户直观地享受到了这一画面，有些疑难问题，可实时地通过网络"面对面"交谈解决；在 VRS 系统中，咨询馆员还可以与异地读者一起到相关网页，指导读者正确使用网络资源；合作化的数字参考咨询服务也是建设数字图书馆的初衷，共享信息资源，共享人才资源、共享网络资源等，也是 VRS 的重要组成部分。

（二）虚拟咨询服务是数字图书馆建设的重要组成部分

数字化图书馆中资源的建设以三种主要数字化资源为基础（即图书馆本身的数字化特种馆藏；商用的网上联机电子出版物或数据库；在因特网上有用的文献信息资源），而服务平台的建设由一个统一信息访问平台和一个为读者服务的虚拟参考咨询台（Virtual Reference Desk）为两翼，实现对读者的有效服务。这两个平台对一个实用的数字图书馆是必不可少的。两个平台在系统结构上相互渗透。

二、当前网上咨询服务的主要趋势

数字参考咨询服务的主要形式包括异步数字参考咨询，实时数字参考咨询和合作数字参考咨询。这节主要阐述网上咨询服务的发展趋势。

（一）基于知识库的网上多咨询台的分布式实时合作系统

该系统将原基于 FAQ 的数据库管理发展为知识库管理，将原基于单馆，单咨询台的实时解答系统发展为基于小组、集团或联盟的一个分布式多咨询台的实时合作咨询服务系统。该系统可由系统管理员或主管咨询员进行系统管理和调度。目前由 OCLC 推出的 Question Point 是早期的 CDRS（Collaborative Digital Reference Serve，信息共享空间）的延续，以其著名的全球联合编目为思路，开展全球化的分布式合作咨询。

（二）Chat Reference 的发展趋势——Web Reference Desk

该系统的网上解答除基于知识库咨询外，还有网页推送功能；咨询员可以控制读者的浏览，可看到读者网上联机检索时的疑问和问题所在，甚至在不中断读者检索的情况下，帮助指导读者解决问题。使在网上的咨询台具有和传统的咨询台同样的功能。

（三）基于视频传送的虚拟咨询实时解答系统

在宽带网络环境下，参考咨询馆员可以真正"面对面"看到对方的读者，利用计算机网上电话直接指导异地读者在不中断检索的情况下，解决读者检索中的疑难问题。要实现这种功能，需要在用户的本地客户端安装插件。

三、虚拟参考咨询平台建设的相关技术

在虚拟参考咨询平台中，提供了多种供咨询员和用户之间进行交流和协作的功能，如文本咨询、电子白板、同步浏览等。这些服务都涉及一个群体合作的问题，为了正常有效的交流协作，咨询员和用户必须遵守一定的规则，亦即协作规则。它是促进团体正常高效运作的基础。

（一）协同控制机制

不同的协作系统有着不同的系统工作模型，也有着不同的协作控制机制。协作控制机制是指在协作的过程中，协作体都要遵循一定的规则，即协作规则。这个方面的研究内容主要是协作规则的抽象和协作规则在协同工作中的实现。协作工作系统的交互和协作控制，按信息和数据共享，群体协作的紧密程度，自上而下分为 5 个不同的层次。

1. 数据通信

数据的传送和交互，协议控制机制就是通信协议。虽然这是协作进行的基础，但是因为是底层的数据通信，难以直接体现出协作体之间协作关系。

2. 信息通信

通过本地资源进行信息匿名通信，信息提供者很少需要知道谁是接收者，如通过新闻通讯或留言板进行咨询的协作。目前 Internet 上通过这种机制进行着大量的协作，信息的提供者与接收者虽然有一定的信息交流或共享，但是他们之间并不一定相互认识，不是显式的（或强制的或明确目标的）协作关系。

3.协调

协作体成员之间有某种认识，不一定有共同的工作目标，但是共同的利益或组织关系需要共享信息或资源，有可能有工作活动的交互、重复或资源调度、时间或空间的差异等。这是成员之间需要某种协作，将这种协作称为协调。例如，在我们系统中当一个咨询台的咨询员不能解决用户的问题时，可以将该用户推送给其他咨询台的咨询员来解决该问题。

4.合作

协作体成员工作在一起，参与同一过程，执行某种行动，合作的成功取决于合作成员的共同理解和共享知识资源。每个合作成员是独立的，甚至分属于不同的团体，他们之间是一种工作关系。

5.协同

协同是最高级别或层次的协作。在这一层次的协作，协作体公共目标代替了个体目标。协作体是以整体而不是个体核定的，竞争是最少的。这时往往需要做出共同决策，共同理解、共享知识。决策的可信度和可靠性成为更重要的因素。

（二）协同应用共享技术

协同应用共享也称为应用共享（Sharing Appl，信息共享空间 ation），它是支持群组通信活动的一个重要机制。当被共享的应用程序执行任意用户的输入时，它的执行结果要实时、正确地体现在分布于网络中的所有参与者的屏幕上。

（三）多线程机制

群体协作系统中的一个很重要的技术就是多线程间的通信。客户端和服务器常常需要启动多个线程来处理多种操作。例如，服务器通常需要使用一个线程来侦听客户端的连接，还需要使用线程来读入客户端传来的数据和向多个客户端发送信息数据包。

（四）J2EE 简介

J2EE 是一种利用 Java2 平台来简化诸多企业级应用解决方案开发，部署和管理的体系结构。它提供了一个企业级的计算模型和运行环境，用于开发和部署多层体系的应用。它通过提供企业计算环境所必须的各种服务，使得部署在 J2EE 平台上的多层应用可以实现高的可复用性、安全性、可扩展性和可靠性。平台使用的 Java 语言，使得基于 J2EE 标准开发的应用可跨平台的移植。J2EE 提供了企业计算中需要的服务，并且更加易用，为多数标准定义了接口，如 JNDI、JDBC、JTA 等，得到了多数厂商的产品配合，大大简化了应用开发和移植过程。J2EE 提供的多层的分布式应用模型，组件重用、一致化的安全模型以及灵活的事务控制，可以快速地建立融合了Internet 技术尤其是 Web 技术的 N 层结构的分布式企业应用。

（五）MVC 设计模式

传统的 Web 编程没有将 Web 页面显示和业务逻辑分离开来，导致在JSP 代码中夹杂了大量的业务逻辑代码，而我们知道 JSP 的主要优势在页面显示上，而不是业务逻辑的处理上。这些夹杂的代码降低了代码的复用性，并且使代码难以理解。为了降低 Web 开发的各层之间的耦合度和加强软件复用的目的，研究人员提出 MVC 的设计模式，它在理论上实现了业务逻辑、页面显示和数据模型的分离，对 Web 的开发有重要的意义。现在许多公司和研究组织提供了在 Web 开发中符合 MVC 模式的开发框架，如 Struts、Cocoon 等。

四、系统任务和架构设计

（一）系统概述

虚拟参考咨询平台是在网络环境下，为咨询员和咨询用户提供一个虚拟的咨询交流平台。平台提供了多种交流服务功能，使咨询台超越时空限制，服务范围更广泛，来帮助用户解决疑难问题。

（二）系统的目标和任务

系统目标：

对虚拟参考咨询平台所需的相关技术进行研究，提出合理的软件结构，并能使系统具有较好的可扩展性，便于以后新功能需求的扩展；对协同，应用共享技术进行研究，解决群组通信中的网络延时问题和共享冲突问题，实现咨询台用户间的实时协同交互；构建出一个性能良好的虚拟参考咨询平台，提供文本咨询、电子白板、同步浏览等功能。为了共享多个组织和机构的咨询台知识库记录，使用 Z39.50 协议进行知识库记录的分布式查询。

根据图书馆的实际情况和用户需求，咨询平台提供如下的主要功能。

1. 咨询台管理和文本咨询

主要是对于系统的一些基本功能实现。如咨询员和系统管理员的咨询台管理、知识库记录整理、日志分析报表等；以及用户个人管理、文本咨询、E-mail 抄送、离线提问等功能。

2. 电子白板协作功能

在上面的实现基础上，构建可以让咨询者和咨询员通过文本、简单图形、随意图像多方式进行交互的电子白板模块。

3. 同步浏览协作功能

构建咨询员和咨询者之间通过浏览相同页面来达到交流咨询目的的同步浏览模块。

4. 研究 Z39.50 协议的工作原理

并给出 www-Z39.50 网关程序的系统结构和实现。根据制定的知识库元数据格式，实现咨询台知识库的异源分布式检索。

（三）系统设计方案

1. 为了系统结构清晰、降低各个功能之间的耦合度

构造出一个良好的可扩充的系统。对于咨询台管理和文本咨询模块，使用的是基于 J2EE 架构和 MVC 设计模式设计方案。

2. 电子白板系统

从上述可知，我们使用的是复制式共享模式，即每个客户端都装载有白板客户程序。在客户端使用 Applet 和服务器端的白板服务器进行交互，根据制定的白板交互信息格式协议，将白板客户的操作包装，并传送给服务器。服务器接收到信息包后，进行解析，并通知其他白板客户模拟操作，从而实现了用户之间白板的一致性。

3. 同步浏览系统

同电子白板相似，系统客户端使用 Applet 和同步浏览的代理服务器进行交互。咨询员端配置代理服务器，咨询员端的页面请求通过代理服务器而达到响应。代理服务器分析咨询员的页面请求，获得 URL 地址，并将其传送到咨询者端，通知其改变浏览页面，从而达 NT 同步浏览的功能。

4. 知识库分布式检索

为了共享各个机构的知识库记录和方便用户查询，使用 Z39.50 网关来代替传统的 Z39.50 客户端，进行咨询台知识库的分布式查询。

五、系统主要功能模块的设计和技术实现

（一）本系统主要功能模块

1. 咨询台管理和文本咨询

主要是对于系统的一些常用功能的实现，例如咨询员的知识库记录管理、文本咨询；系统管理员的咨询台管理、日志分析报表；以及用户个人管理、文本咨询、E-mail 抄送、离线提问等功能。

2. 电子白板协作模块

在上面的实现平台基础上，构建可以让咨询者和咨询员通过文本、简单图形、随意画图等多方式进行交互的电子白板模块。

3. 同步浏览协作模块

构建由咨询员引导咨询者浏览相同页面来达到交流咨询目的的同步浏览模块，在协作完成后可将浏览的页面 URL 信息通过 Email 发送给咨询者。

（二）咨询台管理和文本咨询模块

1. 系统设计

本模块主要目标是构建虚拟参考咨询平台中的咨询台管理和文本咨询系统平台，并为后面的电子白板模块和同步浏览模块提供一个良好的基础平台。下面我们给出该模块解决方案所需功能高级描述。

（1）用户验证功能

咨询员和系统管理员通过身份验证机制，登入咨询台进行管理或咨询。用户可以匿名登录或使用有效账号登录。

（2）知识库记录的管理功能

为了将咨询员和咨询者之间的咨询会话过程进行整理和筛选，形成有价值的知识库，系统提供了参考咨询过程记录来整理问题知识库。

（3）系统管理员的咨询台管理

系统管理员可以根据需要开设新的咨询台，指定主咨询员，并且可以对特定的咨询台进行监听。

（4）文本咨询和 E-mail 抄送

咨询员和咨询者可以进行实时的文本咨询，在咨询结束后可以根据咨询者的邮件地址，将咨询过程以 E-mail 的形式发送给咨询者；咨询员对于不能解决的问题，可以将咨询者推送到另外的咨询台，实现了多个咨询台之间的协作；当咨询员离线时，用户可以进行离线提问。

（5）访问日志和文本咨询记录的管理和分析

提供访问日志的分析，可以从多个角度对咨询台的用户信息进行分析，例如分析哪个时段用户的咨询需求量最多，在实际工作中进行协调安排；提供用户满意度调查表和文本咨询记录的管理。

2. 系统实现

（1）技术需求

对于咨询平台而言，由于服务对象大多是非计算机专业人员，系统需要对软、硬件的要求低，操作方便，界面友好。随着情报咨询服务的发展，系统的功能会有所调整和增加，要求系统开发时要具备设计清晰，模块性强、易于以后的扩展和重构。根据项目需求的分析和对当今流行的技术比较，该模块采用 J2EE 和 MVC 模式来进行开发和部署的，主要使用了 J2EE 体系中的 JSP、Servlet、JavaBean、EJB、JavaMail 等技术，遵照 MVC 架构来实现的。系统中使用的 Web 服务器为 Weblog 信息共享空间 7.0，数据库为 SqlServer2000，开发工具为 Jbuilder8.0，运行平台是 Solaris 操作系统。

（2）系统结构组成

系统的各部分组成如下。

①客户端为方便用户使用，全部通过 Web 浏览器来提供服务。

②表示层所有的用户界面的开发，提交数据有效性验证、工作流程控制逻辑都在这层实现。系统主要使用 JSP 实现表示层，主要的用户界面包含登录界面、报表查询结果页面、错误处理页面等；使用 Servlet 进行工作流程的控制逻辑。

③业务逻辑层这一层使用 EJB 和少量 JavaBean 组件来实现具体的业务逻辑。④数据库层负责数据的存储管理，安全性管理和完整性管理。

（三）电子白板子系统

1.电子白板系统设计

白板系统两由部分构成：白板客户端和白板服务器，分别由下面四层构成。

第一层（OS）支持网络功能的操作系统是白板系统的运行平台，如Win2000，Solaris 等。

第二层（TCWIP）作为现在网络的通用标准，是白板系统通信的支撑协议。

第三层（Socket Layer）利用 Socket 方式建立客户/服务器之间的连接。通过通信通道发送，接收或者转发状态消息、成员消息、白板控制等，并且在咨询员和用户之间进行协调，形成一个支持协同工作的分布式通信支撑应用平台。

第四层（User interface）提供面向用户的人机交互界面，运行在 Web 浏览器之上。

白板服务器负责创建和管理连接客户的线程，同时不断侦听客户端用户连接，接收来自客户端用户的信息，并且将其转发给其他用户。白板客户端负责创建客户端用户界面，并且处理客户端用户逻辑以及客户端和服务器之间的通信，其中，白板服务器由 Java 应用程序实现，而用户客户端由Java Applet 来实现。当用户利用白板和他人进行交流时（此时用户已经登入到咨询台，并在 Session 中设置了相关信息），浏览器连接到 Applet 所在主页，此时 Applet 根据 session 中设置的用户名和咨询台 id 以及用户的类型，和白板服务器建立 Socket 连接。如果该用户是咨询员身份，可以在白板上绘制图形和输入文字，Applet 会把操作动作信息通过 Socket 连接发送给白板服务器，白板服务器再把这些数据发给其他的客户端，通知它们模拟相应的操作动作。如果该用户是一般的咨询者，登录后只能侦听和接收咨询员传来的图形和文字信息，如果希望拥有对白板写的权限，需要咨询员的授权。

2.白板中要解决的关键问题

要实现共享白板系统，有三个关键问题需要解决：一是白板程序共享的"实时性"问题；二是多点通信的实现；三是共享白板对象的一致性和并发控制。为了减少网络的延时，我们采用的是复制式应用程序共享模式，即实现白板的应用程序在每个用户进入白板系统时通过 Applet 加载，保证了每个用户机器上有白板应用程序，网络上传递的就只有简单的白板对象的消息，咨询员和咨询者之间共享的只是白板的对象队列，而不必像集中式共享那样，需要传输图像给每个用户，网络传输量大幅度下降，"实时性"问题得到了解决。为保证白板对象的全局有序，采用主从方式实现多点传输；为了解决对白板的并发操作问题，采用对象锁的方法协调多个用户同时对同一个对象的操作。白板程序采用事件消息共享机制。

对白板的每个绘图或文字动作都作为事件被窗口截获，然后打包成一条消息发送给服务器。白板服务器接收到用户发来的消息，进行处理，并通知其他用户。其他用户收到消息后进行分析，恢复成相应的窗口动作事件，执行相应的绘图动作。整个白板的实现始终围绕着截获动作事件、动作消息包装，处理和发送消息等几个关键实现。

（四）同步浏览子系统的实现

同步浏览由一个运行在服务器端的代理服务器和运行在客户端的 Web 浏览器加一个 Applet 构成。代理服务器用于截获咨询员的浏览器发出的请求，并将该请求广播给其他用户。协同浏览器，一方面用于将咨询员原本发向目的服务器的 URL 请求转给代理服务器，另一方面用来接收代理服务器广播给它的 URL 地址。咨询员端协同浏览器的功能为：将用户发向目的服务器的 URL 请求不直接发到目的服务器，而是发送到 proxy 代理服务器。实现方式是将代理服务器的 IP 地址和端口号填写在 E 菜单中的相应位置。本系统将同步浏览代理服务器的端口定为 8081。

学生端协同浏览器的实现方式是利用一个运行的 Applet 小应用程序，它一方面用于接收代理服务器广播给它的 URL 请求，另一方面是通过 Applet 和 JavaScript 的交互，将该 URL 地址请求发送到远端的 Web 服务器，并接收 Web 服务器发回的应答。为了保证这个小应用程序的一直运行，当用户开始启动同步浏览服务时，隐藏在这个页面的 Applet 被启动。

同步浏览代理服务器是同步浏览系统的核心部分。截获咨询员的浏览器的 HTTP 请求、提取出包含的 URL 地址是其主要的功能。HTTP 请求的常用方法为 GET 和 POST。

六、系统实施过程中应注意的问题

（一）人才战略

人才在整个系统的建立和运行中起着巨大的作用，没有人才，一切免谈，如何调动现有人员的积极性，并吸引更多的高层次人才，也是一个很重要的管理课题。较多的建议是分配政策的倾斜，应该从提高数字图书馆的凝聚力的角度来给人才营造一个良好的工作环境，使人才真正感受到领导的关心和重视，在提高数字图书馆的整体服务水平和能力的同时，发挥自身的价值。

（二）技术的先进性

技术先进可以提高系统的运行效率，方便维护、扩展性强。全体项目参与者要精心设计系统，充分论证每一个模块的技术模式和服务模式的先进性和可行性。只有这样，虚拟咨询系统所依赖的平台才能真正服务于虚拟咨询工作。

（三）设计的完整性

这要求全馆上下共同关心，共同设计系统的方方面面。

（四）服务的意识

建立平台的目的是要提升服务水平和能力，这就要求全馆统一服务的意识，厘清传统服务与新的咨询服务之间的关系，加强沟通和学习，克服困难，共同保证平台的顺利实施。

（五）业务重构

图书馆是一个服务性很强的部门，由于新的知识服务对传统服务的冲击，原有的传统的业务部门的服务模式（服务部门的条块分割、人员分工）会有很大的调整，使一部分有能力的人能够摆脱烦琐的事务性工作，有精力从事知识服务工作。同时由于时代的发展，传统的知识服务也对服务人员提出了更高的要求，因此要安排和提供各种培训机会，提高全体馆员的服务意识，让读者在整个数字图书馆的环境中享受高效的知识服务。

（六）确立服务评价体系

科学的评价体系的建立，有利于更好地完善虚拟参考咨询平台的建设，使之发挥最大功效。

第三节 数字图书馆存储技术的创新

PC 及 Internet 的诞生为整个世界带来了翻天覆地的变化。如今，人们又将面临第三次 IT 浪潮——网络存储。图书馆的数据在图书馆的工作中起着不可替代的作用，不同图书馆规模和用户特性对图书馆数据存储模式有着重要影响，有时甚至是起决定性的作用，而目前的数字图书馆对网络存储技术的要求更高。数字图书馆是采用现代高新技术所支持的数字信息资源系统，是新一代 Internet 网上信息资源的管理模式，它将从根本上改变目前 Internet 网上信息分散不便使用的现状。数字图书馆所涉及的数据类型包括文本、图像、语音、图形等，所面临的数据量的规模也是前所未有的海量数据。如何把这样数据系统组织起来进行存储是数字图书馆系统设计的重要环节。随着数字图书馆的不断发展，存储和处理的数据量呈几何级数的速度增长，传统存储模式在规模、安全及性能上，都无法满足数字图书馆日益膨胀的存储需求，数字资源的存储已成为数字图书馆发展过程中需要不断研究和解决的问题。

一、数字图书馆的主要存储技术

最初，为了对数据进行存储和备份，人们采用传统的直接附加存储（DAS）技术。该技术是将存储设备直接和服务器相连接，是基于服务器磁盘的对应结构，数据访问需要通过中心服务器向依附于中心服务器的磁盘进行，服务器具有存储容量和信息处理的能力，这种技术虽然满足了用户最初的数据备份要求，但该技术不具备共享性，每种客户机需要一个服务器，增加了存储管理和维护的难度；当存储容量增加时，扩容变得十分困难；服务器发生故障时，数据也难以获取。DAS 难以满足现今的存储要求。SAN 和 NAS 是更好的网络存储技术，近几年来，存储领域对到底采用 SAN 还是 NAS 一直争论不休，SAN 和 NAS 是应用在不同领域的两种技术，不能因为一种技术的发展完全推翻另一种技术，SAN 与 NAS 几乎同时产生，只是 NAS 更早投入实际应用中。

（一）NAS 网络连接存储技术

NAS（Network Attached Storage）是一种可满足海量数据（TB级），大量的 VO 吞吐及高端应用需求的网络接入存储技术。此系统一般由存储设备、操作系统以及文件系统等几部分组成。它利用以太网技术，通过以太网接口将存储设备连接到 LAN，充分利用文件共享协议（NFS），可以在系统目录和文件级实现共享；它是一种专业的网络文件存储及文件备份设备；一个 NAS 里面包括核心处理器、文件服务管理工具、一个或者多个硬盘驱动器用于数据的存储。它可以应用在任何的网络环境当中；NAS 依靠 LAN 和 WAN 连接标准，使用 IP，以太网及网络文件系统（NFS）和公共互联网文件系统（CIFS）等技术，降低了操作和开发的难度；NAS 支持多通信协议，可以在 UNIX 和 Windows 客户机上使用，实现异种机的存储访问；NAS 是部件级的存储方法，它的重点在于帮助工作组和部门级机构解决迅速增加存储容量的需求。

1.NAS 的优势

NAS 方便快捷，即插即用，具有独立的优化存储操作系统，完全不受服务器干预，有释放带宽，可提高网络整体性能；NAS 集成本地备份软件，可实现无服务器备份，即便是服务器发生故障，用户仍可进行数据存取；扩展性好，随着数据量的不断增加，只需要简单地搭建更多的 NAS 设备，就能够实现无限扩展；通过平台使用，采用网络访问协议，处理来自网络上不同操作系统的请求，实现多协议跨平台的数据操作；数据传输速率高，价格低廉，不用购置价格昂贵的多功能服务器，管理开销低。

2.NAS 的劣势

NAS 的劣势在于安全性问题，由于附网存储设备直接与太网相连，存在着一定的安全性问题。为了保障安全，需要设置防火墙；大量数据存储要通过网络完成，增加了网络的负载，特别不适合用于音频、视频数据的存储；灾难恢复比较困难；存储性能的瓶颈时增加到多个服务器时严重制约了它的发展；存储系统设计安全性对数字图书馆是一个值得注意的问题。对于这样的用户群体，如何选择合适的网络存储技术，是数字图书馆建设的一个至关重要的问题。

（二）SAN 存储区域网络技术

SAN（Storage Area Network）是以数据存储为中心，随着客户机服务器这一模式的出现而出现的。它的存储解决方案是与传统的局域网（LAN）备份方案并行发展起来的，采用并借鉴了 LAN 的一些技术。SAN 技术的存储和管理是采用分布式的管理和存储在结构上完全独立，采用可伸缩的网络拓扑结构，通过光通道的直接连接，提供内部任意节点之间多路可选择的数据交换，将数据存储管理集中在相对独立的存储区域网内。SAN 最终将实现在多种操作系统下，最大限度的数据共享和数据优化管理及系统的无缝扩充，是新一代网络存储应用。它把大型数据存储库与高速数据访问技术结合在一起，是一种类似于普通局域网的高速存储网络，提供了一种与现有LAN 连接的简易方法，允许数字图书馆独立地增加它们的存储容量，并使网络性能不至于受到数据访问的影响。

1.SAN 的优势

SAN 管理上的方便性，集中在管理软件允许远程配置、监管和无人值守运行；可扩展性好，容量可扩展以符合网络需求，充分发挥存储硬件的功能；高容错能力，高可靠性和高可获取性，SAN 的磁带库具备可热插拔的冗余磁带机、介质、电源和冷却系统以确保可靠性；配置灵活，具备长达20 公里距离的远程功能及灵活的网络部件，光纤通道可以根据要求进行配置；支持异构服务器，UNIX、NT 和 NetWare 服务器可同时连接；能够有效地减少总体拥有成本（TCO）。SAN 可以把多台不同的服务器与多台存储设备连接起来，组成基于 SAN 结构的 Cluster 集群系统。

存储设备之间可以不通过服务器相互备份，存储设备不再附属于某个服务器，直接连到网络上形成存储区域网络，减少对服务器 CPU 的占用，提高了存储效率。所有的服务器通过光通道与 SAN 连接，SAN 到存储设备之间也通过光纤相连，服务器在前端连接的所有客机都可以访问所有的存储设备，形成统一的存储装置。这种前端和后端分开的连接方式，使得服务器与存储装置之间数据传送不影响 LAN 的带宽，用户不会感到网络性能的降低，可以满足绝大多数用户对存储的要求。

2.SAN 的弱点

安装费用高，随着网络环的深度、方案的规模和复杂度的加深安装费用增大；由于远距离光纤通道价格昂贵，所以 SAN 通常情况下局限于局域网；由于 SAN 考虑的是集中存储，而不是共享存储，所以 SAN 环境中数据的共享比较困难，需要用户端的操作系统对其他操作系统的数据格式有较好的支持；SAN 安装比较复杂，通常需要定制安装；SAN 本身缺乏标准，而构成 SAN 的设备种类包括光纤适配器、光缆及其接口、光纤 HUB、光纤 SWYTCH、磁盘阵列和磁带库等，除硬件设备外，还存在软件的兼容问题，包括操作系统、备份软件和存储管理模块等。SAN 存储网络技术是近年来出现并高速发展的最新技术，具有很高的安全性，动态扩展能力极强。它是一种新的网络存储体系结构，较好的解决了大数据流量存储问题，因而大受数字图书馆建设者的青睐，但由于 SAN 是一种新的网络存储技术，目前尚处于成长期，而且价格非常昂贵，在我们数字图书馆领域应用得还较少，更值得注意的是 SAN 并不是一劳永逸的，只有通过合理的维护和管理才能充分发挥它的作用。

（三）SAN 和 NAS 的异同比较

SAN 与 NAS 之间最大的差异是存储局域网是一个网络的概念，而网络连接存储实际上是指一种可以与网络直接相连的存储设备，它更多的是强调设备的概念。存储局域网考虑的是如何利用光纤通道把现有的存储设备和服务器等资源连接成一个共享的网络，而网络连接存储更多的是考虑如何管理客户机通过网络与存储设备之间数据的存储和流动，它更多依靠现有的标准的 LAN/WAN 连接。

1. 不同点

从技术上讲，SAN 是一种专用的高带宽光纤通道网络，在异机种环境下操作较复杂，但可靠性高，并且速度快；而 NAS 是基于瘦服务器的，在异机种间的操作相对简单。在应用范围方面，NAS 较适合在异机种环境下快速获取文件；SAN 则更适合于数据存储量大的多媒体或视频领域。

在系统成本方面，SAN 的成本较高，NAS 的成本则相对低廉。在系统安装方面，SAN 的安装通常比 NAS 复杂，而 NAS 仅需对客户的网络作少许改动，甚至不需改动。

2. 相同点

SAN 和 NAS 并不是相互竞争的技术，而应当是两种互补的技术。它们具有一些相同的特点，表现在：二者都用于存储扩容和提高存储性能，都可实现存储容量的扩展；都可以使用户通过多个操作系统同时使用数据；已存数据的可用性不依赖于机构内部多用途服务器的可用性；都通过集中存储管理来降低长期的运营成本。数字图书馆的建立对于上面提到的两种存储技术都可以应用。但对于不同的图书馆，因为各自的环境、资金等方面的差异，对数字图书馆的建立所需的存储技术也不同。

二、数字图书馆网络存储技术的选择

如何选择合适的数字图书馆网络存储技术，现在已成为许多高校数字图书馆网络建设中的一个重要问题。数字图书馆的数据存储过程中，要根据数据特性的不同，在保证应用的前提下，按最佳的性能价格比来选择存储方式。网络存储已经在电子商务电信、金融等行业取得了成功的应用、采用NAS和SAN这两种网络存储技术实现数字图书馆的海量数据存储是完全有可能的。数字图书馆网络存储技术的选择应结合自身的特点，用户的资金、所使用的人数等方面灵活的选择，以达到合理的配置。

（一）中小型图书馆网络存储技术的选择

对于中小型图书馆而言，需要一种经济、简单和易用的存储技术来缓解数据扩张带来的压力。而中小型图书馆一般具有相对稳定的用户群，并且访问量不是很大，存储的数据针对性强，存储数据所占的空间不是很大，加之经费一般不是很宽裕，因此在数据存储技术选择时考虑性价比，以期达到最佳效益。NAS正是适应这种需求的产物，它不仅满足中小型数字图书馆对存储设备的需求，还具有足够的扩展空间，以适应它们未来的发展空间。同时，NAS的产品不断成熟，而且成本也在不断降低，这对NAS进入中小型数字图书馆成为可能。

（二）大型图书馆网络存储技术的选择

SAN主要用于大型图书馆存储量大的工作环境，这些用户需要很大的存储空间，技术管理要求较高。但由于其成本较高，需求量不大，目前应用较少，但SAN以网络为中心，因此对于大型数字图书馆而言，是最好的选择。首先SAN加快了数据传输速度，数字图书馆是针对广大网络用户，速度对于网络用户而言，是一个首选的问题，而就目前的SAN技术来看，SAN专用的100Mbps数据传输带宽足以满足大多数网络用户的传输需求，使网络用户能够很快的浏览或下载数字图书馆的资料。其次，提供了更大的灵活性，由于多台服务器可共享 SAN 网络中的存储设备，因此大大改进了系统管理员为服务器分配磁盘空间的方法，减轻了系统管理员维护系统的难度。如对一个系统管理员来说，在目前的系统中增加或更换存储设备，就仿佛对系统进行大换血，不得不停止整个系统的运行，这样一来给网络用户、数字图书馆造成一定的损失。在 SAN 系统中，这样的问题不会影响到整个系统的正常工作，也使得系统管理员不必担心服务器分配存储设备的问题，所有的服务器将共享 SAN 中所有的存储数据，而这些设备与 SAN 之间关系可以非常灵活；大型数字图书馆海量的数据如何存储是一个亟待解决的问题，而 SAN 就是针对此种情况而产生的，虽然前期投资比较大，但总体看来拥有成本较小，对于有经济实力的图书馆来说，不失为一个好的网络存储技术。

三、数字图书馆存储技术应用的理性思考

（一）观念更新要到位

首先要认识到数据存储问题的重要性已经远远超出技术层面的意义，是数字图书馆的必然选择。随着我国信息化进程的不断加快，信息资源正朝着数字化，网络化，智能化和多媒化的方向发展，在存储技术不断发展和转变的过程中，存储领域的变革已经到来，新的存储需求逐渐被提出，优化选择理想的存储模式，在建设数字图书馆方案的设计与实现中显得尤为重要。

其次要明确数字图书馆数据存储问题的解决必须靠不断更新的技术来实现。数字图书馆数据量的爆炸性增长，直接后果是导致存储容量无法适应需求的增长，存储需求和存储能力之间的差距，必须靠不断更新的技术来缩短；图书馆网站应用服务的迅速发展造成存储系统性能无法有效地满足用户的新增需求，存储系统性能的提升，也要靠不断更新的技术来解决；同时，存储系统面临复杂的内外环境是数据管理问题日益严峻的客观原因，数据管理的有效性，还得靠不断更新的技术来支撑。

此外要从数据安全的角度加深对数据存储问题的认识。造成数据安全问题的因素集中在三个方面。

（1）人为的因素包括外部的、内部的，有意的、无意的，恶意的、误操作等等。

（2）自然的因素如灾害、意外事故以及其他不可抗力的影响，等等。

（3）设备本身的局限性，存储空间的不足导致新增数据无处存放，所有超过设备存储能力的一切服务和应用乃至数据的安全备份、管理、整合都无从谈起，实际上许多工作并不因为存储空间不足就可以完全不做，然而这正是引起数据安全问题的一个经常出现的矛盾，即使通过简单的磁盘堆砌增加了存储容量，也不可能确保提高存储数据的安全性和可靠性。

（二）发展脉络要清晰

数据存储的技术基础——磁盘阵列技术 RAID（Redun-dant Array of Inexpensive Disks，廉价磁盘冗余阵列）

RAID 是由多块磁盘构成的冗余阵列，它是通过磁盘阵列与数据条块化方法相结合，以提高数据可用性的一种结构，根据 RAID 采用的方法不同，可以将其分为 0-5 六个级别，常用的有 0、1、3、5 四种。RAID 技术是形成 DAS、NAS、SAN 的共同基础。RAID 子系统将用户数据和应用分布在多个硬盘上提供容错，提高了数据的可用性，也提高了 I/O 传输，多硬盘并行数据存取可提高系统性能，从而可使多个硬盘同时处理单一传输请求。RAID 技术是一种快速，大容量和容错分布合理的磁盘阵列，优点是适用大数据量的操作，也适用于各种事务处理，随着在线的全文数据库日益增多，单个硬盘已完全不能满足数字化图书馆在线存储容量的需要，因此 RAID 技术在图书馆的应用日益广泛。其缺点是控制比较复杂，尤其表现在利用硬件对磁盘阵列的控制上。

（三）对号入座要准确

由于各馆的规模、性质、服务对象均有不同，因此对图书馆数据存储的需求也会有所不同，现代图书馆存储需求的定位大致有三种类型。

一是基本适应型（指数字图书馆业务有一定程度的开展，服务的规模暂时还比较小，需求也比较集中，这种类型在中小型图书馆中占有很大的比例），具体实施只需在原有配置基础上进行扩充，增加硬盘数量或适当扩充，改造磁盘阵列。

二是迅速扩张型（各类图书馆都占一定的比例），需要对原有存储配置动手术，进行优化整合，更新升级、数据迁移、重点备份，规范管理等，由于这类需求情况千差万别、十分复杂，必须针对个案具体分析，按照今后三年至五年的发展进行规划和科学论证，提出新的实施方案。

三是新馆规划型（针对部分特大型图书馆、大学新校区图书馆）采用新的存储方案，对原有配置实行功能分离，建设现有技术条件下可一步到位，能持续发展的以数据为中心的存储系统。

（四）关键问题紧跟随

1. 先进性

有良好的人机接口，满足主流平台的应用，能够适应存储技术的发展趋势，并且是已经取得多项成功案例的存储架构和应用模式。

2. 可用性

存储系统在任何时候，都能够保持在线状态，满足 $7 \times 24 \times 365$ 全天候全方位不间断业务的需要。

3. 实用性

具备很高的性能，数据吞吐量大，系统响应时间快、负载能力强，适应规模快速壮大发展的业务需求。

4. 可靠性

采用稳定可靠的成熟技术，存储系统任何条件下都可以保证数据的完整性，保证数据不损毁、不丢失，满足关键任务的要求。

5. 易用性

具有良好的投资保护，系统管理人员在无额外培训的情况下，就可以胜任新的存储系统的配置、管理和维护工作。

6. 开放性

适应多厂商、多平台和系统的持续性发展，适应不断增长的海量数据存储需求。

7. 安全性

确保任何情况下的数据丢失，都具有快速恢复的能力，支持系统扩容时的在线处理功能；确保未经授权的数据不被访问，浏览、读取、写入或者执行；确保传输过程中的数据不被窃取、篡改；确保未经授权的空间不被使用或者授权使用的空间以非授权方式使用。

8. 兼容性

能够与原有系统无缝集成，还能够实现与同一厂商不同时期的产品相互兼容，实现与不同厂商的产品之间相互兼容，包括在线扩容，具有容错处理能力，确保读者可随时访问各类数字信息资源。

9.扩展性

能有效地支持多系统多平台及多种应用的异构处理环境，在系统的发展目标中，能够建立分级管理的存储系统，使大量访问频率不高的数据可以存放在成本较低的二级存储设备（如磁带库）中，形成合理的层次化数据处理系统。

（五）求真务实促发展

要正确看待资金的投入问题。数字图书馆是当代高科技发展和应用的一个亮点，实现数据集中存储与管理和多平台共享、低成本备份与保护等，已经成为数字图书馆发展中极为关注的焦点，投入问题已经成为制约数字图书馆进一步发展的重大因素之一。解决这一问题的关键在于克服盲目性，规范理性的投资行为，投入规模要与图书馆的发展目标定位相协调、与图书馆整体功能规划相一致，与当前发展长远建设相配套。

要对图书馆的存储内容实行科学分类。网络化存储系统的建设需要昂贵的资金作保障，不是什么数据都值得花费巨大的代价去保存，数字图书馆重点保障的存储内容是特色数据信息资源，所谓特色除了其他条件就是人无我有，包括经过数字化的特色馆藏书刊资源、地方特色资源、科研特色资源、教学特色资源、专题服务特色资源，以及服务于传统图书馆集成管理系统涵盖的书刊信息资源、流通信息资源、采编典信息资源和服务管理信息资源。相对而言其他类型数据信息资源的存储保障，完全可以采取灵活的办法、花费较低的存储代价来解决。

要坚持从实际出发，原有存储系统如基本适应图书馆网络建设发展需要就不应泛去改变。虽说网络化存储是一种趋势，但在实际应用中还是应该够用就好，不需要太多的锦上添花，不要盲目追求最先进的方案，最先进的不一定是最合适的，最合适的未必就一定是最先进的，先进总是相对而言。

对社会成果即经购置整合的各类电子出版物、数字图书要坚持为我所用、服务为先、资源共享的原则，强调有偿使用、有偿拥有、有偿存放，未必每个图书馆都要花费巨额资金配置专门的服务器和存储设备，尤其是中小型图书馆，要打破共享资源数据存储的时空概念，这些数据存放何处并不重要，重要的是有效地利用这些资源，为读者提供优质的服务，把有限的建设资金投放在本馆特色资源的数据存储上。

要充分发挥大型图书馆、特大型图书馆的数据资源、存储资源、技术储备、外文资源的综合优势和地缘覆盖作用，进一步整合优化扩充网络存储资源，迅速提升存储系统服务功能，合理规划联合共建资源共享布局，逐步形成地域、区域或同城数据存储中心和数据服务中心。

综上所述，在数字图书馆网络存储技术的选择中，用户要明确自己的需求，根据各自的需要，结合本馆的实际，制定长远规划，按照资金投入的实情，选择合理的网络存储技术，分阶段实施，建设好现代化的数字图书馆。

第四节 基于 Web3.0 的个性化服务模式创新

一、Web3.0 个性化信息服务特征

Web2.0 模式下的图书馆信息服务最显著的特点是信息共享、信息整合和信息服务平台的构筑和开放。Web3.0 是对 Web2.0 的继承和突破，是在 Web2.0 的基础上的进一步延伸，是通过更加简洁的方式为用户提供更为个性化的互联网信息资讯定制的一种技术整合。在 Web3.0 时代，信息服务平台的构筑已不是人类信息交流机制的主要内容，而是在这个平台基础上深入开发和实现人类社会基于个性化需求的信息最优聚合的问题。Web3.0 个性化信息服务具有以下特征。

（1）注重用户操作的可控性。用户范围没有局限，也没有人为的信息交流障碍，用户有可以选择性地操控信息和实现自我的权利和条件。

（2）深度的个性化体验。Web3.0 用户可以依据自己的个性需求和习惯使用互联网络，互联网用户对 Web 的体验正在由传统的点击、单向、视听体验进入全新的多媒介、多通道、满足生理愉悦的体验时代。

（3）网络设备和应用程序高度兼容和互通。

（4）网络智能化。体现在与对人类语音、语义的理解以及计算机网络设备跟人类的双向对话，实现现实人与虚拟生活的双向交流以及网络面向个人需求进行的自动过滤和自动清洁网络垃圾的功能。

（5）用户 Web 数据私有，体现个人价值。Web3.0 将更加凸显互联网用户个人数据的管理、价值的体现和用户数据的独立性，激发用户参与、体

验的乐趣和积极性。

（6）网站间信息的直接交互和聚合。

二、Web3.0 个性化信息服务内容

图书馆个性化信息服务是图书馆以其强大的海量资源存储优势，面向用户提供满足其个性化需求的服务。图书馆个性化信息服务具有主动式服务、针对性服务和被动的积极响应等特征。

"针对性服务"是图书馆个性化信息服务最主要的组成部分和工作内容，即针对用户的需求特性主动或自动进行用户资料的搜集和分析，建立用户资料数据库，定期或不定期地向用户提供差别性的服务，为用户制定不同的服务策略，提供不同的服务内容。图书馆"被动地积极响应"其实是图书馆主动式服务理念的延伸，是在其理念指导之下的图书馆活动的具体实践。

Web3.0 是图书馆个性化信息服务的新一代网络环境，也是图书馆用来深层次满足个性化信息用户需求的工具，主要体现在图书馆个性化的实时信息服务、多样化的服务方式和服务内容的精准响应等几个方面。①实时信息服务是图书馆满足个性化服务的跨时空体现。利用 Web3.0 信息接收终端的普适性特征，实现各种应用的电子设备的互联互通和信息实时接收功能，实现图书馆与用户的无缝对接，实时解决图书馆用户的信息需求，解决了图书馆和用户服务与需求双方跨时空的联络，让用户充分享受到图书馆无处不在的便利，是一种人类信息交流的社会机制变革的有益尝试。②图书馆信息服务方式的多样化是图书馆个性化信息服务的外在特征的一个体现。丰富的个性化信息服务的形式能够满足用户个性化需求，有利于营造良好的信息环境，将图书馆与其外在的社会空间融为一体。③提供精准的信息资源内容是图书馆个性化用户对图书馆信息资源服务的主观需求，也是图书馆个性化服务的一个重要体现。这要求图书馆针对服务个体以细化的、高质量地提供个性化的服务内容。

三、Web3.0 个性化信息服务模式

图书馆个性化信息服务模式是以个性化信息服务系统为平台，以满足用户个性化信息需求为目标，在个性化信息服务活动中调整和组合各服务要素而形成的一种工作模式。图书馆个性化信息服务的根本目的在于通过特定

的服务方式，根据信息用户的专业化、个性化需求，为信息用户提供适当的、有针对性的、独特的信息服务。

目前，已经出现了各式各样的图书馆信息服务模式，如信息推送模式、门户模式、智能代理模式、呼叫中心模式等。

（一）信息推送模式

是图书馆通过对用户动态的跟踪和需求分析，推测用户潜在的信息需求，针对潜在的用户或潜在的需求方向，向其传递经过加工的信息资讯。Web3.0 环境下的图书馆个性化的信息推送服务更强调对用户数据的自动而智能的搜集和分析，注重预测的准确性和科学性，以保证有针对性地提供所需信息，保证推送服务的效果，体现图书馆个性化服务的技术优势。

（二）门户模式

是在图书馆个性化信息服务实践中成功开发并广为使用的一种模式。比较有代表性的是 My Library 的研发和推广使用。在 Web3.0 网络实践中，这种信息服务模式将更加深化，更注重用户操作的自主性、用户资料的智能追踪和判断并主动提供使用的策略和服务内容。对广大的科研院所、高校等传统用户而言，这种模式将会是一种普遍采用的服务模式。

（三）智能代理模式

是 Web3.0 阶段的图书馆信息服务深入开发和应用的一种模式，是围绕着用户个性化信息需求的满足进行的开发。

（四）呼叫中心模式

是将图书馆信息服务与"114"等寻呼台的信息服务在业务领域和服务内容、体制机制进行整合而形成的一种图书馆。在 Web3.0 网络环境下致力于个性化信息服务的新的实践形式。

（五）虚拟 3D 图书馆模式

指图书馆的各个服务功能和组成部分以 3D 动画的效果呈献和展示给用户个体，用户以虚拟身份获得真实的图书馆信息服务效果的一种服务模式。图书馆建立这种模式，对用户的信息需求的满足是一种心理、生理、感官等全新的释放。这种模式也集中体现了未来 Web3.0 网络环境下的图书馆信息服务典型特征。

第五节 数字图书馆向知识服务转型中智能信息技术的应用

数字图书馆是一个不断发展的概念。当前，数字图书馆已实现信息资源数字化、信息传递网络化、信息利用共享化和信息系统虚拟化，传统的信息资源分布不均衡和信息获取困难得到极大改进，信息检索、获取与传递向非中介化、非专业化和非智力化发展，一般性的信息检索用户自身就可以完成。因此，用户对信息服务需求的关注点呈现知识化，逐渐从简单地获取和传递文献的单一信息需求，转向如何从繁杂的信息环境中捕获能够解决所面临问题的信息内容，并将这些信息融化和重组为相应的知识或解决方案。理论研究和实践表明，数字图书馆正在实现由信息服务向知识服务的转型，其目标是提供知识服务，为社会提供知识创新的基础平台。

现代信息技术是数字图书馆的发展基础，计算机技术通信、网络技术、多媒体技术直接影响数字图书馆的建设。数字图书馆向知识服务转型，将实现多媒体，多领域，多语言和多文化的数字化信息资源的高度集成化智能化的分布式网络服务，这些必定与智能信息技术的发展和应用密不可分。

一、智能信息技术是实现数字图书馆向知识服务转型的关键

综观图书馆的发展历程，从传统的图书馆、图书馆自动化联机、公共检索目录 OPAC、电子图书馆、网络图书馆到当前的数字图书馆，每一次进步都是建立在技术基础之上。20 世纪 70 年代，图书馆将计算机技术应用到图书处理流程中的编目环节，建立了自动编目系统。这标志着图书馆自动化的开始，自动编目系统逐渐取代了手工目录卡片。80 年代，基于信息存储信息检索技术的进步，计算机技术应用到文献加工处理流程，建立了自动化的公共检索目录 OPAC 系统；应用到图书出版领域实现了计算机排版，将出版物以电子形式进行存储并发行。在此基础上，电子图书馆开始成形。网络技术发展后，电子出版物通过网络进行全球传播，供读者在网上浏览和检索，产生网络图书馆的概念。此时，数字图书馆的概念被提了出来，但技术条件还无法实现这一想法。90 年代，当计算机和网络技术达到更先进的程度，数字图书馆概念逐步得以实现，资源数字化、信息加工自动化和信息资源传

播网络化成为现实。当前，数字图书馆呈现的形态仍是初级形态，随着计算机运行速度和存储容量、网络传输速度达到很高的程度，智能信息技术初现端倪，数字图书馆继续发展将借助智能信息技术。

　　智能信息技术使计算机能够模拟人类的感官对外界进行感知，模拟人类的头脑进行判断推理等，协助人类完成人类用智能完成的任务。当前的计算机技术已经基本实现视觉和听觉两种感知能力，具备一定的机器智能，但距离人类的高级智能差距还很大。当智能信息技术达到一定程度，数字图书馆应用智能技术把信息资源计算机服务和用户联系在一起，构建一种动态开放智能的网络环境，为用户提供知识服务。知识服务是一种高级的接近人类认知系统的智能服务，一种针对个体团队和组织的面向实际需要的个性化服务。数字图书馆知识服务主要体现在信息资源的检索标引、分类、摘要、翻译、语言理解等方面。因此，对于数字图书馆向知识服务转型而言，智能信息技术能够对数字化信息进行知识处理，实现自动分类、自动组织、自动加工、自动摘要等，核心是实现数字化信息的知识处理，达到语义层面的理解。也可以认为，只有依靠智能信息技术，才能实现信息资源组织和知识处理的自动化智能化处理，才能实现真正意义上的知识服务。

二、智能信息技术在实现数字图书馆向知识服务转型的技术背景

　　数字图书馆知识服务应用智能信息技术将为人类创建一种具有语义的个性化网络服务环境，为用户提供知识创新的基础平台。其中智能信息技术的智能信息处理技术、智能信息组织技术、智能信息集成技术、智能信息代理技术将实现信息内容的语义处理，它们成为实现数字图书馆向知识服务转型的技术支持。

（一）智能信息处理技术

　　信息层面，先是媒体，后是内容。媒体是指信息的载体，语音，图像、语言都是媒体承载的形式，也是信息的表示和表现形式。它们以不同的方式向人们传递信息，属外在层次，即物理层面。而媒体所表达和传递的语义，包括语法、修辞，词语、语境等，属于内在形式，即内容。

　　在媒体层面，智能信息处理技术可分解为媒体识别技术，分析技术，生成技术。媒体识别技术是智能信息处理的首要条件。信息分析技术主要是语音图像语言的分析，实质是涉及内容处理技术层面。生成技术包括语音生成，

技术图像生成，技术视频合成技术等。目前智能信息处理技术主要有四种，即语音处理技术（Speech technology）、图像处理技术（Image technology）、语言处理技术（Language technology）和知识处理技术（Knowledge technology），简称 SILK 技术。SILK 技术所处理的对象涵盖了当前计算机所能够接受的全部媒体类型。例如，图像处理技术，主要对象是图像色阶、色相，形状等物理特征，采用文本、色彩和基于形状的标引和分割技术；语音和视频处理，一般应用声音识别、言语识别和场景分割技术，识别音频流和视频流的意义描述符；语言处理技术主要是采用自动标引和自然语言处理技术，自动抽取文本中的关键词和关键短语。在内容层面，内容处理技术主要是语义处理，目前主要有数据挖掘和知识发现等。

另外，从应用角度讲，智能信息处理技术分为分类，检索、信息浓缩和萃取技术，其中分类技术包括归类和聚类，检索技术包括信息检索和网络搜索，信息浓缩技术主要是指信息摘要，萃取技术主要是对信息的关键内容进行抽取并归入数据库。从服务的角度讲，智能信息处理技术就是信息"推拉技术"，是数字图书馆知识服务的基础。数字图书馆收藏了海量信息媒体资源，要使这些信息资源发挥作用，就要依靠信息"推拉技术"。"推"就是主动推送服务，"拉"就是用户按自己所需主动寻求服务。

（二）智能信息组织技术

信息处理后，需要对信息进行多角度多层面的组织。目前，信息组织方法主要有元数据（metadata）、可扩展标记语言（XML）、资源描述框架（RDF）、本体（Ontology）等，它们与计算机智能技术结合起来构成了智能信息组织技术。

1.元数据是数据的数据

是一种对数据外在特征进行组织的技术。元数据并不是一个全新的概念，在图书馆领域早已使用。在图书馆与信息界，元数据被定义为：提供关于信息资源或数据的一种结构化的数据，是对信息资源的结构化的描述。其作用为：描述信息资源或数据本身的特征和属性，规定数字化信息的组织，具有定位，发现、证明，评估，选择等功能。通过使用这些元数据，能够有效提高系统存储，检索和移动数据的能力，进而有效地管理和维护数据。用户也可以利用元数据，快速准确全面的了解数据并检索到自己所需的数据。

2.可扩展标记语言是一种标记语言

表示数据的内容和结构，定义了文档的词法、语法和部分语义。使用XML，可以使所有的资源都具有相同的文件格式，人们便可以方便地查找和使用各种信息资源。同时，XML为描述数据和交换数据提供了一个有效的手段。

3.资源描述框架描述了Web上的资源及其类型

即资源的描述框架。XML和RDF都是信息资源的格式描述，实现了信息资源的交互，同时也提高了信息检索和使用效率。

4.本体是从哲学领域借鉴的一个概念

即存在，现被广泛应用于知识工程领域。知识工程领域的Ontology表示"概念模型的明确的规范说明"，是知识库的核心部分，是体系、术语、限制规则形式和关系，构成实际上在人的大脑里就存在着认知结构和概念体系。人们正是利用大脑里的Ontology来进行信息组织。在数字图书馆知识服务中，人们通过描述各种资源之间的联系、定义各种规范、建立概念模型来建立馆藏资源的Ontology，进一步进行自动分类和聚类等信息组织，引导知识获取，从而进行逻辑推理，有效地提高系统的速度和可靠性，实现最深层次的语义理解。

（三）智能信息集成技术

计算机和通信网络技术的结合产生了Internet，实现了计算机之间的物理连接。WWW技术的出现又将网络上所有的信息资源通过超链接实现了信息资源的共建共享，但他们都没有实现全部意义的语义层面的关联。近年来，语义网（the Semant 信息共享空间 Web）、Web Serv 信息共享空间 es、网格服务（Grid serv 信息共享空间 es）三个代表不同方向的网络技术的发展，使具有语义的未来一代的集成网络成为可能。

（1）语义网（The Semant，信息共享空间 Web）是当前万维网的扩展，实现了对网络信息资源语义层面的理解，metadata、XML、RDF、ontology都是其核心技术。Ontology 是 the Semant 信息共享空间 Web 的核心技术，是解决信息共享和交换的基础。

（2）Web Serv 信息共享空间 es 将 Internet 上分散的应用集成化，为在Internet 上不同操作系统、硬件平台和编程语言间集成应用软件提供支持、应用实现和信息发布。

（3）网格服务（Grid Serv 信息共享空间 es）是利用 Internet 把分散在不同地理位置的计算机组织成一台虚拟的超级计算机，实现信息资源、软件资源、通信资源等所有资源的全面连通和共享。在 Grid Serv 信息共享空间 es 中每一台参与的计算机就是一个节点，都可以提供服务。

总的看来，the Semant 信息共享空间 Web 使网络具有了语义，Web Serv 信息共享空间 es 实现了应用的集成，Grid serv 信息共享空间 es 将实现所有计算机的互联和资源共享。三种技术的进一步集成，将形成 the Semant 信息共享空间 Web/Crid serv 信息共享空间 es。如何将这三项技术结合起来为用户提供知识服务，还有待进一步深入研究。

（四）智能信息代理技术

智能信息代理是指收集信息或提供其他相关服务的程序，它不需要人的即时干预，即可定时完成所需功能。

利用智能信息代理技术能保证数字图书馆的网络信息资源建设，Internet 信息是数字图书馆资源建设的主要来源，但是网络信息的复杂性和不确定性带来网络信息过载、信息污染等问题。这些都是数字图书馆信息资源建设的障碍。利用智能信息代理技术的智能搜索引擎对 Internet 信息进行搜索、分析、过滤、优先分级和整合的方法，形成有自己特色的数字资源，开展有自己服务特色和个性化的信息服务。

利用智能信息代理技术可以对数字图书馆的信息数据库进行智能代理。智能信息代理能够连续监控信息数据库表的剩余空间并与预定义的阈值比较，如果自由空间低于阈值，智能信息代理往管理台发一个事件，这个事件的优先级别是警告，与这事件相关联的指令和预定义的校正和预防动作被提供给数据库操作员。由于数字图书馆结构复杂，规模较大，其数据库结构也必定是由分布在不同地域的多个数据库组成的分布式结构。如果采用逐机分散管理方式，势必造成管理效率低下，且容易出现不一致的地方。所以分布式数据库的集中式智能代理是一个较好的解决方案。

利用智能信息代理技术可以查找到自己所需的信息。数字图书馆在持续不断地进行网络信息资源建设的同时，用户可以更方便地利用智能信息代理技术检索馆藏特色资源，满足自己的信息需求。若数字图书馆内设有所需的信息资源，再上 Internet 去检索自己所需的网络信息，同时也可以把检索结果补充到数字图书馆中，成为馆藏信息资源建设的一部分。

数字图书馆利用智能信息代理技术为用户提供主动的、个性化信息服务。数字图书馆可以利用智能信息代理技术根据用户的爱好、兴趣、工作性质等设计个性化服务模块，建立"个人数字信息资源特色库"，设计智能型的用户服务界面（如用户检索界面），做好知识库（包括用户库、个人数字信息资源特色库等）的安全管理，处处为用户考虑，让用户满意，为用户提供优质的个性化信息服务。

利用智能信息代理开展用户培训和远程教育工作。用户培训和教育也是数字图书馆的一项基本职能，数字图书馆在 Internet 上进行远程教育也成为目前一个热点。

随着计算机和网络技术的研究和发展，数字图书馆正在从基于信息的处理和简单的人机界面逐步向基于知识的处理和广泛的机器之间的理解发展，从而使人们能够利用计算机和网络更大范围地拓展智力活动的能力，智能信息代理技术在数字图书馆领域中有非常广阔的应用前景，发展潜力是巨大的，要真正实现两者结合的各项优势，还有待在机器学习、相关度分析等方面进行逐渐的研究和改进。

三、数字图书馆向知识服务转型对智能信息技术发展的促进作用

数字图书馆知识服务的关键是智能信息技术，其目标是知识服务。当前计算机的智慧还处在较低水平，不具备人类的判断、推理，思考，决策等思维，因此智能信息技术还存在很多问题有待于进一步研究和发展。数字图书馆的发展要求智能信息技术的进步与完善，两者相互协调、相互促进。

（一）数字图书馆向知识服务转型对智能信息处理技术提出需求动力

数字图书馆知识服务取决于智能信息技术的发展和应用，所以数字图书馆知识服务的实现有赖于智能信息技术的发展和应用。数字图书馆向知识服务转型将海量的信息资源数字化使其转变为计算机能够接受的0、1系统，但这些数字化资源规模庞大并且呈无序状分布在网络上，单靠人工完成这些大规模数字化资源的有序化，将是一项不可想象的长期浩大的工程，当然也是不可能实现的。计算机的全部运算行为都集中在0、1系统的基础之上，智能信息技术的研究和发展也是基于计算机的0、1系统上。因此，海量无

序的数字化资源还要依靠智能信息技术将数字化资源从无序转变为有序，实现数字化资源的有序化，为知识服务提供基础条件。因此，数字图书馆向知识服务转型，对智能信息技术发展提出了最为现实的需求。

（二）数字图书馆向知识服务转型为智能信息技术提供了大规模参照测试数据

人类的智能是一个复杂的发展过程，同样，计算机模拟人类的智能需要一个漫长的过程，智能信息技术的研究与实践、数据的提供是基础，没有数字化的数据，根本谈不上智能信息技术的研究。智能信息技术的发展是面向实际需求的，应该以真实数据为基础。因此，真实数据对研究智能信息技术是非常重要的。只有参照真实数据开展研究，才能确保智能信息技术沿着正确的轨道发展。当前，数字图书馆向知识服务转型将人类感知世界里的语音，图像、语言等媒体数字化，造就了大规模的真实数据。这些真实的已经数字化的数据为智能信息技术的发展提供了大规模参照数据。同时，数字化资源为智能信息技术提供了大规模参照测试数据。智能信息技术是参照大规模真实数据进行研究开发的，它的一个重要目标是使计算机具有人类的智能，帮助人类解决实际生产和生活中的问题。因此，智能信息技术的测试也要建立在真实数据的基础上，数字图书馆大量的数字化资源正好满足了测试的需求，为智能信息技术提供了大规模参照测试数据。

（三）数字图书馆向知识服务转型为智能信息技术的发展提供了应用的环境

智能信息技术是以人为本的，人类的作用是不容忽视的。人通过与具有一定智能的计算机协作，一方面促进了人类自身的知识创新能力的提高，另一方面计算机通过符号学习、功能扩展等，实现计算机智能的提高。数字图书馆向知识服务转型，正提供了一个智能信息技术的发展的良好途径。在数字图书馆向知识服务的转型中，人与计算机进行大量的信息交流，智能信息技术正是这种交流的重要接口技术。人们通过开放的智能的工具，包括各种获取信息和处理信息的工具，如检索和导航、数字化和格式转换（OCR、语音识别、PDF 转化为 Text）、自动分类、自动生成链接，包括分析文献引文和建立引文链接等等，完成知识服务的各种内涵和外延。同时，人们又必须基于现有智能信息技术，在开放的智能工具的基础上创新并增加新的功能，如系统管理、Ontology 的创建、建立用户界面等，这在一定程度上提高了机器的智能。计算机利用已经具备的智能对用户的创新行为，在数字图书馆知识服务这一应用环境中进行学习，从而不断提高计算机自身的智能，促进智能信息技术的发展。

知识服务是数字图书馆的高级发展形态。限于当前智能信息技术水平还较低，实现对信息资源语义层面的理解还有一定的困难，初级阶段的数字图书馆还不能提供全部意义的知识服务，数字图书馆向知识服务转型还需要一个漫长的过程。可以肯定的是，随着智能信息技术的发展与完善，数字图书馆的知识服务将会取得更大地进展，它所提供的知识服务将更接近人类的高层认知系统和智能。

第八章 数字图书馆服务人员管理创新

第一节 数字图书馆人力资源信息素养概述

人力资源，即数字图书馆的专业人员、管理人员及后续储备人才，是建设数字图书馆的关键。传统图书馆时代的工作人员的工作基本模式是人与书的结合，或者说是以书为媒介与读者的结合，也就是人与人的结合；而数字图书馆时代图书馆员工作的基本模式是人与计算机的结合，也就是所谓的"人机结合"，工作人员得通过计算机和计算机通信网络来获取或提供信息服务。

因此，数字时代图书馆员既要有扎实的传统图书馆学知识，又要兼备计算机技术、网络技术、通信技术知识，并要通晓知识产权（版权）保护和网络安全维护知识，即是通才、复合型的人才。

一、人力资源信息素养的现状

电脑图书馆管理员、网络技术人员是 21 世纪头 10 年将问世的 10 种兴起职业中的两种稀缺人才。而在我国由于图书馆数字化起步较晚，计算机在全社会普及率不很高。目前，各类高校特别是地方高校图书馆尚处于传统的馆藏、借阅工作模式，普遍存在着工作人员中的"两多"和"两少"现象，即低学历者多，非图书馆专业毕业者多；图书馆学专业者少，懂信息技术者更少。

因此，图书馆要实施数字化建设，首先要解决人力资源这条"短腿"问题，必须注重对现有人员的信息素养培养，突出图书馆信息技术、网络技术的专业教育，使之紧跟信息化的发展步伐。

二、人力资源信息素养概念与培养标准的界定

以计算机技术和网络技术为核心的现代信息技术改变了图书馆工作的传统方式，使图书馆的现代化发展进入了一个新的时期。由于数字时代的到来，人类对信息的贮存、传递、获取的能力和条件得到了空前的提高，同时信息的重要性也受到了从未有过的重视。多种信息技术的发展给图书馆带来了巨大变革，特别是在计算机技术不断进步的网络时代，我国在建设数字图书馆的同时，也为图书馆的数字化改造、信息化发展和网络化管理做好人力资源的准备。素养是指一个人在禀赋的基础上，经过社会环境和教育的影响，获得完善的较稳定且经常起作用的基本品质成分，信息素养是指通过学校教育和自我教育所形成的个体在信息的获取、分析、处理、发布和应用等方面的教养和修养，完整的信息素养包括三个层面，即知识层面的信息知识、意识层面的信息意识、技术层面的信息技能。

信息素养的含义目前国内外尚无统一标准，1998 年全美图书馆协会和美国教育传播与技术协会在《信息能力：创建学习的伙伴》一书中，从信息素养，独立学习和社会责任三个方面提出了学生学习的九条信息素养标准，2004 年清华大学计算机学会在计算机基础教育改革纲要中，从技术的角度，人们把计算机作为现代智能工具来使用，从教育的角度，要通过计算机知识的学习和应用，培养信息素养，并为信息意识、信息知识、信息能力三个方面提出信息素养的标准。

这些标准的讨论，由于存在着不同时间、不同空间、不同人等多个维度的差异，因此对信息素养的描述差异也较大，对信息素养的任何单一角度的描述都会带上人与时空交汇的烙印，也都有其不可忽视的积极意义和不可避免的局限性。因此，网络环境下的信息素养是应该具有整体性，信息素养应该是一个动态变化的概念，具有发展性；信息素养表现在人的不同方面，应该具有层次性，这就要求全方位地建设网络环境下的信息素养培养策略，使其具有整体性、发展性和层次性。

三、信息素养培养策略

在信息素养培养标准的分析过程中，如果从技术角度看，信息素养应定位在信息处理；如果从心理学角度看，信息素养应定位在信息问题解决；如果从社会学角度看，信息素养应定位在信息交流；如果从文化学角度看，

信息素养应定位在信息文化的多重建构能力。如何提高在图书馆人力资源信息素养，已经成为数字图书馆发展中最突出的焦点问题。

（一）理解图书馆人力资源信息素养培养的理念

图书馆集信息资源、信息检索、信息网络、信息人才和信息教学等多方面优势于一体，理应成为信息素养教育的主要承担者和重要场所。充分利用资源优势，人才优势和环境优势，以丰富多彩的形式对图书馆人力资源进行信息素养教育，这也应该成为图书馆今后的工作重点之一。

1.人力资源信息素养的培养取决于图书馆工作的创新与发展

图书馆应该以培养具有较高人力资源信息素养的员工为己任。因此，在做好图书馆信息资源建设和信息服务的同时还应该把培养人力资源的信息素养作为工作中的重点。图书馆工作的创新与发展决定着培养人才的质量，图书馆的工作思路以及工作模式对创新人才的培养有着其他环节不可替代的影响。

2.人力资源信息素养的培养取决于图书馆工作质量

信息时代的图书馆员不再是单纯的文献信息的"二传手"，而是信息素养教育的"启蒙老师"，信息世界遨游的"导航员"。图书馆员是从事信息的识别、收集、分析综合以及评价等工作的，因此，图书馆员首先要提高自身的信息素养，这包括计算机应用能力、外语能力、一定的专业知识，以及自我学习的能力。对于教授用户在"信息海洋"中遨游的"游泳"术，既制定正确的检索策略，找到正确的方法和解决问题的切入点，以便使用户能够在今后的终身学习和创新活动中受益。

（二）改革图书馆人力资源信息素养的教育模式和方法

培养创新型人才是一项系统工程，图书馆是信息的集散地，是信息素养教育的重要实验场所，因而，图书馆人力资源信息素养的教育在培养创新型人才过程中起着至关重要的作用。

1.图书馆人力资源信息素养的教育模式

图书馆人力资源信息素养的教育首先应该在学校的统一规划下联合各相关单位建立一套行之有效的教学理念、方法和评价体系；其次应该将信息素养教育渗透每一个环节，渗透每一次细微的信息服务中。

2. 图书馆信息素养教育的方法

（1）为每一个图书馆的员工上好信息素养教育的第一课。应该将"怎样利用图书馆"，在信息时代应该将其内容拓展为"怎样利用信息资源"。

（2）教会图书馆人力资源最大限度地利用互联网。在信息技术如此发达的今天，互联网给我们提供了更加丰富和广阔的信息资源空间。应该明白，除了图书馆之外，还有多种获取知识的途径。如学会有效的利用搜索引擎、学会有效的利用专业数据库。让图书馆人员能够了解各学科信息的类别与类型；了解各学科常用的信息源与检索策略；能够对各学科文献的内容做出有效的评价；能够对各学科文献中举出的证据、例子的有效性做出判断等。

（3）在信息服务和信息咨询的工作中培养读者的信息素养。

（三）建立科学的培养图书馆人力资源信息素养的管理机制

当前图书馆的人才资源开发工作，关键是要建立科学的管理机制，把传统的人事管理调整到整体性人才资源开发上来，合理配置人才资源。图书馆人力资源管理既需要人性的管理，更需要一种制度化的管理即理性管理。

1. 建立竞争机制

建立竞争机制是在市场经济条件下对人才任用的本质的要求。通过公开、公平竞争、择优选拔人才，使能者上、庸者让、混者下。人才是在竞争中逐步成长起来的，真金不怕火炼，有真才实学的人才是不怕竞争的。因此，建立竞争机制，可以使一些平时工作埋头苦干、有真才实学的人才脱颖而出，受到重用；可以在图书馆形成比、学、赶、帮、超的竞争局面，促使图书馆早出人才和成果，充分发挥各类人才的积极性和创造性，开创图书馆工作的新局面。

2. 建立激励机制

建立科学的激励机制对于强化人的竞争意识、效率意识、信息意识、法制意识和独立自主意识，全面提高人的素质具有十分显著的作用。在图书馆鼓励什么、抑制什么，这是一种价值导向，也是一种心理导向和行为导向。奖勤罚懒、奖优罚劣是推行激励机制的一种必不可少的手段。图书馆对馆员的激励应采用物质激励与精神激励相结合的方法。科学的激励机制就是要充分体现按劳取酬、多劳多得的原则，形成利益机制和自我发展机制。

要研究"情商"，开发人的潜能，相信科学家们如下的论断：对人一生事业影响最大的是情商而不是智商。因此，要激发图书馆员工的光荣感、自豪感，要开展各种形式的业务竞赛，表扬和奖励勇于创新，取得成果的人，鼓励"冒尖"，形成你追我赶的风气。

（四）设置图书馆人力资源信息素养的继续教育目标

管理心理学的目标设置理论认为，达到目标是一种强有力的激励，是完成工作最直接的动机，也是提高激励水平的重要途径。图书馆人力资源素养培养的目标可以分为阶段性目标、具体的局部的目标等，只要注意个人的目标和群体目标的一致性，就能使每一个人清晰地意识到自己的发展方向，既可激发自己努力做好本职工作，又可满足一种成就感和体现自我价值的心理需求。对已经取得大专以上文凭的人员，根据需要再定向选修图书馆学专业的课程或定向选修某学科的主要课程，这样有利于改变图书馆员单一的知识结构。需要明确指出的是，21世纪的人才，应把计算机知识和外语作为两门必修课。图书馆的人员掌握计算机知识，精通或较为熟悉一两门外语。

（五）营造图书馆人力资源信息素养的成长环境

分配富有挑战性的工作，可避免使人安于现状；提供脱产进修的机会，能使人掌握系统的知识；鼓励出成果（包括著书立说、发表论文），能使个人的才智转变为社会财富，并增强一个人的成就感；建立良好的意见沟通渠道，可以使人在工作中获得多方面的情报信息，以利调整自己的行为；融洽人际间关系，营造集体团结合作的氛围，有利于保持良好的工作情绪和最佳的智力状态。

在为图书馆人力资源施展才能提供条件时，需要特别指出的是，对于他们应实施定向培养的方针，让每个人在定向之前最好能到各个业务部门去实践，不妨时间长一些，以考察他们的表现、了解他们的专长，然后将他们放在能发挥个人专长的工作岗位上。过去客观上因人手少，没有注意定向培养，也无法严格定向，如果要成为专才，则必须重视这个问题。一个人的兴趣和价值决定其行为的方向，而抱负水准则决定其行为达到什么程度。要帮助每个员工根据自己的特长选定个人成才的方向和目标，并检查督导实现。要相信人可以随着外加的要求而调整自己的眼光和目标，压力可以变成动力。可以用人员目标管理法将全馆总目标同个人成才目标结合起来，通过个人目标的实现达成全馆的管理目标。

古语说得好，"工欲善其事，必先利其器"，图书馆人员必定具有扎实的信息素养基础，图书馆和图书馆员应该为培养创新人才信息素养做出积极的努力和贡献。图书馆只有与时俱进，高度重视图书馆人力资源的信息素养培养，在图书馆在采购、分类、编目、流通、咨询、辅导等工作中，提高图书馆人力资源信息素养除具备传统图书馆的业务技能外还应熟练掌握外语、计算机等网络应用技术，还要使他们逐步具有网络管理、网络导航、网络咨询等方面的知识和技能，起到导航员作用，以适应图书馆发展的需要，为向数字图书馆迈进打下坚实的基础。

四、数字图书馆对馆员信息素养的要求

从数字图书馆特点中，可以看出时代需要新型图书馆员，数字图书馆对图书馆员的信息素养提出了具体的、更高的要求。

信息素养一词自从 20 世纪 90 年代传入我国以来，我国学者进行了大量研究，对它的解析有多种，比较具有代表性的定义是：一种可以通过教育所培养的，在信息社会中获取信息、利用信息、开发信息方面的修养与能力。它的主要内容是指信息意识、信息观念、信息知识，信息处理的各种能力或技能以及良好的信息道德。对图书馆来说，信息素养是一种对信息处理的实际技能和对信息进行筛选、鉴别和使用的能力。数字图书馆员应具备的信息素养主要体现在以下几个方面。

（一）良好的信息伦理道德

在当前信息爆炸的形势下，因特网上的信息纷繁复杂，浩瀚无边，信息污染相当严重。因此，图书馆员应树立正确的政治方向，具有科学的世界观和政治分辨能力，这样才能把握正确的方向，抵制信息垃圾。

（二）扎实的业务能力

数字图书馆的知识共享化和虚拟化要求图书馆员业务素质一定要过硬，要有一定的外语知识、较好的语言表达能力和计算机操作技能。英文在网络技术使用的各种软件及其网络资源上占有相当大的比例。由于信息服务工作的特点，文字工作在图书馆工作中仍占主体地位，馆员除了负责过滤、筛选网上信息以外，还要用准确、清晰，简明的文字来撰写各种信息评价，摘要，专题报告，综述、学术论文等，以便使新成果、新见解得以及时地交流与推广，进一步为广大用户提供高效的深层次服务。因此，馆员必须具备过硬的文字

表达能力。数字时代图书馆员使用的主要工具是计算机，馆员必须具备运用计算机从浩如烟海的网上资源中查找用户的特定需求信息的能力，不仅会检索，还应会运用计算机对各种文献信息进行深加工，开发二、三次文献信息资源，为用户提供增值服务，建成各种光盘、软盘、数据库、信息库等，能驾驭整个网络系统，出现一般故障能排除，保证整个网络系统安全稳定运行。

（三）主动的服务意识

数字图书馆的网络化服务，要求图书馆员从观念上改变过去那种"等人来借书"的被动服务意识，要有主动为读者提供服务的意识。即主动了解社会上对信息需求的变化，利用图书馆藏书丰厚、信息量大，又具有资源共享的优势，可以有偿服务的方式为用户提供收集、整理所需要的专题信息。这就需要图书馆员时刻关注社会对信息需求的变化，做出灵敏及时的反应，与有关单位建立长期的供给信息的关系，并主动上门服务，充分发挥信息导航员的作用，帮助用户在最短的时间内获得所需要的信息，使用户满意。

五、数字图书馆员信息素养的培养方式

信息技术的变革，数字图书馆的实现，推动着图书馆员的角色转换。尽管我们每个图书馆员的情况不尽相同，但只要我们勇于面对变革的挑战，采取积极的态度，努力适应新形势，不断完善自我，就一定可以在新的信息环境下，在新的角色扮演中，一如既往地完成所肩负的信息服务的历史重任，服务于整个社会。可从以下几个方面来培养和提高图书馆员的信息素养。

（一）开展继续教育，改善知识结构

作为数字图书馆发展诸要素中的主体因素的图书馆员，对数字图书馆的建设和发展起着至关重要的主导作用。图书馆员的信息意识、知识结构、专业技能、服务理念等综合素质的高低，直接影响着数字图书馆事业的建设和发展。继续教育已成为图书馆员信息素养提高的重要手段，作为个人，凡是有条件接受高等院校继续教育的，都不应该放弃机会，如图书馆专业的大学本科生、专科生可以读研究生或出国进修，以及参加各种短期、中期进修班。而作为图书馆，应积极鼓励和提倡员工继续教育，为馆员的再学习提供良好的环境和条件。就学习效果来说，脱产学习是继续教育的一种理想方式，但因客观原因的限制，常常实施难度大，但从图书馆长远发展角度看，每个图书馆都应当选拔优秀馆员攻读更高学位，以改善知识结构，从根本上提高

数字图书馆员的信息素养。

（二）图书馆员的专项培训

专项培训应针对馆员的工作岗位特点进行重点培训。如读者服务部应对信息反馈、信息处理、网络搜索工具等方面进行培训，流通部门应加强对数据库管理、网络安全、公共关系学、心理学等方面的学习，做到整体培训和专项培训相结合。整体培训是指每个馆员都应参加的培训，普及性很高，如计算机的基础知识、网络技术基本知识、外语知识。专项培训班则相对于要求某一方面知识水平较高的岗位。近年来，许多图书馆在这方面已做出了建设性的尝试，并取得了一定效果。

（三）采取岗位自学的形式

自学可以说陪伴人的一生，它是个人成才的一条重要途径。以图书馆的条件来说，在职自学是提高馆员信息素养的一种途径。图书馆员应认清形势，增加学习新知识，新技术的紧迫感，积极主动、锲而不舍地学习，在工作中不断积累经验，更快、更多地掌握信息知识，进一步为广大用户提供高效的深层次服务。

（四）在信息服务过程中与研究相结合，进一步提高馆员的信息素养

数字图书馆要求馆员能够对学科专业文献信息进行筛选、研究并撰写各种信息详介、摘要、专题报告、学术论文等，以便使新成果、新见解得到推广与交流，也为数字图书馆员拓展自我发展的天地提供了空间。因此，在信息服务过程中把自己的信息知识与学术研究有效地结合起来，是创新发展、提高自身素质的重要途径。

总之，数字图书馆是图书馆未来发展的必然趋势，图书馆员只有紧跟时代发展的步伐，加强学习，不断积累信息知识量，掌握新技术、新知识，才能履行好网络环境下数字图书馆馆员的新职责，扮演好信息中介人、信息顾问和网络专家的新角色，为用户提供数字化、网络化和个性化的服务，使数字图书馆的各项功能得以真正全面的实现。

第二节 新信息环境下图书馆人力资源管理创新

20 世纪 90 年代以来，随着信息技术和通信技术的飞速发展，互联网给图书馆带来了翻天覆地的变化，这可谓众所周知，有目共睹。随着信息技术的迅速发展，基于网络的新的信息环境正在形成。新信息环境的标志：以 e-Learming、e-Science、e-Business、e-Government 为代表的新的用户需求和信息行为；以 Wikipedia，Weblog 为代表的网络交流平台；以 Google Schol-ar、Google Print 为代表的新型信息服务机制；以 Open Access、Publ 信息共享空间 Access 为代表的新型学术交流模式等。图书馆的发展正面临着时代变革所带来的前所未有的挑战，现如今网络通信的发展模糊了地域和空间的概念，使信息传播渠道畅通无阻，从传统图书馆到数字图书馆，图书馆前进的每一步都越发与信息技术的进步和整个社会信息环境的变革相联系。但图书馆员作为知识和智力的载体在图书馆生存和发展中尤为重要，优秀的图书馆员是图书馆最重要的资源。图书馆事业要发展，要在新信息环境中发挥作用，搞好图书馆人力资源管理势在必行。

一、图书馆在新信息环境下的地位与作用

新信息环境下图书馆的地位正在发生变化，搜索引擎正在取代图书馆从前在知识交流链中的角色，成为连接出版发行商和信息用户的中介。新的知识供应链使得学者正在更多地依赖能更快速、更好地满足他们信息需求的搜索引擎，越来越多的人习惯于通过 Google、Yahoo 获取信息，而不再"麻烦"图书馆；一些出版商也开始寻找与搜索引擎提供商的合作，虽然新型知识发布交流模式还远没有定型，但传统图书馆已经开始越来越远离知识链的中心，被"边缘化"了，真正的挑战已经开始了。但同时，这个复杂的信息网络也给图书馆开辟了更为广阔的发展空间。特别是 20 世纪 90 年代末兴起的开放存取运动带来了新的学术知识出版和交流模式，也为图书馆伸张用户权利、发展公益服务提供了新的发展机遇：图书馆开始介入其供应链的上游领域——出版领域。显然为广大用户提供开放存取环境下的信息共享空间已经成为现代图书馆发展的必然趋势。

近现代图书馆一直将教育、学习和知识服务作为自己的基本职能，为所在社区提供了学习和获取信息的场所，图书馆已经被看作知识交流的中心。新信息环境中，现代信息技术不仅带来了获取、传递和利用信息的便利，也给信息的消费者（读者）带来了新的更高的信息需求。未来的社会生活将越来越多地依靠知识社区，而图书馆必须抓住机遇，保证继续发挥社区文化学术中心的作用。目前图书馆界广泛参与建设的数字图书馆被认为是知识环境下社会分享信息和知识的主要方式，是知识社区的重要组成部分。虽然数字图书馆的生存基础和发展模式与传统图书馆有很大不同，但在网络空间中，数字信息的生产、存储、传递和获取与传统图书馆的职能是一致的。知识社区是一种更高层次的知识组织和交流形式，将图书馆建设为未来的知识社区中心，目的仍然是有效地组织各种信息，在实践中更加强调以用户（读者）的兴趣和需求为中心，打破原有的物理意义上的社区概念，形成动态的、发展的新型虚拟知识社区，更好地为用户服务。

二、新信息环境下图书馆员的角色定位

信息时代不仅仅是依赖于先进的计算机网络技术和丰富的文献信息资源，更重要的是通过具有信息理念、专业知识、检索技能、网络技术的图书馆员做大量而又细致的工作来最终实现的。为此，图书馆员应发挥应有的作用，找准自己扮演的角色转换并准确地定位。新的信息环境下由于图书馆服务工作内容发生的变化，图书馆员将走出图书馆，真正融入用户信息环境并与之结合，彻底改变传统图书馆员的角色。从作为文献信息检索中间人，变为关注研究人员的信息搜寻者，在今天的数字化、网络化、信息化、知识化时代，图书馆员的核心能力必须重构，从文献服务和信息服务，转变为知识服务，这是今后对图书馆员能力的挑战。因此从现在起，就要有计划地对现有工作人员进行培训，使他们尽快掌握各类专业知识，熟悉国际互联网上的各项服务功能，便于科学处理信息追踪前沿、综合分析，具有从某专业数据库中提取信息资源，并进行鉴别、选择，然后进行加工的能力，既有做出有关目录和电子文摘、数据文件等可视资料的水平，又能提供更快、更省事、更符合用户需要的增值服务。只有具备了这些能力，图书馆员才能够从过去传统的信息传递员转换成为现代知识的挖掘者，也才能对信息进行深度加工。充分提示出隐藏在表面下的新问题、新趋向、新情况，提供给读者的信

息才有相当的知识内涵，才能够针对不同的读者全方位，多角度灵活选择各种信息资源，帮助读者得到可以利用的信息资源，以满足用户的信息需求，确保用户决策的准确性。

三、新信息环境下图书馆人力资源管理创新举措

（一）改革用人制度，实施人才租赁机制

解放思想，转变观念，改革图书馆用人制度。人才租赁对于高校图书馆来说还处于"萌芽"状态，没有被更多的人认识和理解，心存疑虑延缓了人才租赁在图书馆中的发展进程。因此，首先要解决认识问题，要坚持市场经济理论。在认识上突破传统的人事管理模式的局限，这是深化人才租赁工作的认识基础。人才租赁人员虽未被编制，但他们与图书馆的正式员工一起工作，便是图书馆人员的组成部分，他们的积极性、创造性必然影响到图书馆的全局工作。因此，应坚持以人为本，为他们提供良好的发展环境，激励他们立足岗位，做好工作。第一，被租赁人员本身易产生自卑心理，因此，在日常管理中，特别是劳动纪律、岗位培训、考核等方面，应与正式人员一视同仁，统一实施，不应产生歧视行为。第二，应为他们提供平等的晋升机会，允许他们参加高级专业技术职务和骨干岗位的竞聘，一旦被聘上岗则给予相应待遇，以激励他们立足岗位，做出成绩。第三，公正考核岗位工作业绩，并将其考核结果与岗位奖金的确定，续聘与中止合同挂钩，奖优罚劣，奖勤罚懒。第四，建立合理的薪酬增长机制等。总之，通过一系列管理措施的实施，达到在灵活的用人机制中求得人才的相对稳定的目的，使其"进得来、留得住、出得去"。

（二）倡导人本管理，健全岗位聘任考核和激励机制

在图书馆管理创新中，人不同于其他可以通过各种方法和制度加以管理和控制的资源课题，而是以独立意志性的主体存在的。我们应该彻底抛弃在图书馆管理现实中流于形式的"重视人""关心人"以及图书馆界对人本管理的传统观念，即做好人的思想工作以及比较模糊的激励机制。现阶段，图书馆管理的核心是如何创造性地发挥人的知识及其应用能力，最大限度地挖掘人的知识的生产、分配和使用。图书馆界完全有必要认真审视自己的管理理论，价值取向和图书馆事业发展宗旨，将馆员的知识再教育问题、人性化问题、调动馆员的积极性、主动性、创造性和推动人的全面发展等问题放

在管理的首位。

（三）优化人员结构，实行图书馆岗位迁移

新的信息环境下，图书馆工作人员的整体素质和知识结构面临着严峻的挑战。多年来图书馆工作人员的素质虽有很大提高，但也应看到对图书馆专业人才的重视还不够，专业队伍还存在着较严重的知识结构老化和学科结构失衡、掌握现代信息技术人才特别是计算机专业人才仍很缺乏等问题，难以适应图书馆发展的需要。努力培养既有深厚的图书馆学，信息学理论功底和实践经验，又有较高计算机应用技术水准和外语水平，能够科学管理图书馆的复合型人才是当务之急。新信息环境下图书馆要实行岗位迁移，将大量的图书馆员从资源采访加工、阵地服务中解脱出来，同时通过对外公开招聘，大量增加高素质的从事一线服务的图书馆员，以服务为核心配置人员队伍和力量。随着使用网络的用户日益增加，到馆读者逐渐减少，导致传统的采访、典藏、流通工作量减少，用户信息需求不断增加。图书馆开始突破围墙，跳出固定场所，主动接触用户，上门服务，摆脱了传统文献处理的限制，在信息的采集、加工、组织、控制、选择、传播过程中建立了辐射型的开放服务系统。从提供有限服务转化为面向公众用户，对用户开展个性化、多样化服务。如果图书馆的服务远离用户一线，不能主动地融入用户的日常过程之中，用户也将远离图书馆。因此，图书馆必须将自己的服务阵地前移，不是在后台，而是走到用户的身边。

（四）开发人力资源，构建核心人才继任机制

一个图书馆要想获得大的发展，就必须非常重视核心人才，拥有防范核心人才流失危机的能力。而建立核心人才继任机制是防范核心人才危机、提高图书馆核心竞争力的重要举措。核心人才继任机制的思路是：通过知识延续评估，找出本馆的核心竞争能力。培养核心人才的继任者，制定获得、转移核心知识的方法，真正实现对智力资本的掌控，降低核心员工流失的破坏性。核心人才继任机制的建立，将有助于实现核心员工独特能力从现任到继任的垂直转移。通过核心人才继任机制，图书馆不但留住了本馆的核心能力，也留住了本馆的核心人才。继任机制有助于将核心员工身上的核心知识技术，经验以及其他的专长沉淀在图书馆内部。通过知识管理和继任机制，图书馆的核心能力不再完全依赖某些核心员工，从而将核心人才危机造成的

损失降到最低限度。核心人才继任机制还有助于培养图书馆后备骨干，稳住优秀的年轻人才，使这些年轻人才看到晋升的希望，鼓舞图书馆员工的士气，提升员工的忠诚度。核心人才继任机制在为关键岗位选择培养继任者的同时，也可以为图书馆其他的岗位发现人才、培养人才和储备人才。

（五）整合人力资源，提升图书馆核心竞争力

图书馆的文献信息资源、人力资源、业务技术能力和创新能力、优质服务、图书馆文化都应当是图书馆核心竞争力的有机组成部分。显然，图书馆核心竞争力的关键是人，是各类专门人才汇集的团队。人力资源是图书馆核心竞争力的基础，图书馆的核心竞争力只有通过人的学习和创造才能获得，所以馆员的能力、整体素质与知识结构是图书馆核心竞争力得以形成的关键因素。要把人力资源作为图书馆制定自身发展战略、增强自身竞争力的第一资源，作为图书馆发展战略的支撑点，要强调在图书馆管理中人所独有的创造性、能动性和人的潜力的无限性，变被动管理为主动管理。目前我们正处在知识经济时代，随着信息产业的发展、虚拟网络的形成，信息服务领域不可避免地面对竞争，其实力最终决定于各自的核心竞争力。因此，在这种形式下图书馆要积极探索如何提升各自的核心竞争力，如建立公平、公开、公正、竞争择优的开发性人才选择机制，加快高层次人才选拔、配置和使用力度，优先选拔各类高层次人才担任学科、学术和技术带头人，并为之配置科研和工作团队；切实加快专业技术人才尤其是高级专业技术人才队伍建设，使尊重知识，尊重人才不停留在口头上，而是尽快纳入法制化轨道，以便用法律和制度保证其顺利实施，使人才在实践中顺利成长，在创新性工作中脱颖而出，创造更大效益，全面提升高校图书馆的核心竞争力。

综上所述，新信息环境下图书馆面临着前所未有的挑战，人力资源管理对一个图书馆来说具有极其重要的战略意义，只有充分重视图书馆活动的"人"，用以人为本的理念创新图书馆的服务与管理，才能促使图书馆事业得到快速、持久的发展。

第三节　数字图书馆人员绩效考核

一、绩效考核的含义

绩效考核具有悠久的历史，古今中外都有许多关于人员考核的记载，十六国时期，前秦皇帝苻坚召见高泰，问及治理国家的根本要点，高泰答曰："治本在得人，得人在慎举，慎举在核真，未有官得其人而国家不治者也"。可见古人对考核早就有深刻的认识，当今世界各国政府和企业对人员的绩效考核更是越来越重视。

绩效的含义非常广泛，对于绩效的理解没有简单的正确与错误之分。从一般意义上来讲，绩效既包括结论也包括行为，也就是说不仅看你做了什么，也要看你是怎么做的。优秀的绩效，不仅取决于做事的结果，还要取决于做这件事所拥有的行为或素质。即：结果（做什么）+ 行为（如何做）= 优秀绩效。

绩效考核就是按照事先确定好的标准，选择科学的考核方法，检查、考核、评定员工按其职务规定所应履行职责的具体完成情况，并以此确定其工作业绩的管理方法。

二、图书馆绩效考核的意义

（一）绩效管理有助于实现图书馆的业务目标

可以通过绩效管理将图书馆的整体业务目标分解到各个部门，再由各个部门按照一定程序分解到各个岗位的员工。也就是说图书馆业务目标的实现是由每个馆员的目标的实现来支持的。对每个馆员进行有效的绩效管理就可以推动图书馆整个业务目标的实现。

（二）有利于调动馆员的积极性

将绩效考核运用到工资体系、人员的甄选上，有利于调动馆员的积极性。将绩效考核的结果与图书馆馆员的工资、奖金进行挂钩，真正实现多劳多得，干好、干坏不同酬，可以在一定程度上调动馆员的工作积极性。通过绩效考核对馆员的过去表现进行评估，对未来的目标进行重新设定，也可以将考核出来的优秀的员工作为图书馆后备力量，作为人才进行储备，对馆员也是一种潜在的鼓励。对于那些有深造要求的，可对考核优秀的馆员有获得进修及访问的机会，还可以将其考核结果应用到图书馆员所关注其他方面。

（三）绩效管理帮助图书馆完成培训开发和人力资源规划

在绩效考核后，相关部门往往需要根据被考核者的绩效现状，结合被考核者个人发展愿望，与被考核者共同制定绩效改进计划和未来发展计划。人事部门则根据馆员绩效评价结果和面谈结果，设计整体的培训开发计划。

（四）绩效考核有助于馆员行为的改善、能力素质的提升

在绩效考核中，很重要的一个方面是对馆员的绩效评价，对馆员做得好的方面给予肯定，并指出存在的弱点和不足，辅以相应的奖惩措施，找出存在不足的原因，提出进一步完善的措施，达到馆员能力素质的提升。

三、图书馆实施人力资源绩效考核的具体方案

绩效考核是一个完整的系统，它包括绩效界定，绩效衡量以及绩效反馈等。借鉴国内外成功企业人力资源绩效管理的成熟经验，不断充实图书馆各岗位绩效考核的具体操作。这些操作涉及考核程序、考核标准、考核内容、考核方法以及考核结果的使用等方面。怎样规范图书馆的人力资源的绩效考核，又通过建立哪些机制来实现？下面设计了适用于图书馆人员绩效管理的考评程序、标准、内容和方法。

（一）考核程序

（1）组建各级岗位绩效考核评委会（部室主任、直属馆领导、馆领导等组成），并对考核责任人进行培训。

（2）考核信息的收集、统计与分析，应使用合理的绩效考核表格，在考核期内，从多个不同的信息来源（如部室主任、下属、本部门及业务相关部门同事、自我评价等）广泛采集绩效考核信息。

（3）严格对照岗位目标与职责任务确定考核等次，以书面形式反馈给有关员工，并在一定期限内受理员工本人的异议和申诉。

（4）绩效考核逐级面谈，并建立考核档案。分管馆领导与员工面谈时应指出其优缺点（成绩和不足）和努力方向，提高员工对绩效考核结果的认可、接受程度和满意度，增强员工改进绩效的主动性和积极性。

（二）考核标准

绩效考核标准是说明按照什么尺度对工作的哪些方面进行评价。因此，

标准的制定必须是基于工作而不是基于工作者，不能因做该项工作的人不同而设定不同的标准。制定标准应在有效工作分析的基础上，明确各部门各类岗位特征及其特殊要求，并将图书馆期望员工具备的工作态度、工作行为和预期结果传递给他们，使其与图书馆的总体价值观和发展理念以及目标的战略方向保持高度一致。具体来说标准的要求如下。

1. 标准要公开并且最好得到员工认同

公开的目的是让每个员工都明白自身的工作要求是什么，以按照考核标准来指导，激励自己，提高工作绩效。而且，标准的制定应主动吸收各岗位员工尤其是技术性较强的岗位员工和流通阅览一线员工参与，增强他们对绩效考核的认同感。

2. 标准要尽量符合馆情，明确、具体并且是可度量的

在制定绩效考核标准时，要从实际出发，避免盲目攀高或降格，将各项工作能够量化的尽可能地量化，赋予合理的数值指标（即量化管理），所定的标准可转化为具体行为，从而可区分出图书馆每个员工岗位绩效高低。

3. 标准要适度

考核标准的制定要切合实际。定得太高或太低，正如厂家生产的产品一样，质量标准并非越高越好，产品功能并非越全越好，关键在于标准要适应一定需要。制定的绩效标准既应有一定的压力，也应是在一定期限内经过相当努力可以达到的。

4. 标准要实现图书馆工作普遍性与特殊性的统一

绩效考核标准不仅要有图书馆职业共性的评价指标要求，而且要结合馆内各部门不同岗位（如专业技术岗位、管理岗位、普通服务岗位等）、不同专业技术职务（如高级、中级、初级等），确定不同的评价指标及权重。例如，对一般人员主要考核其完成工作的数量、质量、效益以及工作态度等；而对主管人员还要考核其部门目标的实现程度以及在计划、决策、指挥、激励、授权、培养人才、搞好梯队建设等方面的成绩。

（三）考核内容

绩效考核的主要内容包括以下几方面。

1. 图书馆全员自评

内容应与各类岗位职责和目标任务相一致，包括德、勤、能、绩四个方面。

重点考核工作实绩，以履行岗位职责，完成年度和考核期目标任务的实绩作为考核的主要内容。

德。包括是否参加政治学习、遵守校纪馆规、服从安排（能否接受临时性任务）情况，有无全局观念，是否讲公德、热心公益活动等。

勤。侧重考核工作态度。目标管理大师彼得·德鲁克曾言："态度决定一切"。涉及责任感、事业心，积极性、协作性、勤奋敬业精神和遵守劳动纪律情况等。主要包括迟到、早退、出勤率、脱岗、违纪违规率、工作态度、敬业精神、团结协作精神、业务技能、工作质量等。

能。重在工作过程的考核，着眼于"干什么""如何去干"，强调运用理论知识和获取新知识的能力、工作效率、分析问题和解决问题的能力以及兼任管理工作的组织、协调、综合、决策能力。

绩。绩的考核着眼于"干出了什么"，主要考核履行工作职责情况，完成工作任务的数量、质量、效率，取得成果的水平以及效益，等等。包括学术水平（论著、课题、报告）和工作成效。

2.对图书馆科级干部考评（由直属馆长考核）

内容包括如下方面。

工作态度。包括把工作放在第一位，努力工作；对新工作表现出积极态度；忠于职守，严守岗位；对部下的过失勇于承担责任。

业务工作。包括正确理解工作指标和方针，制订适当的实施计划；按照部下的能力、个性合理地分配工作；及时与有关部门进行必要的工作联系；在工作中始终保持协作态度，顺利推动工作。

监督管理。包括在人事关系方面，部下没有不满或怨言；善于放手让部下去工作，鼓励他们乐于协作的精神；十分注意工作场所的安全卫生和整理整顿工作；妥善处理工作中的失败和临时性追加的工作任务。指导协调。包括主动努力改善工作和提高效率；积极训练、教育部下，提高其业务技能和素质；注意进行目标管理，使工作协调进行。

审查报告。主要包括正确认识工作意义，努力取得好成绩；工作方法正确，时间与费用使用得合理有效；工作成绩达到预期目标或计划要求；工作总结准确真实，且有一定驾驭文字的能力。

3.图书馆工作人员考评（由部门主任考核）

内容包括包括如下。

工作态度。包括严格遵守工作制度，有效利用时间；对新工作持积极态度；忠于职守，严守岗位；以协作精神工作，协助上级配合同事。

受命准备。包括正确理解工作内容，制订适当的工作计划；不需上级的详细指示和指导；及时与同事及协作者取得联系，使工作顺利进行；迅速、恰当地处理工作中的失败及临时追加的任务。

业务工作。包括以主人翁精神与同事同心协力努力工作；正确认识工作目的，正确处理业务；积极努力改善工作方法；不打乱工作秩序；不妨碍他人工作。

工作效率。包括工作速度快，不误工期；业务处理得当，经常保持良好成绩；工作方法合理，时间和经费的使用十分有效；工作中没有半途而废、不了了之和造成后遗症的现象。

工作成果。包括工作成果达到预期目的或计划要求；及时整理工作成果，为以后的工作创造条件；工作总结和汇报准确真实；工作中熟练程度和技能提高较快。

将每项考核内容尽可能地量化。对定性指标要注重运用模糊评判方法，建立数学模型将其转化为量化指标，实现数字管理。量化的具体分值，可设"优秀14分，良好12分，中等10分，合格8分，差6分"五个评定尺度。针对个人情况，对部主任考核前两项，对职工考核一、三项。然后，对每个人的"自评分数"和"考评分数"分别乘以权重系数30%和70%，以示区别。最后，全馆每个人经过考核都有一个分值。

（四）考核方法

考核方法有多种，但无论采用何种方式，都应以事实为依据，注重实效，简便易行，宜于操作。

1.从考核对象上分，有个别考核与集体考核

绩效考核必须对照岗位职责和目标任务进行。既要对个人履行岗位职责情况进行考核，也要对部室进行业绩考核，甚至对高职称岗位人员要求做述职报告。通过对任务完成和目标执行情况的考核评估，使各部室与图书馆均能及时得到各种反映工作情况和工作业绩考核的数据信息，为管理者进一

步决策提供依据。

2.从考核时间上分，有平时考核与年终考核、定期考核与不定期考核

要特别注重平时考核，加大平时考核的监控力度，及时奖励先进鞭策后进，甚至还可在图书馆主页上实行考核公示制度。

3.从考核信息获取渠道上分，有职工自评、互评、读者评价、专家评价、领导评价

多渠道的信息使得绩效考核更为准确可靠。绩效考核要摆正管理者与职工以及与其他服务对象的关系，理性分析职工和读者的反馈意见。

四、绩效考核结果的使用

根据人力资源管理的预期理论，推动人们努力工作的动机是由各种回报（如金钱、认同感、平等感等）预期触发的。如果努力会带来成就，成就又会带来预期的回报，那么人们就会由此得到满足并被激励再次行动。职工的报酬与其所承担的职责、做出的贡献是相联系的。只要职工达到了考核标准，就说明他已完成了自己的职责，就应当给予他相应的报酬。施行全员、全方位的考核后，针对考核结果分成几个不同的等次，薪酬的分配也应与考核等次挂钩，考核与薪酬分配相结合，才能达到激励的目的，从而调动职工积极性。

第一，考核结果应具有权威性。考核结果是否正确、合理，其可信度如何，关系到职工岗位工作的成效。因此，考核结果要公开接受监督，避免人为因素，要建立一套申诉制度和程序，尽一切可能增强绩效考核的信度、效度和可接受性。

第二，考核结果应作为调配、培训，调资、职务升降、奖惩的重要依据要突出考核结果的权重，将职工报酬与之挂钩，体现多劳多得的原则，唯有如此才能留住和吸引优秀人才从事图书馆事业，维护图书馆行业的自信心。据了解，国外图书馆馆员在经过严格的考核后，便会享有相应的待遇，使其社会地位处于社会各行业的中上层，而国内高校图书馆馆员的地位始终处于低而不上的情况，这一点正是人员绩效考核等管理机制与薪酬分配脱节所致。在图书馆人事管理中，要做出一个公正合理的绩效考核结果，不仅需要选择一个适当的方式，按科学的程序来进行，考核的标准也要尽可能准确、明了，还要选择正确的考核方法和适当的考核时间，这样才能控制影响绩效

考核的因素，分析产生误差的原因，以保证绩效考核做到恰如其分和公正合理。唯有管理工作做得好，图书馆工作才能适应信息时代的要求步入良性循环的轨道。

第四节 数字图书馆的团队组织

20世纪90年代以来，由于信息和知识在组织中所起的作用越来越受到社会各界的重视，"团队"成为管理理论研究和实践的热点。图书馆作为主要的文献信息聚集之地，要极大地强化信息的组织和传输功能，要具有先进的团队管理意识，以适应知识经济时代的需要，最大限度地发挥自身潜力，更好地为读者和社会提供高质量的服务。

一、图书馆团队组织概述

团队建设是20世纪90年代以来最有效的组织创新。为了适应当今经济、社会环境的变化，越来越多的组织已经由团队建设来代替原来的等级结构和正式系统，它在沟通与提高效率方面发挥了越来越重要的作用。

（一）图书馆团队组织概念

团队是指致力于共同目的和工作目标，具有互补性技能，彼此互相负责的工作群体。它与一般群体的区别在于，团队有一个共同的目标，其成员的行为相互依存相互影响，并且能很好地合作，以追求集体的成功。团队组织是以任务为导向的，开放的、有机的、弹性的组织模式。有机的、弹性的组织机构是指重视组织内部平行与横向协调，工作分配和个人职务具有弹性，组织成员具有整体系统观，个人对组织的影响力主要取决于其知识和能力，而非职务大小。图书馆团队组织是指图书馆主要依照信息组织和信息服务的活动范围，有机地建立能够整体协作、共同完成信息服务这一核心目标的，职能交叉的各种任务团队，这种以团队为基础而设计的组织是一个复合的网络化组织。

图书馆团队组织与传统职能部门化层级式组织结构的本质区别体现在组织目标的不同、决策权的转移、促进知识交流和创新的能力、协调机制的转变四个方面。知识管理以人为中心，以信息为基础，以知识创新为目标。设计团队组织，就是为了适应未来图书馆以提供知识服务为核心而非以馆藏管理为核心的组织目标，通过团队这种形式建立一种创新、交流、学习和应用知识，传播知识的环境与激励机制，让团队成员参与设计团队的全部工作并开展知识个体相互弥补的相关任务，决策权由馆领导独占转移到团队主导的自我管理和自我控制，馆领导的工作主要是指导、协调和创造支持性的组织环境，协调机制从上级层层协调转变到团队间、同事间的主动协调，改变以往部门间各自为阵、难以联系和协调的局面。

（二）图书馆团队组织的特点

图书馆团队组织与以往的组织模式相比较，具有这样一些显著的特点：整个组织只有一个中心，即用集体力量为用户提供集中的、满意的信息服务；项目团队间职能交叉、并行工作，形成复合的以任务为中心的网络化组织。因此，团队组织打破了传统以职能部门为基础的等级层次组织结构；以人为本管理，以团队精神为凝聚力。强调组织成员之间的相互尊重，信任、合作、交流以及工作上的相互弥补，形成成员强烈的，积极的归属感和团队自豪感；组织管理上，以团队的自我指导、自我管理的民主管理为特征，摆脱了传统图书馆严密控制的管理方式；团队响应任务具有灵活性。一个项目团队以适应服务任务的需要而增设，撤销或转向拓展新的任务领域。项目团队面向任务和过程，发挥协同优势迅速对用户需求作出响应；职位和岗位具有可变性。团队成员要求具有多项技能，因而，职位也依据是否具备指导团队工作的能力和是否适合新岗位的要求而变动。图书馆团队组织也存在其自身的冲突，这些冲突包括：团队成员存在教育、文化和社会观点的差异，可能导致彼此不能理解，直接影响团队力量的有效发挥；团队间的协作有一定的压力，团队间可能存在这样或那样的资源争夺；团队成员自我管理的能力具有差异性；团队会议可能因组织不善而达不到预期的效果。

指导团队解决冲突的有效管理方针有：允许人们选择加入一个最适合他们的要求的团队；提供一个共识和指导；成员选择工作和任务要求符合他们的目标和兴趣；激发理性上的理解、情绪感受、愿意冒险和创新的勇气；尽量避免并协调团队间发生资源的争夺；选拔适合的人才来引导团队工作。

（三）图书馆团队组织的运作模式

图书馆团队组织的活力在于团队内部有效的运作模式。内部运作依据工作设想提出个体协作，取得授权，研究探讨，用户反映，调整或修改工作设想的循环方式来展开。团队成员在会议上相互交流、公开讨论不同的设想，从而把问题往深层次挖掘并得到创造性的解决办法。目标共识的形成使得团队成员有效的合作成为可能，在取得馆领导的授权和支持下，以不断研究和相互探讨的方式引导工作往深层次拓展。同时，引导用户参与工作，根据用户反映和用户需求变化调整或修改方案，并要求其他相关的任务团队做出及时的响应和转变。这种以服务目标为导向的动态模式赋予了团队适应用户需求变化的创新能力。

二、实行团队管理的必要性分析

（一）实行团队管理可创建人性化的环境

实行团队管理可创建人性化的环境，满足图书馆员个性化的需求。随着社会的进步以及知识型员工的增加，人们需要满足各自的安全、地位以及自我实现等需求，人性需求表现的变化要求组织进行相应的变革。"团队"这种新型的组织形态正是为了适应这种环境而产生的。因此，在图书馆中实行团队管理，能够在馆员个性需求的满足方面取得令人满意的结果。

（二）实行团队管理可增强图书馆的适应性

传统的图书馆组织形式无法解决对环境迅速变化的适应性问题。现代图书馆在开展导读、定题服务及服务态度等方面大多不尽如人意，而在读者满意度成为图书馆工作效果关键指标的今天，图书馆必须在服务速度、服务内容、服务方式等方面做得更快、更个性化，这就要求图书馆与读者之间多点接触，而且每个触点都能对读者需求做出完整的反应，并给读者提供综合解决方案，这样的触点不可能是个人，也不可能是只具有单一功能的某一部门，必须是集各部门功能于一体的。围绕信息服务，信息产品开发等组建的项目或产品开发团队，服务团队都能大大增强图书馆的适应能力。

（三）实行团队管理可提高图书馆的工作绩效

在团队管理中，把一些决策权下放给团队，能使组织在作出决策方面具有更大的灵活性。团队成员对与工作相关的问题常常要比管理者知道得更多，并且离这些问题也更近。因此，相比于以个体为基础的工作设计来说，采用团队形式，决策常常更迅速得多。这表明，团队是一种高效机制，通过增强协作程度，能产生很强的核心能力，同样，由风格各异的个体组成的团队所做出的决策要比单个个体的决策更有创意，同时，团队的学习能力以及创新能力远远大于传统的组织形式，这种能力是现代图书馆在竞争激烈的市场环境中获取持续竞争优势的重要因素。

（四）实行团队管理可促进图书馆的转型

团队最重要的作用就在于它可以改变传统图书馆的运作基础以及运作方法，以满足读者对图书馆的要求。目前，团队的重要作用已经得到了社会各界的认可，并逐渐开始广泛使用。团队管理可最终改变传统图书馆运行的基础，并促进传统图书馆的转型。

（五）实行团队管理可协调图书馆的人际关系，创造团结精神

现代图书馆为了确定并实现发展新目标，以团队方式开展工作，并用一定的规范协调人们的行为和相互关系，形成一个有战斗力的健康团队，以完成社会赋予图书馆的任务，可促进图书馆员之间的合作并提高图书馆员的士气，还可创造一种增加工作满意度的氛围。

（六）实行团队管理使图书馆管理层有时间进行战略性的思考

采用团队形式，尤其是自我管理工作团队形式，使管理者可以脱身去做更多的战略规划。当工作以个体为基础设计时，管理者往往要花去大量时间监督他们的下属和解决下属出现的问题，而很少有时间进行战略思考。运用工作团队，则能让管理者把精力转而主要集中在诸如图书馆长期发展计划的重大问题上来。

三、图书馆团队建设的类型

（一）决策团队

决策团队通常可以涵盖不同阶层和不同部门的成员，也可以经过授权担负起管理其他团队的职责。其主要职责是指出组织所面临的最大问题和机会，发展组织的政策和方向，建立组织目标，形成组织计划和计划完成进度表，合理配置所需要的资源，监督计划的执行情况并进行考核。例如，我们可以在图书馆高层管理者的基础上，吸纳学校其他单位的成员组成一个决策团队，以解决图书馆发展的外部环境和必要条件。

（二）自我管理团队

自我管理团队可以在从事书刊借阅的工作部门中组建，由其成员合作处理日常事务并对自己的整个工作流程负责。团队经过授权可以担负管理和领导责任，团队成员充分发扬民主，共同决策，并轮流担负起领导职责。团

队成员接受多种技能的训练，以便工作岗位的交流和轮换。

（三）虚拟团队

虚拟团队是指以计算机网络为支撑，致力于建立有联系的、动态的、分散的综合体。虚拟团队打破了传统的界限，虽然团队成员来源分布广泛，但也能够充分获取各个渠道的知识和信息，沟通灵活迅速，从而获得成本、人才、信息、竞争和效率优势。例如在图书馆的图书采购中，可以组成由图书馆采购人员、供应商和读者组成的虚拟团队，以保证以最低成本采购到读者需要的多品种、高质量的图书资料。

（四）特殊任务团队

特殊任务团队是通过运用临时性的解决问题小组来执行特殊任务，其成员通常来自不同的工作领域并相互间协调工作。团队的主要职责是通过调查研究，集思广益，厘清组织的问题、忧虑与机会并拟出策略计划。

四、图书馆实施团队管理的具体措施

（一）从非正式组织入手，培养员工协作精神

任何一个组织，在正式的组织结构之外，都会形成或大或小、或明显或隐蔽的非正式组织，因为非正式组织的形成非常自然，所以只要不危害正式组织的利益，领导者对其是不加干涉的，但非正式组织的存在却可以为馆长组建团队提供人群基础。在组建团队之初，团队成员需要一个互相熟悉和磨合的过程，在这期间，可能会有成员不适应团队组织，也可能会有团队之间的人员变动，这都是正常的现象。关键的问题是在团队磨合期，图书馆领导应尽力培养团队成员的协作精神。例如，搞一些有一定挑战性的任务，观察团队中每个人的角色，了解每个人的特点，以便在下一个任务时恰切地分配任务。

（二）合理授权

图书馆内部职责划分过细，每个人又都只在自己的职责范围内活动，很多问题都不能从全局的角度得到解决，团队授权为工作的安排开辟了一条新的思路。整个团队的所有成员都要对最后的结果负责。因此，团队成员之间要以最佳的方式来分配工作。团队授权要想获得成功，管理层就必须放弃对过程的控制，团队授权还要求团队成员之间要学会互相补位，这时员工在组织内部的事业发展道路就与在传统情况下有所不同。例如，组建一个图书

馆信息服务团队，馆长应赋予其自主管理，自主制定计划、工作方法、人员配备等权力。

（三）建立适应团队的绩效评估与奖酬体系

传统的以个人导向为基础的评估与奖酬体系必须有所变革，才能充分、确切地衡量团队绩效。个人绩效评估，固定小时工资、个人激励等与高绩效团队的开发是不一致的。因此，除了根据个体的贡献进行评估和奖励之外，管理人员还应考虑以群体为基础进行绩效评估、利润分享、小群体激励及其他方面的变革，来强化团队的奋进精神。图书馆的奖酬体系应有所变革，以鼓励员工共同合作，而不是增强员工之间的竞争气氛、组织中的晋升、加薪和其他形式的认可，应该给予那些善于在团队中与其他成员合作共事的个人，这并不意味着忽视个人贡献，而是使那些对团体做出无私贡献的个人得到其应有的报酬。应该给予奖励的员工行为很多，如帮助指导新同事、与团队成员共享信息、帮助解决团队冲突、主动掌握那些团队需要的新技能等。

（四）图书馆团队组织的领导

尽管团队组织的内部关系是人人平等的，但是不能没有领导，团队需要决定的问题，如：如何安排工作日程，需要开发什么技能，如何解决冲突，如何作出和修改决策，决定成员具体的工作任务，并使工作任务适应团队成员个人的技能水平。所有这些，都需要团队的领导发挥作用。团队领导的特点是建立信任并激发团队合作；辅导并支持团队做决策；开拓团队才能；建立团队认同感；充分利用成员差异；预知并影响变革。团队领导主要是促进团队健康成长，为成员创造表现机会，当成员需要帮助和支持时会全力帮助。

第五节 图书馆管理制度创新

一、学科馆员制度

参考咨询服务是图书馆信息服务的重中之重。深层次咨询服务的开展离不开图书馆员的参与，它是联系用户与服务产品关系的纽带。"学科馆员"制度的建立正是图书馆努力提高馆员服务水平和技能，贯彻全心全意为用户服务宗旨的一项新服务模式。因此，学科馆员制度的建立和发展有其必然性和重要意义。

（一）学科馆员制度在我国的推行

学科馆员是对专门为某一专业领域用户提供综合性文献信息服务的图书馆员的称呼，而为此项服务采取的一系列规范措施，则称之为学科馆员制度。它不仅是一种新的服务模式，也是图书馆管理上的一种创新行为。如今，相当一部分图书馆尤其是高校图书馆都开始实行学科馆员制度。只是有些对"学科馆员"的称谓不是很一致，但在制度中规范了学科馆员的素质要求和工作职责，采取多种措施，逐步改变图书馆工作缺乏专业要求的现状，改变图书馆人力资源建设中专业人员和非专业人员一般不加以区分的管理模式，通过一系列激励机制，促进馆员不断学习，不断进取。

（二）学科馆员制度建立的必然性

1. 学科馆员制度的建立是图书馆进行服务创新的必然结果

知识经济的发展对复合图书馆信息服务的创新提出了历史性的要求。这不仅是因为用户的专业化、个性化需求越来越强烈，再加上信息服务市场的激烈竞争，图书馆不得不进行全方位的创新。参考咨询服务一直是图书馆信息服务中的重点，因此，在服务创新过程中要将参考咨询服务作为重要拓展项目，专业的数字参考咨询对服务馆员又提出了更新的要求，它要求服务馆员不仅要具有专业化的知识，还要有综合素质，能帮助用户找到解决问题的答案。而图书馆传统的参考馆员工作分工不是很明确，很难在专业方面深入，所以很有必要建立学科馆员制度，组织一批专业能力较强的图书馆员，深入各学科了解教学科研人员对专业文献信息的需求，有针对性地对学科专业文献信息进行收集整理，并加以分析研究，主动提供高水平、深层次服务。

2. 学科馆员制度的建立是图书馆人力资源建设的需要

图书馆人力资源建设和管理逐步向制度化和规模化方向发展，提倡人员队伍的年轻化，专业化和高学历化等，这不仅有利于我国文献信息事业的发展，也为学科馆员制度的建立打下了基础。反过来，学科馆员制度的建立也为图书馆人力资源建设和管理提供了很好的保障。不仅有利于提高图书馆人力资源的整体素质和综合服务能力，也有利于对馆员进行有效管理。当然并不是每个人都能胜任学科馆员的工作，它要求要有扎实的专业知识、健康的心理素质和积极主动的服务精神，这样才能形成一个与时俱进、不断学习、积极向上的良好氛围。同时还要注重多学科馆员的学科知识结构的合理组合，建立一支既有学科背景、又掌握现代信息技术，既熟悉文献资源建设开发、又擅长教学与服务的精干、高效的参考咨询队伍。并建立一套与之相行的学习制度、培养制度、考核制度、分配制度等来促进学科馆员不断学习，提高服务水平，从而提高图书馆的社会地位以及影响力。

3.学科馆员制度的建立是图书馆发展的客观要求

在高等院校的评估过程中，图书馆的建设现状和发展规模是必评之一。尤其近年来，很多院校都把"高水平综合性大学"作为一个办学目标，在内涵建设上下功夫，"以学科建设为龙头、以师资建设为基础、以质量建设为目标，提高办学的质量和效益"，然而，这些均离不开图书馆的支持，更需要学科馆员制度这种行之有效的深层信息服务。作为教学和科研的基础地，可利用最新的现代信息传播手段和大量丰富的信息资源，尽可能地发挥图书馆在学科建设、师资建设、人才培养中的教书育人、服务育人、管理育人的作用。另外，学科馆员还可为重点学科、学科带头人等做好配套信息服务或知识服务，通过优质高效的服务来发挥学科馆员的优势，促进学科的建设和发展，从而促进高校的发展。

（三）推行学科馆员制度的现实障碍分析

1.整体认识不够

这主要是图书馆长期以来都是被动的服务观念，所以对图书馆和重点学科的科研人员来说，一下子接受上门的对口服务还有一定的过程。这种认识上的落后对学科馆员制度的建立有着不可忽视的作用。所以，对图书馆来说，应全馆上下齐动员，引用营销学的理论，主动走出馆，到院系去宣传自己的服务，提高服务质量，以赢得用户的满意。从目前已经实施学科馆员制度的高校来看，由于认识不够，有些没有真正落实到位，很多学科馆员应做的工作未做，只是做些简单的联络、宣传和培训工作，致使制度只流于形式，未能真正发挥作用，影响人们对学科馆员制度实施的热情和信心。所以，应从认识上进行首要改变，充分认识到学科馆员制度不仅能促进图书馆服务的创新，还对整个学校科研水平的提高有着很好的促进作用。

2.馆员队伍素质不高

学科馆员制度中对学科馆员有着更高的要求。学科馆员要由资深的咨询员来担任，不仅要有高学历，还要有扎实的专业知识、丰富的工作经验和良好的职业操守。但长期以来，一些图书馆人员队伍建设的随意性很强，高素质的人才严重缺乏，再加上没有良好的学习氛围，致使馆员的文化水平和整体素质普遍偏低。尽管近几年来，不少高校引进了不少高级人才，但由于缺乏良好的人才激励机制，以及现有管理模式的落后，很难阻止人才的再度流失。图书馆高素质队伍建设不成功，就对学科馆员制度的建立和实施有着很大的阻碍，所以当前应该尽快采取相应的措施，建立起一支高素质的馆员队伍，便于挑选和培养学科馆员，以促进学科馆员制度的推行。

3. 现行管理体制的制约

目前各个高校的院系都相互独立，部门设置界限清晰，缺乏横向联系和配合，这给学科馆员进行工作带来了很大的困难，需要经过层层努力和了解，挨个儿取得他们的信任，这种管理体制上的分割势必影响到学科馆员服务的热情和信心。管理体制的制约因素还表现为专业，系统的资料为各个院系拥有，文献资源被分割，致使学科馆员工作的物质基础得不到很好保障，无从对专业的文献资源进行管理和建设，不能很好地开展对口的跟踪服务。因此，要尽快改变这种管理模式，建立起突出专业性和服务综合性的全心服务模式，使学科馆员能直接掌握专业书库，利用专业技能，充分发挥服务价值，使人们都进一步接受和欢迎学科馆员。

（四）建立和完善学科馆员制度的措施

1. 转变观念，提高认识

从我国发展高等教育来看，一流的大学，要有一流的学科、一流的师资、一流的图书馆和一流的信息服务，所以图书馆领导应转变观念，站在发展的战略角度来认识学科馆员制度，要将其作为高校发展的配套措施来抓。也要让全馆工作人员认识到学科馆员制度的实施是图书馆员实现自身价值的需要，是专业需求的必由之路，是服务创新的必然结果。所以要确立建立学科馆员制度决心和信心，并将其真正付诸实践。同时在推行学科馆员制度时，还要引进企业界的营销观念，进入竞争机制，推进学科馆员制度的不断完善。

2. 明确责任，确定地位

学科馆员制度的建立首先要设置岗位，明确学科馆员的责任。学科馆员的主要职责有：深入对口院系，了解用户的信息需求，并为资源建设献计献策；熟悉专业文献资料，提供深层信息服务；服务专业用户培训，指导用户利用文献。在责任明确后就要确定学科馆员在图书馆资源建设和服务中的"龙头"地位，并赋予其一定的资源建设决定权和资金使用权，同时还要给其提供继续教育和培训的机会，使学科馆员不断更新知识，提高技能。学科馆员的工作复杂，有很强的专业性，所以在收入上也要提高，以实际工作的内容和知识含量为依据来进行酬劳分配，显示出专业人员比一般人员收入高，这样才能吸引人才、留住人才、才能将学科馆员制度真正落到实处。

3.加强培养，提高素质

学科馆员的工作是一个极富挑战性的，所以对其综合素质的要求很高，而目前能达到其素质要求的馆员不是很多，所以要加强培养。一方面可从外部引进人才，通过提供优厚待遇、营造浓厚学术氛围等手段来做好人才引进工作。另一方面可从馆内选择一批既有图书情报理论基础，又有其他学科背景，业务素质高的馆员进行学习培训，实践锻炼，提升其业务技能。此外，还要对学科馆员进行自信心和责任感的培养，要让其充分认识到自身价值只有在工作中才能体现，从而主动开展工作，热爱学科馆员的工作。还要让其认识到作为图书馆与院系联系的桥梁，其提供的对口服务对教学科研有着很重要的作用，从而培养他们的高度责任感，通过创新服务内容，成为合格的学科馆员。

4.统筹规划，组织管理

首先，要将学科馆员制度的建设提到议事日程上来，重视它的功能和作用。图书馆根据学校的学科建设情况和各院系的特点，进行统一规划，制定相关实施方案和措施，并对学科馆员制定工作岗位和职责，以便实行统一管理。其次，以点带面，进行阶段性运行。由于现实条件的限制，不可能在短时间内全面实行学科馆员制度，所以可先对重点学科进行试运行，然后视情况而调整和推广。这样有利于学科馆员提高服务质量，也有利于学科馆员制度的顺利实施。最后，对学科馆员实行资格认证，择优上岗，建立一套以用户为中心的考核评价体系。一方面来促进学科馆员制度的有效运行，另一方面也可通过用户的反馈来对运行情况进行检验。通过评价考核，激励学科馆员通过学习，不断完善自己的知识结构和能力结构，增强忧患意识，充分发挥在图书馆建设中的作用。

5. 以人为本，创新服务

学科馆员制度的实施和完善要以人为本，它含有两层意义。一是重视学科馆员，尊重学科馆员，加强人文关怀，积极创造良好氛围，使其更好地发挥主观能动性。二是要以用户为中心，围绕用户开展服务。同时还要不断地创新服务来满足用户的个性化信息需求，从多层次、多角度、多方位出发，将传统服务与网络服务很好地结合起来，建立以用户为中心的服务内容，并可借鉴国外的信息服务模式来为用户提供主动的上门咨询服务模式。只有这样，才能很好地发挥学科馆员的桥梁作用，发挥学科馆员制度的重要功能，提高用户的满意度和对学科馆员制度认可和支持。

6. 面向社会，提高效益

当学科馆员制度在本校顺利推行后，在做好本校教学科研服务的基础上，也可利用自身优势，走出校园，面向社会，提高效益。高校图书馆作为信息资源的集散地，有着很好的优势参与信息服务市场的竞争，因此，学科馆员可利用自身扎实的专业知识，以图书馆丰厚的资源为基础，通过现代化设备来处理信息，去争取更多的社会用户，扩大服务对象和范围。这样不仅可更好地发挥学科馆员的潜力，也可开发本馆的资源，在为图书馆带来社会效益的同时，也会取得一定经济效益。

二、信息主管制度

信息主管（CIO）是现代经济社会全方位信息化的产物，在政府、企业之中的推行已佐证了其现实价值。将其引入图书馆工作虽还是一个新鲜的话题，目前已有学者对其在图书馆中的推行进行了探讨，尽管现行还没有一个完整的实施方案，但图书馆现代化的推行表明建立信息主管制度是必要的。

（一）信息主管制度的诞生

信息主管制度（Chief Information Officer，CIO）最早诞生于美国。20世纪80年代，信息技术被广泛应用，大量的信息开始在各种机构、各个部门中泛滥。1980年，美国政府为了克服联邦行政部门的文牍主义和官僚主义，确保信息资源的有效管理和充分开发利用，从而提高工作效率，颁布了《文书工作削减法》，明确提出了"信息资源管理"的概念。1984年，为了解决政府内部出现的"结构真空"的问题，决定在政府的每一级机构中设立一名主管信息资源的高级官员，从较高的层次上全面负责本部门信息资源的管理、开发和利用，委派副部长和部长助理级官员担任此职。于是，出现了一批"信息部长／信息大臣"，这是最早在政府中出现的 CIO。

20世纪90年代，随着信息技术在我国的普及，CIO 开始在我国的一些企业中出现，并逐渐发展壮大，承担着推动企业信息化的重担。在随后的十几年中，我国学者对 CIO 的理论研究有了一定进展，在实践摸索也取得了一定的成绩和经验，并在大企业和政府机构相继实施。相比于企业和政府，在图书馆实行信息主管制度还比较晚，在国外如美国加州大学图书馆已开始推行信息主管制度，但在国内图书馆的推行还没有正式开始，这有着多方面的原因。但随着信息技术在图书馆工作的应用，信息化进程的加快，建立必要的信息主管制度非常必要。

（二）图书馆建立信息主管制度的必要性

知识经济的发展促使各个图书馆不断加大对现代化信息设施的投资力度，现代化设备的日益齐全和信息技术的不断成熟为图书馆的各项信息工作提供了技术保障。随着信息技术的发展和信息技术在图书馆各项工作中的具体应用，图书馆的工作内容逐步从藏书管理向信息管理、知识管理转变。可以肯定地说，信息管理是现代图书馆在未来很长一段时间内的主要工作内容。尤其是数字图书馆的建设，使得图书馆馆藏信息资源逐渐偏重于丰富多样的网络信息资源。数字化信息资源的建设将涉及更多的技术和管理问题，因此，也将有更多的部门共同涉及多样的信息资源问题。不仅是信息资源的收集、整理、加工和传播，还涉及更深一层的信息和知识挖掘等问题。然而各个业务部门的分工不同，使得占有的信息资源也有所不同。技术与行政管理的将会发生冲突，如何将信息分布不均匀的各个部门统一协调起来共同为信息用户服务，以及如何更好地、高效地为信息用户服务，如服务效果的评价等一系列问题都需要一个新的组织制度来执行和完成。再加上用户信息需求的范围越来越广，迫切需要 CIO 来为其服务，因此，图书馆很有必要设立 CIO 和建立 CIO 制度，从宏观和微观两方面优化信息资源的管理体系，协调发展信息管理系统的内外关系，并制定管理系统的目标和任务，以及一定的效果评价体系。

信息主管制度的建立是图书馆组织管理体制的创新，是图书馆自身信息化健康、快速发展的需要，是图书馆信息服务提高的有力保障，也是加入

WTO后国际形势对图书馆的必然要求。所以，可一方面参照国外成功的先例，另一方面借鉴国内政府和企业内实施CIO的经验，再结合各个图书馆的实情，逐步建立适合本馆馆情的信息主管制度，以促进图书馆的信息化进程。

（三）信息主管制度的建立

1. 设立CIO

建立信息主管制度首要设立信息主管，当然并不是每个图书馆员都能做CIO，只有复合型人才才有做CIO的可能。CIO的职能要求其综合素质要较高，不仅是专业技术人员，还要是高瞻远瞩的领导者，应该具备技术能力、业务能力、经营能力、外交协调能力、信息管理能力、领导能力和规划能力等诸多能力。只有具备综合的素质才能做一个合格的信息主管，才能真正促进图书馆的信息化工作进程。而今，在图书馆设立CIO还是发展初期，因此，像企事业中一样，没人敢自称是CIO，图书馆工作人员也是一样。这不仅是因为图书馆内信息技术部门的专业人员相对较少，甚至还有相当数量的人员没有经过系统专业培训就充当着骨干力量，要让他们成为CIO有一定困难。再者是图书馆领导对CIO的认识还不够，对信息技术的重视还不够，对现代化的认识还只是手段的改变，有的还是在传统的思想下指导图书馆的建设，使得信息技术部门发挥不了应有的作用，这样也很难成长出CIO。没有CIO，没有稳定的CIO队伍，很难促进图书馆的现代化。因此，当前任务是培养CIO队伍。首先是领导要重视。领导的重视对CIO的成长有着很好的促进作用，积极调入高素质专业人才，并委以重任，充当CIO角色。其次是本馆技术人员要积极加入，实行岗位成才，尝试向领导提建设性、合理化的意见和计谋，同时还要向业务方面积极靠拢，对馆内工作有全面的认识。最后是从业务骨干中优选，加以综合培训，赋予一定的权利和义务，逐步通过基础业务来提高其技能。总之，在图书馆内形成一个稳定的CIO队伍应该不是很难，但还是需要各个部门的相互配合、相互扶持，尤其是领导的支持，给CIO队伍创造良好的工作环境，这样才能充分发挥其作用。

2. 确立CIO的职责和权利

在信息主管制度中要将CIO的职责加以明确。在图书馆工作中，CIO作为进入核心管理层的高级决策人员，主要负责本馆的信息化工作，通过对包括设备、技术、人员、资金和信息本身在内的所有信息资源的科学管理，充分发掘和有效利用来促进业务流程的重组或调整，从而提高整个管理决策水平。具体来说，CIO的职责主要有制定图书馆信息发展战略和实施目标、规划；拟定信息流程的总体框架；协调各个信息部门的信息需求；负责信息的集成管理；关注信息技术的发展变化，选择和运用信息技术为图书馆的经营管理提供有效的信息技术支持；代表信息部门参与高层决策管理；评价本馆信息服务的社会效益和经济效益。在确定其职责的同时，也要赋予其一定的权利，确立其地位和作用，赋予其对信息部门独立决策的权利，赋予其一定的资金调控权、人员任免权等。只有义务和权利相配合时，CIO才能名副其实，才能真正地开展工作，才能从战略角度去审视图书馆信息化的发展进程。所以在信息主管制度中要明确CIO的职责和权利。

3. 要有激励制度和评价体系

作辅助CIO的设立不是一蹴而就的事情，它需要各方面的努力。当然，也并不是一旦成为CIO就终身有效了，要不时地对其进行评价和激励，使CIO队伍更加健康地发展。因此，建立信息主管制度要以激励机制和合理的评价体系作为辅助，以促进CIO制度的顺利开展。CIO人员的培养是建立CIO制度首要前提，因此要建立一套灵活有效的激励机制来培养人才和留住人才，从物质和精神等多方面来激励人才，使其充分发挥其才能。同时也要不时地对CIO的工作内容和工作绩效进行监督和评价，督促其应有职责的完成，使其能顺应时代的要求来不断改变其工作方针和对策，保持与时俱进。

（四）建立信息主管制度的思考

1. 明确图书馆推行CIO制度的可行性

多种要素都已表明在图书馆建立CIO制度不仅是图书馆信息化进程的需要，也是图书馆信息服务工作的必然要求。因此，各级领导应充分认识到CIO制度建立的必要性和重要性，要加强宣传，积极投入，真正落到实处。制定和不断完善CIO的各项规章制度，在设立CIO的同时，要将其地位、作用、职责和权利等以规章制度的形式固定下来，并加以其他激励机制，以体现其完整性和合理性。

2. 选好时机，稳步进行

尽管CIO制度已有的成功经验和理论成果为其在图书馆内实施作着有力的决策支持。但由于各个图书馆现代化进程不一、馆情不一，不可能在短时期内全部推行信息主管制度，所以，要选择好时机，不可操之过急。信息主管制度的推行是图书馆现有管理制度的一个创新过程，需要对以往的相关体制进行革新，这不仅要求领导要有决心，还要有信心，同时还要根据实际情况，审时度势，进行有针对性的改革和创新，要有充分的理性和耐性，要稳步进行。万万不能只为时尚一把而徒名不务实，拒绝跨越式发展。

3.CIO队伍要注意多方面的培养和锻炼

大多数CIO是信息技术专家，掌握着多方面的信息技术，但这不能说明信息主管必须是高水平的技术人员，也不是只有专业技术人员才能担任CIO的角色。合格的CIO的要求是要全方位的，是集技术与管理于一身的，所以要避免盲目的"技术情结"，不是有技术就能做好CIO了，在肯定技术的同时也要兼顾管理和领导才能。所以CIO队伍要注意多方面的培养和锻炼，不能只重技术而忽略管理。要将技术融入管理中，以合理有效的管理来促进技术的进步。

4.建立CIO发挥作用的氛围

不是一旦设立CIO了，所有的信息化工作都可由其来完成，图书馆领导以及其他业务人员就没事可做了。不可否认，CIO在信息化工作中承担着信息系统的各个相关方面事宜，是骨干力量，但整个信息化的推进不是一件小事情，它还需要多方面的配合和支持，还需要各级领导的积极支持和参与，还需要业务人员的共同努力。只有良好的、团结的工作氛围才能促进CIO更好地发挥其才能，才能提高整个管理水平，才能为CIO制度的推行提供很好的保障。

5.CIO制度的建立是一个不断摸索的过程

同其他新事物一样，CIO制度的建立是一个不断摸索的过程，不是靠一个文件和一个命令就能实现得了的。也不是设立了几个CIO就是实现了信息主管制度了。真正的信息主管制度需要在图书馆的信息管理工作中不断实践，需要人们积极努力地探索，需要结合馆情实事求是地进行。将选拔合格的CIO人才作为重点，按照CIO的职责和素质要求，多途径地培养复合型的CIO人才，使其成为名副其实的CIO，成为图书馆信息主管制度的开拓者。

第六节 图书馆服务承诺制研究

一、对服务承诺概念研究

（一）服务承诺具有社会性

服务承诺本质上可以说是一种社会性契约。经济学中将契约分为个别契约和社会性契约，所谓社会性契约是指"一方"或"一个人"与"无限多个人"达成的某种契约，也可以指多个当事人之间达成的契约——如法律，法规、制度、习俗等。这种一对多，或多对多的承诺方式，体现了服务承诺制的社会性。

（二）服务承诺具有服务性

说服务承诺具有服务性，是指承诺的内容不是实体方面的，而是一种劳务。服务具有特殊性，因此想要理解服务承诺概念，首先要明确他服务性。

服务承诺是服务质量管理的"一个着力点"，对于制造类企业来说，质量管理的着力点通常是产品的技术标准，对于服务来说，服务质量的很大一部分难以用精确的数量来描述，服务质量的好坏，很大程度上取决于用户感受，服务承诺需要"公开""反映客户需求"，有"详细的质量标准"，"有效的服务反馈"。明确指出了服务质量与技术类产品质量的区别，服务具有特殊性，服务质量的衡量很难具体化操作化，服务质量管理需要借助"服务承诺"来具体化。

服务承诺是服务提供者与顾客对于渴望获得并长期保持的某种心理契约，它不是简单地向顾客做出某种服务保证，它是一种将顾客和服务机构联系起来的心理力量。

简单来说，之所以要制定服务承诺，就是因为服务的特殊性。理解服务承诺离不开对服务特性的认识，想要弄清服务承诺的真正内涵，就需要对服务属性进行研究，就必须明确服务承诺的服务属性。

（三）服务承诺具有法律属性

承诺本身就具有法律的特性，相当于法律中的一种要约，当把服务承诺作为一种制度来研究时就更需要讨论他的法律属性。

服务承诺，无论是商业性的还是非商业性的，均具有道德和法律双重属性，社会服务承诺必须规范化、制度化，尤其是做出承诺后必须做到承诺必兑。这些都需要法律机制加以保障。从法律的角度来讲，服务承诺中的承诺并非合同法上的承诺，实为合同意义上的要约、服务承诺中的承诺，是一种质量担保。

对于营利性组织来说，追求利润最大化是他们的目的。虽然服务承诺对该类组织机构来说是建立在"利他"基础上的"利己"行为，但是不可避免地有很多短期行为，为了杜绝这些现象，制度和法律的监督是非常必要的。非营利性的组织机构，如果没有健全的监督机制，也只能使服务承诺流于形式，敷衍了事。

（四）理解服务承诺的道德属性也非常重要

我国最早引入服务承诺制，是作为一种廉政建设的手段，该制度一经提出，道德属性就非常突出。服务承诺的定义为：自愿地、无偿地或低偿地为社会或他人提供超过一定标准高质量服务，或超出本职工作范围的服务。

实际上，对于机构而言，服务承诺的确是一种很好的内部管理手段。服务承诺制可以让服务人员明确自己的任务，通过服务承诺可以实现外部监督与自我监督的统一，这有些类似于管理领域的目标管理，明确自己的责任和目标，用责任和目标来督促自己，不断提高工作效率，推动服务质量提升。

参考多位学者的定义，在分析服务承诺多样性和多属性的基础上，服务承诺应该定义如下：服务承诺本身是由服务机构公开做出的声明或保证，声明中明确了自己的责任和服务目标，要求用户对其工作进行监督。在本质上，服务承诺是一种社会性契约，服务承诺是针对含有无限多个用户的群体；服务承诺的目标是服务质量的提高，服务承诺依靠自我监督与外部监督两种机制来进行调节。

二、服务承诺制研究

（一）社会服务承诺制的含义

相关服务行业把本系统的服务内容、完成时限，应负责任等定出严格标准向社会做出公开承诺，并在社会监督下实施的一种服务制度。

从某种意义上说"市场经济就是契约经济和法律经济"，在社会主义市场经济发展健全的过程中，"服务者与被服务者的关系趋于契约化，法制化"。社会服务承诺制就是这一发展趋势的产物。所谓服务承诺制就是指承担社会服务职能的部门和单位把服务内容、服务标准、服务程序和办事时限，公开向用户做出承诺，设立监督机构和举报电话，明确经济赔偿标准，未实现承诺的责任单位按照规定给当事人以经济补偿。

社会服务承诺制（简称"承诺制"），就是服务行业把本系统的服务内容、服务程序、完成时限、应负责任等定出严格标准，向社会公开承诺，并公布投诉监督电话，接受群众监督，未实现承诺的责任单位和责任人将受到处罚。

理解社会承诺制概念应该从以下几个方面：它是建立在"服务承诺"核心概念上的一种制度，本质上是"竞争不充分的补救机制"；作为一种制度，制定标准并实现规范化和制度化；构建这种制度的目的是提高服务的质量，提高用户的满意度；服务承诺制的承诺主体是服务部门或机构。另外，服务内容的确立是这一制度的基础，监督机制是服务承诺制推行和发展的保证。

（二）社会服务承诺制的构成

承诺制是由承诺、内部践诺机制、社会监督机制、应诺（违法处理）等环节构成的有机整体，根本目的是提高服务质过和水平。承诺制有以下几个基本要素：具有明确的责任目标；具有明确的操作程序和完成时限；明确的责任主体；明确的监督主体。

承诺内容是服务承诺制的核心，服务方和用户是靠服务承诺联系起来的；承诺内容的确定需要一个科学严谨的过程，在制定服务承诺内容的时候一定要考虑用户需求，因为服务的好坏的评价标准并不是绝对的，服务的好坏取决于用户的满意程度。确定服务承诺内容时可以通过两个维度来考虑，一个是广度，另一个是强烈度。根据广度维度确定服务承诺内容就需要请教专家，需要对相关理论进行深入的探讨，同时需要广泛的社会调研；通过强烈度维度确定服务承诺内容，需要对用户需求进行深入研究，发现那些用户反映最明显、需求最强烈的问题，根据这些问题制定策略，确定服务承诺项。

服务承诺制的另一个重要部分就是服务承诺的监督机制，服务承诺制的一个最大特点就是公开性，把自己的工作职责、工作任务公开，并公开做出承诺或保证。垄断性的行业或组织，因为本身缺乏市场竞争机制，没有动力；公开承诺就是自动主动地寻求社会广泛的监督，以外界压力促进内部服务的提高。建立合理的、健全的监督机制是非常有必要的。

服务承诺制中一个重要的问题是服务主体的问题，服务承诺制有其规律和适用范围，并不是所有的行业和部门都适合实行服务承诺制。施行服务承诺制首先就是要有明确的服务主体，服务主体不明确，实行服务承诺制只能走向失败。

三、图书馆服务承诺制研究建议

作为一个公共性的部门，图书馆采用服务承诺制是非常有必要的，但是这种必要性需要严谨而科学的论证，或者需要不断实践来证明。

图书馆服务有其特殊性，这些特殊性注定图书馆服务承诺不能照搬别的行业和部门的制度，而应该形成自己的一套理论体系和方法体系，图书馆界对这一面的研究太少，需要进一步的研究。

在对图书馆服务承诺的具体研究中，应该建立模型，通过调研进行服务承诺制与图书馆用户的相关性研究，讨论服务承诺制与图书馆用户满意度与图书馆工作效率有没有关系，这种关系有多大，从而论证在图书馆实行服务承诺制的必要性。

在图书馆服务承诺内容方面，不能只是凭着主观的想法去确定服务内容，必须深入地对服务制的理论进行研究，探讨图书馆服务承诺的内容；同时需要请教专家、学者和有实践经验的人，请他们提出一些要求和建议；在此基础上充分地进行调研，只有这样建立起的服务承诺，才是有实用价值的，才是有意义的。

另外，研究图书馆服务承诺制、监督机制、践诺机制以及图书馆员的素质都是必要的，这些都是在图书馆顺利、健康地推行服务承诺制的保证。

图书馆作为一个重要的服务部门，是进行服务承诺制实践的重要部门。在多年的研究和实践中，图书馆服务承诺制理论有了一定的发展，图书馆服务承诺实践也有了一定的经验积累，但是图书馆领域对服务承诺制的理论研究较少，服务承诺实践领域也没有形成一套科学的可行的实施办法。图书馆服务承诺制领域还有很多需要解决的课题，例如：图书馆服务承诺的特点和特征是什么；图书馆如何吸收和借鉴服务承诺制的理论；究竟服务承诺制对图书馆管理、图书馆用户服务产生多大的影响；服务承诺内容应该是什么样子的；服务承诺应该包括哪些要素，这些要素分别对图书馆内部的管理还有用户服务有什么样的影响……这些问题都是亟待研究和解决的问题。

第九章 数字图书馆安全管理

第一节 数字图书馆网络安全管理

一、影响数字图书馆网络安全的因素

在网络环境下，数字图书馆的网络数据库都对读者开放，在网上传输、网上查询方面，与其他行业一样具有许多不安全因素。而且，数字图书馆的各种数据一旦被损坏，损失就相当惨重。数字图书馆的书目数据库是馆藏的代表，是读者查阅图书的通道，是工作人员进行内部管理和开展各项服务的工具，建库的工作量大，需要投入大量的人力和物力，若遭病毒感染，恢复难度较大。数字图书馆自建和引进的数据库，是数字图书馆开展网上服务的信息宝库，是数字图书馆创收的来源，若遭破坏，将造成经济损失。由此可见，在网络环境下数字图书馆数据安全问题尤为重要。

那么，要保证图书馆网络的安全，就要对其进行分析，找出其不安全因素，才能有针对性地采取措施，进行有效的防范。其不安全因素主要来自以下几个方面。

（一）在通信中数字图书馆网络的不安全因素

1. 网络自身的不安全因素

计算机网络本身就存在着安全漏洞。例如，Internet 系统所依赖的 TCP/IP 协议本身就存在安全缺陷，路由器、Anonymous FTP、Telnet、口令文件等都存在安全隐患。因此 Internet 网只能保证信息的无差错传输，对信息本身的真实性无法保证。

2. 非法入侵的不安全因素

入侵者利用网络传输中的缺陷，采用一些非法手段，例如：利用搭线、

电磁泄露窃听；使用先进的网络分析设备对网络上传输的数据进行监听；通过中继节点的特洛依木马程序窃取敏感信息；使用先进网络探查工具软件窃取合法用户的登记过程（如用户名和口令字），假冒该合法用户访问网络资源；劫夺（接管）某个合法用户与某个网络资源建立的连接，访问到其无权访问的信息；用非法操作获取或篡改信息。

（二）软件方面的不安全因素

1. 网络软件安全功能不健全

许多软件都有不同程度的缺陷，如 Win98 上市后，仅在半年间出现了很多的问题，1999 年 3 月，美国的一家软件公司又发现了一个漏洞，该漏洞使 Win98 和 IE4 的用户在访问网站时会留下易被获取的个人信息，并能影响 Win98 中 RegWiz ActiveX 控制功能。

2. 病毒入侵

网络技术的普遍使用也为计算机病毒的蔓延提供了新的媒介，数据被破坏的隐患越来越大。在一些盗版软件中，往往含有致命的病毒，若不小心使用了这样的软件，有可能在特定的条件下，它所携带的病毒会将网络中的数据吞噬得一干二净。

（三）计算机硬件引起的不安全因素

1. 设计人员考虑不周

例如：计算机芯片就出现过考虑不周的问题，1999 年 3 月 10 日，Intel 公开承认在其设计的 P Ⅲ 芯片中给芯片设计的序列号是错误的。虽然其设计序号的初衷是为了保证电子商务的安全，结果却使一些用户感到"被侵犯了隐私权"。

2. 计算机部件的磨损也会导致数据的丢失

例如：计算机中的硬盘和硬盘驱动器，是计算机存储的关键部件，也是较易损的部件，这是由硬盘本身的工作原理所决定的。

（四）内部人员引起的不安全因素

无论在什么样的情况下，人往往是起着关键作用，在网络安全中也不例外。

1. 管理不严

领导不重视，规章制度不健全，各种文件存放混乱，违章操作，造成不良后果。

2. 工作态度不好

缺乏责任心，保密观念不强，随机打印出系统保密字，或向无关人员泄露口令等有关机密信息。

3. 道德品质差

熟悉系统的工作人员故意改动软件，或用非法手段访问系统，或通过窃取他人的口令和用户标识码来非法获取信息；担任系统操作的人员以超越权限的非法行为来获取或篡改信息；利用硬件的故障和软件的错误非法访问系统，或对系统的各部分进行破坏；利用窃取系统的磁盘、磁带或纸带等记录载体或利用废旧的打印纸、复写纸来窃取系统或用户的信息。

（五）环境不安全因素

除了上述因素之外，还有环境因素威胁着网络的安全，如地震、火灾、雷电、风灾、水灾等自然灾害，或温、湿度冲击，空气洁净度变坏和掉电、停电或静电等工作环境因素的影响。

二、解决网络安全问题的应用对策

数字图书馆的网络安全问题是一个不容忽视的客观存在，正视问题、迎难而上才能根本解决问题，针对网络安全技术的具体模式去寻找解决网络安全问题的相应对策不失为明智之举。图书馆应采用各种安全技术和管理措施，使网络系统正常运行，从而确保包括图书馆自动化系统数据库和网络资源在内的数据的可用性、完整性和准确性。在具体的技术模式上，常见的信息安全技术分为以下几种。

（一）密码技术

密码技术是信息安全的核心和关键所在。它包括密码编码（密码算法设计）、密码分析（密码破译）、认证、鉴别、数字签名、密钥管理和密钥托管技术。身份识别和认证过程是数字图书馆网络系统防止非法入侵的第一道屏障。任何一个计算机网络应用系统为保证其安全性都要提供身份验证和口令设置，这是最基本，也是最有效的安全策略。传统的认证方式是通过判定用户名和用户口令或密码来认证的，其他形式认证方式有指纹识别、知识卡等。

（二）入侵检测技术

该技术可分成三种主要的入侵检测体系结构：基于主机的入侵检测系统、基于网络的入侵检测系统和混合分布式入侵检测系统。该技术用于保护应用网络连接的主要服务器，实时监视可疑的连接和非法访问的闯入，并对各种入侵行为立即做出反应，如断开网络连接等。

（三）防火墙技术

包括计算机防火墙和网络防火墙。计算机防火墙设置在外部网络和计算机用户之间，阻止非法信息进入计算机。网络防火墙设置在内部网络和外部网络之间，通过安全访问控制保护内部网络。由于技术进步的飞快，各种病毒和非法入侵手段层出不穷，图书馆可以充分利用防火墙提供的功能自行设定符合本单位的安全策略，确定可以通过防火墙的信息类型，对外部网络与内部网络之间交流的数据进行检查，符合的予以放行，不符合的拒之门外。

（四）防病毒技术

即利用专用的防病毒软件和硬件，发现、诊断和消灭各种计算机病毒和网络病毒，保证计算机和计算机网络的安全。网络防病毒技术的具体实现方法包括对网络服务器中的文件进行频繁地扫描和监测，工作站上采用防病毒芯片和对网络目录及文件设置访问权限等。防病毒必须从网络整体考虑，主动防御，改变被动劣势，从方便管理人员的工作着手，通过网络环境管理网络上的所有机器，如利用定时查毒功能，对客户机进行扫描，检查病毒情况；利用在线报警功能，网络上每一台机器出现故障、病毒侵入时，网络管理人员都能及时知道，并做出相应的对策。

（五）信息伪装技术

又称为信息隐藏技术。它是将机密资料隐藏于一般的非机密文件中，然后通过网络进行传递，由于看起来与一般的非机密资料没什么两样，很容易逃过拦截者的破解。

三、数字化图书馆网络安全的保障措施

建立数字图书馆网络安全保护措施的目的是确保经过网络传输和交换的数据不会发生增加、修改、丢失和泄露等，从而为各类用户提供安全可靠的网络资源，更好地发挥网络的优势，使馆藏资源可以不受时间、空间的限制，图书馆建设才能真正朝着数字化的方向迈进。为确保网络安全，可从网络层、系统层和应用层三方面着手采取防护措施。

（一）网络层的安全防护

网络层的安全保护首先是对网关的防护，通过设置边界防火墙达到访问控制、状态包检测、集中式管理、网关入侵检测和报警、网络地址转化（NAT）、流量审核日志等作用。其次是对内网网络层的防护。内网网络层防护由网络入侵监测系统和内网防火墙来共同完成。在检测到入侵行为或异常行为后，网络入侵监测系统的控制台就会实时显示，并根据预先定义的事件响应规则报警，同时将报警信息写入日志，以备审计核查。第三是对主机的防护。主机防护由主机防火墙和主机入侵检测产品完成。安装在被保护主机的操作系统上，并嵌入操作系统的核心层。

（二）系统层的安全防护

要使用漏洞扫描技术，定期扫描操作系统和数据库系统的安全漏洞与错误配置，尽早采取补救措施，避免各种损失。同时应加强口令的使用，及时给系统打补丁。还要增强访问控制管理，包括对文件的访问控制除提供读、写、执行权限以及建立、搜索、删除、更改和控制等权限；对计算机进程提供安全保护，防止非法用户启动或制止关键进程；控制对网络和端口的访问；最后，应注意对病毒的防范和提供对重要的数据库服务器和 Web 服务器的专门保护。

（三）应用级的安全保护

应用级的安全保护是指安全管理。加强对用户的安全管理十分重要，应制定健全的安全管理体制、构建安全管理平台、增强用户的安全防范意识等，提高全体工作人员的网络安全意识。

四、数字图书馆服务器网络安全防范措施

数字图书馆是伴随着数字技术和网络技术发展起来的，从总体上说，支撑数字图书馆的关键技术主要有信息处理、信息存储和信息传输三个方面。这种由新技术所带来的新的信息资源形态（数字化）和新的信息资源使用方式（网络传输），必然存在许多网络隐患，易受网络黑客攻击。目前大部分数字图书馆的信息服务器主要采用 Web 界面和基于 TCP/IP 协议的信息技术系统。其程序的基本构架基于 Client-Server（客户机—服务器）结构，服务器端一般用 Winnt4.0 或者 Windows2000 Advance Server，并且多数系统要求安装使用 IIS 服务器（Internet Information Servers）。众所周知，Windows 系列是 Microsoft 公司的产品，以图形化界面和易操作闻名，但也存在数之不尽的安全漏洞。

数字图书馆购置的数字化文献数据库如重庆维普《中国科技期刊全文数据库》（简称 VIP）、清华《中国学术期刊全文数据库》（简称 CNKI），要求在 Windows2000 环境下运行。如果图书馆工作人员在安装 Windows2000 时，只选择默认方式安装，而不进行正确的安全配置的话，其安全性几乎等于零。

（一）组件的安装和定制

Windows2000 在默认情况下会安装一些常用的组件。但是正是这个默认安装是极度危险的。美国最著名的"黑客"米特尼科（Kevin Mitnick）说过，他可以进入任何一台默认安装的服务器。应该先了解有关数据库运行与提供服务的功能，只安装确实需要的服务。根据一般安全原则：最少服务 + 最小的权限 = 最大的安全，典型的 Web 服务器需要的最小组件选择是：只安装 IIS 的 Common Files、IIS Snap-In，www Server 组件。目前大多数图书馆使用的信息检索系统（VIP、CNKI）只需要安装 IIS 即可。

如果确实需要安装其他组件，请慎重，特别是：Indexing Service，FrontPage2000 Server Extensions、Internet Service Manager（HTML）这几个危险服务，极易留下安全隐患。

（二）分区和逻辑盘的分配

有一些技术人员为了省事，将硬盘仅分为一个逻辑盘，所有的软件都装在 C 驱上，这是很不科学的，建议最少建立两个分区，一个系统分区和一个应用程序分区，这是因为，微软的 IIS 经常会有泄露源码 / 溢出的漏洞，如果把系统和 IIS 放在同一个驱动器会导致系统文件的泄露甚至入侵者远程获取 Administrator（超级管理员账号）。推荐的安全配置是建立三个逻辑驱动器，第一个大于 2GB，用来装系统和重要的日志文件；第二个放 IIS；第三个放 FTP，这样无论 IIS 或 FTP 出了安全漏洞都不会直接影响到系统目录和系统文件。要知道，IIS 和 FTP 是对外服务的，比较容易出问题。而把 IIS 和 FTP 分开主要是为了防止入侵者通过 FTP 上传程序并在 IIS 中运行。

（三）补丁的更新

尼姆达病毒正是利用了 Windows 的一系列网络安全漏洞进行传播。它的破坏力也是有目共睹的。IIS6.0 版服务器不容易感染上尼姆达病毒，但是 IIS5.0 及其更早版本要注意及早下载 Q269862（微软提供的防尼姆达病毒补丁名）。同尼姆达病毒同样臭名昭著的红色代码也是如此，可以打上微软的 Q300972 补丁，或者可以给整个操作系统打上最新的 Windows2000 advance SP3 补丁，但请注意有些数据库并不支持最新的 SP3，我们只能下载单独补丁补上安全漏洞。另外，补丁的安装应该在所有应用程序安装完之后，因为补丁程序往往要替换 / 修改某些系统文件，如果先安装补丁再安装应用程序有可能导致补丁不能起到应有的效果。

（四）端口的设置

端口是计算机和外部网络相连的逻辑接口，也是计算机的第一道屏障，端口配置正确与否直接影响到主机的安全。一般来说，仅打开你需要使用的端口会比较安全。配置的方法是在网卡属性→ TCP/IP →高级→选项→ TCP/IP 筛选中启用 TCP/IP 筛选。不过对于 Windows2000 的端口过滤来说，有一个不好的特性：只能规定开哪些端口，不能规定关闭哪些端口，这样对于需要开大量端口的数据库系统运行就比较麻烦。碰上这种情况应该跟有关数据库厂商协调，共同解决问题。

（五）IIS 漏洞的解决方案

IIS 是微软的组件中漏洞最多的一个，平均两三个月就要出一个漏洞，而微软 IIS 默认安装又实在不敢恭维，所以 IIS 的配置是我们的重点。首先，把 C 盘 Inetpub 目录彻底删掉，在 D 盘建一个 Inetpub（要是你不放心用默认目录名也可以改一个名字，但是自己要记得），在 IIS 管理器中将主目录指向 D: \ Inetpub；其次，将 IIS 安装时默认的 Scripts 等虚拟目录一概删除，如果需要什么权限的目录可以自己慢慢建，需要什么权限开什么。特别注意写权限和执行程序的权限，没有绝对的必要千万不要开。

（六）MS SQL Server 的配置

清华 CNKI 全文数据库要求安装 MS SQL Server。在安装 MS SQL Server 后，MS SQL Server 会产生一个默认的 SA（System Admin）用户，而且初始密码在管理员没有设置的情况下为空。但是 SA 是 SQL Server 中非常重要的安全模块成员，这样一来黑客们就可以通过 SQL Server 的客户端进行数据库远程链接，然后通过 SQL 的远程数据库管理命令 Xp_cmdshell stored procedure（扩展存储过程）来进行命令操作，命令格式如下：

　　Xp_cmdshell "net user id password/add"

　　Xp_cmdshell "net localgroup Administrators id/add"

根据以上两条简单的命令，入侵者就能在 MS SQL Server 的服务器上立即新建一个管理员级别的 Administrators 组的用户。需要提醒图书馆网管技术人员的是，在安装好 SQL Server 后，需要做的第一件事就是把 SA 的空密码立即进行设置，然后打上 SP3。这里需要特别强调的是，一定要经常留意微软最新的补丁包文件，并且注意及时给系统和软件打最新的补丁。

　　（七）账号管理

Windows2000 的账号安全是另一个重点。首先，Windows2000 的默认安装允许任何用户通过空用户得到系统所有账号和共享列表，这个本来是为了方便局域网用户共享文件的，但是一个远程用户也可以得到你的用户列表并使用黑客软件用暴力法破解用户密码。实际上 Windows2000 的本地安全策略（如果是域服务器就是在域服务器安全和域安全策略中）就有这样的选项 RestrictAnonymous（匿名链接的额外限制），这个选项有三个值：

　　0：None.Rely on default permissions（无，取决于默认的权限）

　　1：Do not allow enumeration of SAM accounts and shares（不允许枚举 SAM 账号和共享）

　　2：No access without explicit anonymous permissions（没有显示匿名权限就不允许访问）

首先，"0"这个值是系统默认的，什么限制都没有，远程用户可以知道你机器上所有的账号、组信息、共享目录、网络传输列表（NetServer TransportEnum）等，对服务器来说这样的设置非常危险；"1"这个值是只允许合法的用户存取 SAM 账号信息和共享信息；"2"这个值是在 Windows2000 中才支持的，需要注意的是，如果一旦使用了这个值，将杜绝所有的共享，使一些数据库无法正常运行，建议设为 1 较佳。

其次，系统内建的 Administrator 也是一个漏洞（容易被黑客用暴力法破解），我们还应该加以修改，系统管理员可以在服务器上的计算机管理→

用户账号中右击 Administrator 然后改名，改什么都可以，只要能记得住就行。同时不可忽略的是选择密码要足够长，且要定期更换。

最后，即使系统管理员做了以上两点，对于防范技高的黑客仍然还不够，因为黑客还可以通过本地或终端登录界面看到所需要的信息。

数字图书馆通过海量存储服务器，依托网络环境进行数字化文献的检索和传输，服务器的安全防范措施必不可少。而服务器操作系统 Windows2000 Advance Server 存在许多的漏洞和易被攻击的问题。而大多数攻击又是属于一般性攻击，基于网络安全人员对服务器的不正确配置、密码问题和没有及时更新最新补丁。黑客们可以使用黑客程序自动扫描，发现有这些漏洞的服务器并对它发动攻击。

第二节　数字图书馆信息安全管理

随着数字图书馆信息量的增多、数字化资源管理和服务的深化，数字图书馆带给人们信息共享服务的同时，其安全问题也凸现出来，如数据丢失、信息泄密、系统瘫痪、网络堵塞等，严重影响着数字图书馆建设与发展。作为一个信息系统，信息是数字图书馆的支柱。信息安全是数字图书馆正常运行发展的关键，也是其顺利提供服务的保证。另外，信息安全还是保护数字图书馆相关各方权益的需要。信息安全问题伴随着数字图书馆建设和发展的始终，并有加重之势，所以如何保障数字图书馆信息安全已成为数字图书馆建设和发展的核心问题之一。

随着信息安全意识的提高及信息安全需求的落实，积极为各领域构建信息安全保障体系将成为信息安全产业必然和不可扭转的趋势。

一、数字图书馆信息安全理论研究

（一）信息安全的内涵

信息安全有狭义与广义之分，狭义的信息安全专指信息本身的安全问题，包括对信息系统中所加工存储，网络中所传递的数据的泄露、仿冒、篡改以及抵赖过程所涉及的安全问题，也称之为"数据安全"。

我们所要讨论的信息安全设定在广义层次上，采用国际化标准组织 ISO 对信息安全提出的建设定义："为数据处理系统建立和采取的技术和管理的安全保护，保护计算机硬件、软件数据不因偶然的和恶意的原因而遭到破坏、更改和泄露。"

由此可见信息安全问题应该是一个系统概念、综合性的课题，涉及立法、技术、管理等诸多的方面。

1. 信息安全的层次性

从信息安全的作用层面上来看，比较公认的有三个层面。

（1）物理安全层

保证计算机设备、网络通信设备及各种媒体硬件自身的安全，就是信息系统硬件的稳定性运行，它是数字图书馆正常运行所必需的物质基础。

（2）软件安全层

保证计算机与网络设备运行过程中系统的安全，包括操作系统、应用程序系统和数据库系统的稳定性运行，它是数字图书馆安全的核心部分。

（3）数据安全层

对信息系统中所加工存储、网络中所传递的数据的泄露、仿冒、篡改以及抵赖过程所涉及的安全问题，这些数据包括了元数据、对象数据和基本的用户数据。

2. 信息安全的需求

（1）保密性

即确保数据的机密性，保证机密信息不被窃听，或窃听者不能了解信息的真实含义，防止未授权的访问即便被捕获也不会被解析。这是信息安全最重要的，也是最基本的要求。具体地讲，就是系统能否保证有价值的重要信息对己方的高可用性和对敌方的不可用性，同时可对信息的来源进行判断，能对伪造来源的信息予以鉴别。换句话说，保密性就是对抗对手的被动攻击，保证信息不被泄露给未经授权的人。

（2）完整性

指信息在存储、传输和使用过程中保持不被修改、不被破坏和不丢失。换句话说，完整性就是对抗对手主动攻击，防止信息被未经授权者篡改。保证信息的完整性是信息安全的基本要求，而破坏信息的完整性，则是对信息安全发动进攻的目的之一。

（3）可靠性

是指对信息完整性的依赖程度，也就是对信息安全系统的信赖程度。

（4）可用性

是指保障信息无论在何时、经过何种处理，当需要时能存取所需信息，即保证信息系统确实为授权使用者所用，防止由于计算机病毒或其他人为因素造成系统的拒绝使用。另外，可用性还包括具有在某种不正常条件下继续运行的能力。

（5）可控性

即授权机构对信息及信息系统实施安全监控，对信息内容及传播具有控制能力，可以控制授权访问内的信息流向及方向。

（6）不可否认性

确保参与方无法否认自己对数据的特定操作（如授权、发送、接收等），即建立有效的责任机制，防止用户否认其行为。

数字图书馆安全保障的最终目的是要达到数字图书馆信息处理和传输过程中的保密性、完整性、可用性、可控性和不否认性。

（二）信息安全威胁因素分析

1.客观威胁

数字图书馆信息安全客观威胁因素如下。

（1）自然因素

自然因素可以分为可控因素和不可控因素。可控因素指可以预知的、通过一定的措施可以避免的威胁，例如水、火、静电等。不可控因素是指不能预知的、超出人力控制的因素，如地震、雷击等自然灾害，但是不可控因素造成损失并不是绝对不可以控制的，只要措施得力，损失还是能够减少的。

（2）硬件和软件因素

硬件因素是要考虑计算机配置是否合理，机器质量是否有保证等现象。著名的计算机芯片制造商 Intel 公司，曾公开其具备多媒体扩展技术的奔腾处理芯片存在缺陷，而在过去全球 80% 的 PC 机正在使用这种芯片；软件因素主要涉及操作系统和应用软件两个方面，软件上的漏洞普遍存在于服务器守护程序、应用程序、操作系统、网络协议等环节中。

2. 主观威胁

（1）蓄意的侵犯或敌意的攻击

侵犯者可能来自图书馆员、用户、相关的利益群体如盗版商人、网络黑客等。同时，黑客攻击网络的手段越来越多，既可以针对整个数字图书馆计算机网络系统，也可以针对单个主机发起攻击。黑客不仅会窃取数据，非法使用信息资源，而且可能导致整个信息系统瘫痪。

（2）管理因素

图书馆的网络信息系统没有建立完善的安全管理制度或执行力度不够、责权不明、缺乏可操作性等，都会引起管理安全的风险，造成安全漏洞，给攻击者留有机会。

（3）人文因素

人文因素一方面来自工作人员，另一方面来自用户。工作人员安全意识淡薄，个别工作人员责任心不强，缺乏必要的专业知识等都可能对系统安全造成影响；用户是数字图书馆中最活跃、最具个性化的使用者，他们的计算机操作能力、使用需求等，都可能构成信息系统的安全隐患。

（4）法规和政策因素

信息资源的安全与健全、完善的政策法规是密不可分的。但是，各国相关法律的制定和执行都存在不同程度的滞后现象。网络犯罪、网络侵权向传统法律提出了挑战。

（5）资金投入不足

由于经费供给有限，许多图书馆都存在建设上重硬件、轻软件，重建设、轻维护的现象，很少认真考虑其信息安全问题。多数图书馆只是配个防火墙，安个杀毒软件定时升级而已。从其威胁因素来看，正是由于信息系统的开放性、软、硬件的脆弱性及法律法规的不完善性等，使图书馆的信息安全面临着许多安全漏洞与隐患，数字图书馆安全理论是涉及资源、技术、管理、法律等方面的现代图书馆学研究的新领域，也成了图书馆理论界，实践界关注的重点问题。

二、数字图书馆信息安全研究的历史

（一）数字图书馆信息安全研究的研究现状

对于数字图书馆的信息安全问题，国内外学者对此有不同程度的研究。

20世纪末，部分学者有预见性地从理论层面上讨论了数字图书馆信息安全问题。21世纪以来，专家学者们开始从技术层面、物理层面、管理层面、社会环境层面等来研究探讨数字图书馆的安全问题。在理论方面，有对信息安全概念的界定，有对信息安全特点的描述，有对影响信息安全的威胁因素的总结及对信息安全的危害及其表现形式的探讨等。在技术层面，一些学者对数字图书馆的网络设计、数据保护、病毒防护、数据加密、登录控制等方面进行了研究，并指出随着信息技术的迅速发展，数字图书馆用户组成将出现越来越复杂的趋势，出于各种目的的入侵和攻击将越来越频繁，各种新计算机技术的应用是保障数字图书馆正常运行的必要条件。在物理层面，学者们从图书馆建筑安全、容错能力等方面进行研究，又从硬件设备安全、数据存储安全等方面进行初步探索。在管理层面，部分学者指出随意性或违章行为会直接威胁到数字图书馆的安全。但是，这方面的研究，以理论者居多，实践上不够深入，详尽有效的系统化解决方案还未出现。在社会环境层面，主要是从信息安全政策和法规入手，从国家标准出发，希望国家和社会可以建立一套完善的法律法规，为数字图书馆安全运行提供保障。

（二）数字图书馆信息安全现存问题

分析数字图书馆诞生以来有关其信息安全问题的研究成果，可以看出，学者们对数字图书馆的信息安全问题仍侧重于其某一方面的研究，没有形成一个综合性的解决方案，原因是数字图书馆的信息安全问题是一个诸多因素影响下的系统问题。而且国内很多图书馆对待信息安全问题态度草率，仅仅采用单一的防病毒软件或被动的防护策略，已经无法满足数字图书馆的安全需要。因此，对数字图书馆信息安全问题进行全面研究，构建一个综合性的数字图书馆安全保障体系是非常必要的。

三、数字图书馆信息安全策略

安全策略描述的是组织为保护信息系统要实现的安全目标，以及实现这些安全目标所运用的手段、采用的途径，保护对象的安全优先级等方面的内容。安全策略制定的目的在于减少信息安全事故的发生，将信息安全事故的影响与损失降到最低。

（一）信息安全策略的构成

信息安全策略包括信息安全内容等级、目标、任务和限制四个主要部分，其中安全内容等级描述保护对象的安全优先级，目标描述的是未来的安全状态，任务定义的是与信息安全有关的活动，限制定义了在执行任务所规定的活动时为保证信息安全必须遵守的规则。

（二）信息安全策略的特征

信息安全策略有以下七个特征。

1. 现实可行性

衡量信息安全策略的尺度首先就是现实可行性，信息安全策略既要求符合现实业务状态，又要能包容未来一段时间内的业务发展要求。

2. 指导性

信息安全策略不是技术解决方案，尽管它对制定信息安全解决方案有指导作用，信息安全策略只是一个组织描述保证信息安全途径的指导性文件，对于整个组织的信息安全工作提供全局性指导。

3. 原则性

信息安全策略不涉及具体细节，只需要指出要完成的目标，并不涉及具体做什么和怎么做。

4. 可审核性

信息安全策略是可以被审核的，即能够对组织内各部门遵守信息安全的情况进行审核和评价。

5. 非技术性

信息安全策略的描述语言应该是非技术性的。

6. 动态性

信息安全是动态变化的，信息安全策略也需要不断动态变化、不断发展，信息安全策略应注意其运用的期限，避免因时间理解错误而造成混乱。

7. 文档化

信息安全策略应该有清晰和完全的文档描述。

（三）数字图书馆信息安全策略等级

1. 数字图书馆主要信息内容

目前，大多数数字图书馆都包括了以下几个方面的信息内容。

（1）图书馆概况

主要介绍图书馆的基本情况，如图书馆简介、历史沿革、馆长致辞、行政工作、馆藏分布、图书馆风采、部门指南等内容，其目的是使广大读者对该图书馆有一个基本的了解和认识。

（2）馆藏信息查询

包括中文图书目录查询、外文图书目录查询、中文期刊目录查询、外文期刊目录查询、特种文献目录查询、专题文献目录查询、联机公共书目查询、个人借阅情况查询等。其目的是为读者提供查询检索服务。

（3）读者服务

主要为读者提供各类实用信息，目的是帮助读者更好地利用图书馆提供的各种信息资源和服务。具体包括联系方式、开放时间、图书馆规则、读者信息检索、科技查新、电子邮件、热门图书、视听服务、文献传递、新书报道等。

（4）读者园地

这是一个图书馆与读者以及读者之间相互沟通的网上空间。读者可以在此发表自己对图书馆的看法和建议，可以提出一些疑难问题寻求帮助，甚至可以推荐一些好书、好作品，大家可以相互交流学习心得等；图书馆可以借此进行读者需求分析并帮助解决读者遇到的实际问题，加强图书馆与读者的联系，提高图书馆的服务质量等。

（5）电子资源

这是图书馆网站建设的核心内容，是网上读者最关心、最需要的服务项目。电子资源包括中文数据库（如中文期刊网、超星数字图书馆、中文经济信息网等）、英文数据库、专题数据库、电子资源导航、光盘数据库检索、电子期刊等。

（6）读者培训

其目的是帮助读者更好地利用图书馆网站上的数据库资源，查找所需要的信息。培训内容包括电子资源检索和利用、应用软件使用指南等。

（7）网络导航

目的在于帮助读者更加有效地开发和利用广阔的网络资源。图书馆网站通过导航服务引导读者直接利用其链接的优秀网站，以最便利的方式获取所需要的信息。图书馆网站的导航内容主要包括国内上网图书馆、电子期刊、搜索引擎及全球图书馆服务等。

（8）图书馆动态

主要发布馆内新闻、图书馆公告以及重点科研项目进展、出版发行及展览等方面的最新信息。

2. 数字图书馆信息内容等级划分

内容分级为的是明确信息面临的风险程度，从而确定数字图书馆受损害的程度，据此确定保护的级别，确立其各自的安全需求。只有明确其信息需求，才能有针对性地构建安全体系，有效地保证信息安全。

（1）划分依据

数字图书馆管理人员应根据信息内容对用户的重要性和数字图书馆系统对其的依赖性确认关键信息，进行分级。例如文献资料信息是提供服务的支柱，有些用户隐私问题是非常敏感的，数据库光盘承载的信息是数字图书馆服务正常开展的必要条件，这些信息相对价值较大，比较容易受到侵害，是信息安全保护的重点，应处于保护的最高级别。

根据国家秘密的密级划分，并结合数字图书馆信息自身的特点，将其划分为"核心级""内部级""公开级"三类。

（2）数字图书馆信息内容三级划分

核心级：该级别的信息是整个图书馆网站对外服务的核心，价值级别在三者中"最高"，而且一旦遭到破坏或恶意篡改，将可能造成整个图书馆网站对外服务的中止。因此对这类信息的安全防护也是最为严密的，一般需要拥有最高权限的领导或极少数高级管理员才能对其相关信息进行修改或使用。这种类型的信息主要包括网站管理员密码、收费电子资源的管理与使用、读者个人资料与基本信息、借阅类型、借阅史、押金情况等。

内部级：该级别的信息主要是为了实现对重点馆藏的长期保存而数字化的文献。由于该类文献为馆藏精品，故其信息价值级别"较高"，破坏或泄露后造成的危害程度"严重"，因此只有拥有一定权限的图书馆工作人员才可以进行访问和使用，普通的读者没有权限访问。这种类型的信息主要包括数字化的国家级重点文献，独家馆藏的重点文献、孤本、善本等。

公开级：该级别的信息主要是图书馆对外宣传的内容，其信息重要程度的级别属于"一般"，破坏后造成的危害"小或可以忽略"，普通的读者都可以随意进行访问。这种类型的信息主要包括图书馆概况、图书馆动态、馆藏信息、图书查询、读者服务、书刊外借信息、读者园地、网络导航等。

根据以上的信息划分标准，数字图书馆的信息安全保障应达到实时保护"核心级"内容不遭到破坏或篡改，定时检测确保"内部级"的信息不遭到泄露，在发现"公开级"信息遭到篡改或破坏后能够即时地进行修复。

（四）数字图书馆信息安全的限制

1. 平衡信息共享和信息限制的原则

数字图书馆信息服务的目标就是最大限度进行信息共享，发挥信息的作用。而数据库的保密性和可用性之间存在着冲突，如为了提高数字图书馆信息的保密性要对其中的信息进行加密，而要访问经过加密的信息，访问效率会降低。因此针对具体应用，需要妥善解决保密性和可用性之间的矛盾，平衡信息共享和限制的关系。

2. 重点保护和经济效益原则

要保证数字图书馆的信息安全，需要在软、硬件以及时间精力上大量投入，保护越周密，投入越大。因此图书馆应在安全内容分类的基础上，确定保护的重点，将主要的人力、物力、财力放到重点保护对象上，避免不合理的成本支出。

3. 实时性和高效性原则

信息安全建设中应采用高处理能力的安全产品与技术，摒弃简单堆砌的做法，合理集成信息产品、信息技术以达到最优组合，真正保证实时性和高效性。

4. 规范化建设原则

当前存在着很多与信息安全相关的法律法规，图书馆在制定信息安全策略时，应参考现行的法律、标准、规范。一方面这可以为数字图书馆信息安全提供指导和借鉴，另一方面也避免这些规定违反法律、法规而失去效力。

5. 整体保障原则

信息安全符合木桶原理，即系统中最薄弱的环节决定了整个系统的安全性，从而体现出弱优先规律。信息安全涉及的是管理与技术的不同层面，任何层面的安全因素都不能偏废，必须同步整体发展，注重发现并解决信息安全的薄弱环节，形成整体的信息安全保障体系，以防止信息安全的问题因某个局部薄弱环节的存在而降低其系统整体的安全能力。

6. 持续改进原则

随着技术的不断进步，各种病毒和攻击手段也会不断地更新。现在看来比较安全的防护体系，在未来可能漏洞百出。因此信息安全是一个永恒的话题，需要不断地对数字图书馆的信息安全进行审核评估，持续地改进安全系统。

7. 充分保护投资原则

安全建设应充分考虑到保护投资的原则，确保随着将来业务的发展，可以通过平滑扩展的方式，充分利用已部署的安全产品，最大限度地利用网络的相关投资。

四、信息安全的目标和任务

数字图书馆安全保障的最终目标是要达到数字图书馆信息安全三个层次上的六个安全需求，即信息的保密性、完整性、可靠性、可用性、可控性和不可否认性。

信息安全的任务应该包括实现信息安全目标所运用的手段、采用的途径。拟构建以财力、物力、人力资源作为支撑后盾，以技术体系和管理体系为主体保障，以标准、法律规章为依据，全面、细致考虑每种因素与每个环节，从综合的角度出发，构建体系化的数字图书馆信息安全保障模型。

五、数字图书馆信息安全技术体系

由于数字图书馆所面对的存储对象和技术领域远远超出了传统图书馆所涉及的范围，其安全需要大量的技术突破作为支撑。我国在密码学领域的研究以及反病毒、防火墙和入侵检测等安全产品的研究与开发方面已经较为成熟，这些技术理论为解决数字图书馆信息的安全问题提供了一定的支撑和依据。

从国际上来看，在将传统安全技术（如安全身份论证技术、主机入侵检测技术等）应用于数字图书馆方面已经取得进展。我国的数字图书馆也开始逐渐地采用一些国外的先进安全技术来解决其安全问题，但大多只是针对有限的几种安全威胁，也很少进行针对数字图书馆的特定情况的有效的二次开发。因此，对于更多的安全问题力不从心。

我们从技术角度来考虑保障因素，并通过综合集成、二次开发等手段来构成建立在技术层面的信息安全保障体系。

（一）数字图书馆信息安全技术层次划分

信息安全作用的三个层面即物理安全层、软件安全层、数据安全层对应于技术体系的实体安全技术、运行安全技术、数据安全技术。数字图书馆的信息安全问题在物理安全、运行安全、数据安全不同层面上表现不一。针对不同的安全需求，应采用相关技术，建设配套的信息安全应用设施。

数字图书馆信息安全的层级需求与支持技术如下。

1. 实体安全

是数字图书馆网络正常运行的物质基础。围绕网络与信息系统的物理装备的安全，包括各类计算机设备（如终端、服务器、工作站等）和网络通信设备（路由器、交换机、集线器、调制解调器）以及磁盘、磁带、硬盘和CD-ROM 的安全。主要涉及信息及信息系统的电磁辐射、抗恶劣工作环境等方面的问题。面对的威胁主要有自然灾害、电磁泄露、通信干扰等；主要的保护技术有数据和系统备份、电磁屏蔽、抗干扰、容错等。

2. 运行安全

围绕网络与信息系统的运行过程和运行状态的安全。包括操作系统、数据库系统和应用系统三大部分操作系统。主要涉及信息系统的正常运行与有效的访问控制等方面的问题；面对的威胁包括网络攻击、网络病毒、网络阻塞、系统安全漏洞利用等。主要的保护技术有访问控制、病毒防治、应急响应、风险分析、漏洞扫描、入侵检测、系统加固、安全审计等。

3. 数据安全

围绕着数据(信息)的生成、处理、传输、存储等环节中的安全。主要包括:元数据、对象数据和用户数据等，涉及数据（信息）的泄密、破坏、伪造、否认等方面的问题。面对的威胁主要包括对数据(信息)的窃取、篡改、冒充、抵赖、破译、越权访问等。主要的保护技术有加密、认证、访问控制、鉴别、签名等。

（二）数字图书馆信息安全关键技术介绍

1. 防护技术

防护技术主要包括认证、访问控制和内容安全等方面。防护技术可以增加攻击者入侵所花费的时间、成本和所需要资源，以降低系统被攻击的危险，达到安全防护的目的。

（1）数字签名技术

数字签名指附加在数据单元上的一些数据，或是对数据单元所作的密码变换，这种数据或变换允许数据单元的接受者用以确认数据单元来源和数据单元的完整性，并保护数据，防止被人伪造。

数字签名是解决网络通信中特有安全问题的一种有效方法。

（2）防火墙技术

防火墙在某种意义上可以说是一种访问控制产品。它在内部网络与不安全的外部网络之间设置障碍，阻止外界对内部资源的非法访问，防止内部对外部的不安全访问。它是不同网络或网络安全域之间信息的唯一出入口，能控制出入网络的信息流且本身具有较强的抗攻击能力。防火墙能够较为有效地防止黑客利用不安全的服务对内部网络的攻击，并且能够实现数据流的监控、过滤、记录和报告功能，较好地隔断内部网络与外部网络的连接。

（3）防病毒技术

防病毒技术主要包括计算机病毒预警技术、已知病毒与未知病毒识别技术、病毒动态滤杀技术等。通过对计算机病毒的识别、预警以及防治能力，形成基于网络的多层防范、集中管理的病毒防治体系，以防范对图书资源的各种破坏。

（4）信息过滤技术

信息过滤一般分为基于内容的过滤和合作过滤。内容过滤一般是针对网上不良信息进行阻断，主要包括基于 URL 的站点过滤技术、基于内容关键字的过滤技术、基于 URL 内容关键字的过滤技术、基于图像识别的过滤技术、智能过滤技术和几种技术结合的组合过滤技术。

网络内容过滤产品的研发起步非常早，目前已形成几家主流产品，国外已经有较系统的不良信息分类研究和完善的不良站点列表数据库，代表产品包括：Family Connect、Smart Filter、CyberSnoop、Surf Control、Surf Watch、Cyber Patrol 等。

2. 检测技术

由于信息系统的复杂性，安全防护技术只能做到尽量阻止攻击企图的得逞，或者延缓这个过程，系统漏洞的存在在所难免，检测技术的引入就是用来弥补漏洞的存在。

（1）入侵检测技术

入侵检测是一种主动保护网络和系统安全的技术，从计算机系统或网络中采集、分析数据，察看网络或主机系统中是否有违反安全策略的行为和遭到攻击的迹象并采取适当的相应措施阻断攻击，降低可能的损失，它能提供对内部攻击、外部攻击和误操作的保护。

（2）内容审计技术

内容审计主要指对与安全有关的活动的相关信息进行识别、记录、存储和分析；审计结果用于检查网络上发生了哪些与安全有关的活动。它通过记录用户访问的所有资源和所有访问过程，实现对网络的动态实时监控，为用户事后取证提供手段。网络内容审计技术一般以旁路方式捕获受控网段内的数据流，通过协议分析、模式匹配等技术手段对网络数据流进行审计，并对非法流量进行监控和取证。通常采用多级分布式体系结构，并提供数据检索功能和智能化统计分析能力，对部分非法网络行为（如 Web 页面浏览、QQ 聊天、BBS 等）可进行重放演示。

3.应急响应技术

百密必有一疏，多方面的防护与检测也会出现小的漏洞，这些小的漏洞对信息的安全却会带来不可忽视的危害，因此就需要及时地补漏。应急响应技术包括控制阻断技术和隔离技术。

控制阻断技术从阻断依据上分为基于 IP 地址的阻断和基于内容的阻断，从实现方式上分为软件阻断和硬件阻断，从阻断方法上分为数据包重定向和数据包丢弃。对识别出的非法信息内容，一般将阻止或中断用户对其访问，其中成功率和实时性是重要指标。

4.备份恢复技术

备份是保证数据安全的最后一道防线，数据备份是将系统全部或部分数据集合从应用主机的硬盘或阵列复制到其他的存储介质的过程。备份可以选择全备份、增量备份、差分备份。

一般备份软件主要分两大类。

一是各个操作系统厂商在软件内附带的，如 NetWare 操作系统的"Backup"功能、NT 操作系统的"NTBackup"等；

二是专业备份软件厂商提供的全面的专业备份软件，如 Veritas 或 Legato 的专业备份软件。

恢复措施在整个备份中占有相当重要的地位，它关系到系统软件与数据在经历灾难后能否快速、准确恢复。全盘恢复一般应用在服务器发生意外灾难，导致数据全部丢失、系统崩溃或是有计划的系统升级，系统重组等情况，也称为系统恢复。

（三）数字图书馆信息安全技术整合与集成

技术是解决信息安全问题的基本要素之一。各种技术产品的简单堆砌或单独使用是无法全面确保数字图书馆安全性的。为此，提出了将各种技术整合，使各种技术相互补充、相互作用，从而建设数字图书馆的信息安全应用系统，达到技术最优组合、实现其效用最大化，真正从技术因素上提高信息安全的系数。

1. 信息安全防御应用系统

鉴于互联网的开放性，对自身的信息与信息系统进行必要的防护，事先采取各种技术措施对潜在的威胁进行预防。建设防御系统，可以在不同的层面来保障信息安全。通过整合加密技术、冗余机制、安全评估技术、信息过滤等技术，保证信息的机密性、完整性不被破坏，确定信息系统所面临的风险，限制有害信息不能任意在网络空间中任意漫延，通过建设 PKI/PMI/KMI 信任体系的基础设施来保证网络空间中的身份的真实性。

上述种种技术的集合，使得信息系统形成防范、抵御各种已知的、针对信息与信息系统威胁的能力，以防范、抵御针对信息与信息系统安全属性的威胁，这种保护能力必须根据具体情况进行动态和持续的更新。

2. 信息安全监控系统

在开放的网络空间环境中，即便有了很好的防御能力，也必须考虑到未能防御成功的威胁情况。因此需要采取手段及时发现对信息系统潜在的或事实上的攻击。建设信息安全监控系统，可以在不同的层面来保障信息安全的六个属性。通过整合审计技术、检测技术、身份认证技术、数字签名技术来对网络进行动态实时监控，从而及时发现各种威胁，如蠕虫的大范围扩散而破坏可用性的现象、伪造身份而破坏真实性的企图和网页内容篡改行为。

上述种种措施的集合，形成针对各类潜在与未知威胁的发现能力，以发现针对信息与信息系统安全属性的各类威胁。

（四）应急响应系统

采取各种技术手段与措施，使得信息系统针对所出现的各种突发事件，具备及时响应、处置信息系统所遭受的攻击，恢复信息系统基本服务的能力。

网络空间中针对信息系统的攻击存在不可预见及不可抗拒的可能。安全事件的发现能力，为事件的发生提供了告警能力。因此，最重要措施就是建立应急响应体系，以便在事件出现时能够及时响应，针对攻击事件进行有效处置以防止事态的进一步恶化，面对所出现的损失确保恢复，从而将损失降低到最低限度。

通过整合权限控制技术、阻断技术、重发机制、黑名单的方式来以保障系统的机密性、可控性，信息传递的完整性，将破坏真实性的用户排除在信息系统的合法使用集合之外。上述种种措施的集成，形成针对所处理的安全事件的应急能力，以及时响应、处置信息与信息系统安全属性所面对威胁。

（五）备份恢复系统

备份措施相当于为信息系统买保险，通过建立最小灾难备份系统来保证信息系统在受到灾难性攻击时的基本可用性。

整个恢复体系应涵盖四项恢复机制。

（1）网络的恢复，负责恢复整个网络基础设施，如线路、路由器、交换机等功能。

（2）系统的恢复，负责所有主机的恢复，使主机重新稳定运行。

（3）信息的恢复，负责信息系统（主要是数据库系统）的恢复、重启，通过完善的备份机制，使数据安全地恢复和加载，这是恢复工作重点和难点。

（4）应用的恢复，负责整个应用系统的恢复，包括对服务的恢复，为系统重新运行做最后的准备。

（六）信息安全产品二次开发举例

数字图书馆是国家信息基础设施的一部分，目前国内外针对信息安全开发的产品种类繁多，如何将先进的信息安全产品应用到数字图书馆信息安全建设中，提高其信息安全系数，一个重要的途径就是有针对性地进行合理的二次开发。

1.SOC 和 UTM 简述

（1）安全运营中心

安全运营中心是另一个典型的组合技术平台，是针对传统安全管理方式的一种重大变革。它将不同位置、不同资产（主机、网络设备和安全设备等）中分散且海量的安全信息进行范式化、汇总、过滤和关联分析形成基于资产领域的统一等级的威胁与风险管理并依托安全知识库和工作流程驱动对威胁与风险进行响应和处理。

（2）统一威胁管理

统一威胁管理概念的提出是在 2004 年 9 月。IDC 首次提出将防病毒、入侵检测和防火墙安全设备命名为统一威胁管理。UTM 系统平台具备综合功能，它将多种安全特性集成于一个硬件设备里，构成一个标准的统一管理平台。

UTM 设备具备固有的包括网络防火墙、网络入侵检测 / 防御和网关防病毒功能。UTM 的存在降低了应用的复杂性，避免了软件安装工作和服务器的增加，并减少了维护量。另外，还可以和高端软件解决方案协同工作，减少繁杂的操作过程，也使排错更加容易。

2.UTM 和 SOC 在数字图书馆信息安全中的具体应用

（1）实现数字图书馆的安全的整合和关联

基于 UTM（统一威胁管理）和 SOC（安全运营中心）的数字图书馆安全管理体系可以将各种安全事件加以整合，并将数字图书馆安全事件以统一的格式集中上报给图书馆主管部门。通过事件关联，数字图书馆安全管理系统可以发现与某种特定攻击相关的关键事件，甚至可以知道其所产生的实际危害，从而节省传统的查阅和分析大量的日志所耗费的时间，缩短真正安全事故响应的延迟，赢得安全防护的最佳时机。

（2）实现数字图书馆信息安全的实时监控

通过对安全事件的整合、关联及处理再结合其他的一些因素，UTM（统一威胁管理）和 SOC（安全运营中心）可以实时地计算当前风险，即将数字图书馆系统、数字图书馆网络、数字图书馆应用中可能出现的各种风险进行量化分析，然后以图形化的方法将它表达出来，让数字图书馆管理人员在最短的时间感知到风险的程度，找出数字图书馆系统中存在的漏洞，分析数字图书馆网络存在的问题，查出数字图书馆应用中的安全隐患，提出并讨论安全运行组织体系的建设和安全度问题。实现风险感知的实时性，从而突破传统数字图书馆安全服务中所涉及的静态风险评估。高度的实时性正是数字图书馆安全管理技术所带来的突破。

（3）实现数字图书馆安全动态响应

优化安全策略分析：通过 UTM 和 SOC 的安全监控功能，数字图书馆部门可以实时掌握自身的安全态势、各个安全防护层面的网络系统和应用处理情况，并且能够输出正常和非法个性化的安全策略报表，然后直接通知对应的数字图书馆管理人员或厂商对其自身策略进行优化调整。

动态响应策略调整：UTM 和 SOC 通过自身对国内外标准安全响应协议的支持（如 SNMP、TOPSEC 联动协议等）能够自动地和相关的安全防护技术实现策略自动交互，同时通过安全运营中心的专家知识库能从全局的角度去响应数字图书馆系统安全事件，因此可以很好地解决安全误报的问题。

六、数字图书馆信息安全技术体系框架

数字图书馆信息安全技术体系是从技术角度来考虑保障因素的，并通过综合集成的技术策略来构建建立在技术层面的信息安全保障体系框架的。

（一）技术整合管理策略

1. 整合理论

整合是系统论的思维方式。就是要通过组织和协调，把企业内部彼此分离的职能，把企业外部既参与共同的使命又拥有独立经济利益的合作伙伴整合成一个为客户服务系统，取 1+1 大于 2 的效果。

整合管理策略是通过对自身面临的威胁进行风险评估，决定其所需要的安全服务种类，考虑技术上的可实现性，选择相应的安全技术，从而集成各种先进的安全技术，形成一个全方位的安全系统。

2. 技术整合管理的意义

先进的信息安全技术是系统安全的根本保证。在技术应用的层面上，技术整合就是优化技术效用的决策。根据组织的需求对有关的资源进行重新配置，寻求资源配置最佳结合点，以突显组织的竞争力。

（二）技术体系框架简介

该框架以技术资源为支撑，技术资源根据信息安全的层级被划分为三类：实体安全技术、运行安全技术、数据安全技术，不同层级的安全需求配以相应的安全技术。各种技术产品单独使用是无法全面确保数字图书馆安全性的，为此，提出了以"技术整合管理策略"为指导核心，将各种技术加以整合以达到使各种技术相互补充、相互作用来建设数字图书馆信息安全动态保障应用系统，真正从技术因素上提高信息安全的系数。

七、数字图书馆信息安全管理体系

数字图书馆信息安全应从技术和管理两个方面来保证。数字图书馆信息安全不仅要靠技术，更重要的是要靠管理。信息安全"三分靠技术，七分靠管理"，尽管这种说法不太确切，但是它指出了数字图书馆信息安全管理的重要性。

数字图书馆信息安全管理体系是数字图书馆信息安全各个环节有效实施的重要保障，数字图书馆信息安全管理包括：安全管理依据制定、人员安全管理、资产安全管理、安全技术管理几大部分。

安全管理主体根本上是人的因素，它由安全决策机构、人员安全管理机构、设备安全管理机构和技术安全管理机构构成。不同的安全需求所实施的管理手段要有相应的管理主体来进行。

（一）安全原则与规章制度

安全原则与规章制度使图书馆信息安全的管理做到有"法"可依，也起到约束和监督的作用。

1. 数字图书馆信息安全管理三原则

一是从不单独活动原则，在人员条件允许的情况下，由数字图书馆馆长指定两个或更多的，可靠且能胜任工作的专业人员，共同参与每项与安全有关的活动，并通过签字、记录、注册等方式来证明；二是限制使用期限原则，任何人都不能在一个与安全有关的岗位上工作太长的时间；三是责任分散原则，不集中于一人实施全部与安全有关的功能。

2. 规章与制度

规章与管理制度是为管理机构制定的管理依据。按照国家有关法律、法规制定。主要包括操作人员的管理制度、用户管理制度、设备管理制度、技术管理制度、安全责任制度等。

人员管理制度包括制定选人方案，遵守在实际操作中应按照"先评测、后上岗，先试用、后聘用"的原则，加强授权的管理。岗位考核制度应包括政治思想、保密观念、业务技术等几个方面。设备管理制度包括对所有设备应建立项目齐全、管理严格的购置、移交、使用、维护、维修和报废等登记制度；制定详细的安全责任制度，明确每个人在保证信息安全方面应负的责任，健全责任追究制度，同时加大监督力度，尽可能减少管理过程中出现的漏洞与疏忽。

（二）人员管理机构

人是信息系统的主体因素，也是信息系统安全管理的对象，安全管理的效果取决于人的因素，人员的安全意识及对管理的重视程度等都会对安全产生极大的影响。因此，人员的安全管理尤为重要。

1. 安全人员的分类与职责

（1）硬件安全岗

机房安全员负责计算机机房的安全与管理，警卫保安员负责计算机机房周边环境良好。

（2）软件安全岗

系统安全员负责信息网络操作系统及服务操作系统的安全与管理，网络安全员负责网络系统的安全保密工作，防病毒安全员负责网络系统的计算机病毒的防护。

（3）数据安全岗

信息安全员负责信息网络系统的信息安全和保密信息的管理，数据库安全员负责数据库管理系统的安全及维护管理工作，数据安全员负责网络中运行数据的安全。

2. 工作人员的安全管理手段

工作人员的聘用审核：工作人员的聘用必须经过严格的政审并且考核其业务能力，而且关键岗位人员不兼职。

工作人员的考核：根据考核制度规定，定期对不同岗位的人员进行考核，对于考核合格者应予以表扬和奖励，不合格应教育、批评或处罚。

工作人员培训：安全培训应该是多层次多方面的，根据组织建立的信息安全培训制度与培训计划，对不同的工作人员，有重点有针对性地进行培训，培训应达到全面提高人员的技术水平、道德品质、政治觉悟和安全意识的目的。

3. 用户的安全管理手段

通过用户安全培训，提高用户安全意识，使其自觉遵守安全制度与规章。达到帮助用户确立自我约束的价值准则，防止他们成为信息安全的受害者和新的传播者；提高用户的素质和信息识别能力，让用户掌握对付病毒和黑客攻击的知识。

（三）设备管理机构

数字图书馆的设备管理主要是硬件及软件的安全管理。

1. 硬件安全管理手段

（1）环境安全管理

设备存放的环境监测依据：制定温度、湿度、静电防尘等一系列的安全环境要素的参数指标体系。

（2）设备自身的安全管理

硬件设备管理包括：选型、安装、登记、使用和维修管理几方面。

设备选型时应注意严禁采购和使用未经国家信息安全评测机构认可的信息产品，并尽量采用我国自主开发研制的信息安全设备。

对购置的设备按照使用手册进行正确的安装，并在正式使用前，先进行运行测试和兼容测试。

对每台设备的使用均应指定专人负责并建立详细的运行日志，设备负责人应负责设备的使用登记和维护、在出现故障时填写故障报告，并通知有关人员处理。

设备应有专人负责维修，并建立满足正常运行最低要求的易损件的备份库。

2. 软件安全管理手段

软件是信息系统开发和运行的环境，对软件的管理主要是系统的选型和购置，系统的选型和购置应考虑以下几方面。

（1）软件的适用性

考察软件是否适合本系统的技术需要，是否适合计算机系统的规模，是否适合系统信息传输、交换复杂程度的需要。

（2）软件的可靠性及可维护性

软件的安全性与可靠性和可维护性有着很大的关系。软件的可靠性指在特定的条件下和在规定的时间内不发生故障的性能。软件的可维护性指软件在使用阶段发生故障和缺陷时，用户可以对其进行修正的性能。一个可靠性和可维护性低的软件是无法谈及它的安全性的。

（四）技术管理机构

技术管理机构主要的任务是跟踪、研发新技术，建立技术文档。

1. 建立技术研发小组

我国几乎没有拥有自主产权的信息安全技术，无论是目前使用的操作系统还是相关的防火墙和认证技术都来自国外，不仅技术上受制于人，而且在将其应用于特定环境的过程中，也缺乏由专业人员组成的研发小组。研发小组通过关注行业发展动态，收集相关技术情报，结合自身特点为图书馆开发、研制新的安全产品。

2. 建立技术文档

技术文档是指对信息系统设计、研制、开发、运行和维护中的所有技术问题的文字描述，记录了系统各阶段的技术信息。

它的作用是为系统的维护、修改和进一步开发提供依据；为管理人员、开发人员、操作人员和用户之间的技术交流提供交互的媒体。技术文档管理涉及形成、处理、收集、积累、整理、归档、保管和利用等环节。

八、数字图书馆信息安全管理体系框架

信息安全不仅仅需要采用技术措施，还需要更多的借助于技术以外的其他手段，如规范安全标准和进行信息安全管理，这一观点已被越来越多的人所接受。单纯的技术不能提供全面的信息安全保护，仅仅靠安全产品并不能完全解决信息安全问题，这已逐渐成为共识。

数字图书馆信息安全管理体系涉及的各个基本要素：管理目的、管理对象、管理手段、管理主体、管理依据和管理资源。

安全管理的主体因素是人，管理主体是一个安全组织机构，它包括了安全机构组织的领导——决策机构、人员管理机构、设备管理机构和技术管理机构；决策机构负责安全角色和职责划分，安全制度、管理原则及操作规程的制定，这些制度、原则、规程指导各个管理机构实施管理，也是明确保

证信息安全责任的依据；管理机构通过管理手段（如人员的培训、考核，设备的选型、维护，研发技术、建立技术文档等）对管理对象进行监督、管理，以保障安全环节的有效实施。

安全管理的具体实施依赖于管理资源的支撑，管理资源包括管理人才、管理资金及管理技术等。

第三节 数字图书馆知识产权保护

随着数字技术和互联网技术的发展，数字图书馆已经成为传统图书馆的发展方向。数字图书馆的发展与知识经济、新经济和经济全球化的发展是相适应的，同时对于数字化和网络技术环境下建设数字图书馆所遇到的知识产权问题，阐述了其实质是网络环境下公众利益与著作权人利益的重新调整，为了促进数字图书馆的健康发展，也为了全社会利益，下面对数字图书馆知识产权保护问题进行了较深入的研究和探讨。

一、数字化图书馆保护知识产权的重大意义

对人们从事科技研究和文艺创作具有积极的调动性。知识产权保护制度致力于保护权利人在科技和文化领域的智力成果。只有对权利人的智力成果及其合法权利给予及时全面的保护，才能从根本上调动起人们的创造主动性，促进社会资源的优化配置。

从企业的经济效益来看也具有很大的利益，可以有效增强经济实力。知识产权的专有性决定了企业只有拥有自主知识产权，才能在市场上立于不败之地。如今有越来越多的企业意识到技术、品牌、商业秘密等无形财产对企业所造成的巨大作用，而如何让这些无形资产逐步增值，有赖于对知识产权的合理保护。

有利于促进对外贸易，引进外商和外资投资。我国已于 2001 年 12 月 1 日已经加入世界贸易组织，开始履行《与贸易有关的知识产权协议》，保护国内外自然、法人或者其他组织的知识产权。试想，如果没有知识产权的保护，我国就不能参与世界贸易活动，可见保护知识产权的意义重大。

二、数字图书馆涉及的知识产权特点

当下，以资源数字化、传递网络化、信息共享化为特征的数字图书馆

强烈地影响着传统图书馆的未来发展方向。在发展的过程中，如何保护自己的权益不受或少受侵犯，如何保证不对他人的知识产权产生侵犯，是数字图书馆面临的一个新问题。

知识产权是通过人的智力活动所创造的精神财富，也就是智力劳动成果所享有的一定权力。数字图书馆的知识产权问题主要是针对著作权进行的研究。对于知识产权方面，从法律上认清图书馆馆藏数字化与网络传播行为的法律意义是非常重要的。

（一）数字化行为的法律性质

在法律界对数字化的法律性质有着多种不同的看法。1996 年 5 月，在国家版权局和世界知识产权组织的"数字技术版权保护研讨会"上，专家们一致认为数字化是一种技术上的转换，不具有版权法意义上的原创性，所以说数字化行为是一种可以进行复制的行为。在确定了馆藏数字化行为的法律性质以后，图书馆在发展与运行方面就可以根据法律的相关规定，有的放矢地开展馆藏数字化转换工作。

（二）数字化作品网络传输的法律性质

图书馆将馆藏进行数字化的目的不仅是为保存版本的需要，更主要的是为了将其上网为用户提供信息服务。受著作权法保护的作品，包括著作权法第三条规定的各类作品的数字化形式，著作权法第十条对著作权各项权利的规定均适用于数字化作品的著作权。将作品通过网络向公众进行传播共享，属于著作权法规定的使用作品的方式，著作权人享有以该种方式使用或者许可他人使用作品，并由此获得报酬的权利。

（三）数字图书馆管理中涉及的侵权行为

数字图书馆涉及的知识产权其保护的范围包括：对图书馆本身权益的保护与对著作权人知识产权的尊重。数字图书馆管理中涉及对他人的侵权行为主要有两种，即规避技术措施和修改权利管理信息。规避技术措施，是指未经版权所有者授权而对已编码的作品进行解码，对加密的作品进行解密，或以其他方式回避、越过、排除、化解或削弱技术措施。这些都说明我们在数字图书馆的管理中，会面临诸如盗版、解密等规避技术措施的法律责任风险。而修改权利管理信息主要包括未经权利人许可，对其进行删除、改变权利管理信息。在数字图书馆管理中，要加强对权利管理信息的保护，防止因权利管理信息而引发的侵权纠纷。

三、数字图书馆知识产权保护措施

目前，学术界在对数字图书馆知识产权保护的研究中，有的赞成强化保护，有的支持弱化保护。其中，赞成强化保护版权人利益的观点是：数字图书馆不能适用传统图书馆领域的版权限制和例外制度，否则所有权利人的利益都将受到前所未有的损害；而相反的观点认为：数字图书馆也应作为公益组织而享受版权责任豁免，版权制度要为之网开一面，否则互联网为人类带来的福祉将无法兑现，科技事业、文化史的发展都将受到限制。实际上对于数字图书馆而言既不能过于强化版权保护，也不能弱化甚至漠视版权保护，换而言之，应该采用适度保护的原则。秉承此原则，我们不妨采取以下措施对数字图书馆中的知识产权予以保护。

（一）完善相关的知识产权法规

目前，在网络和信息时代高速发展的情势下，我国的知识产权制度无论是理论研究还是立法实践都已跟不上时代的步伐，无法满足数字图书馆的知识产权保护的需要。因此，我们的首要任务是要制定或完善相关的法律法规，面对数字图书馆运行中出现的知识产权新问题，在法律上予以明确。如"明确图书馆普及大众知识、传承人类文明之宗旨，确立其为社会大众服务的'公益'性质"；"为数字图书馆的'合理使用'制度与'法定许可'制度制定更明确的内容规范，以平衡各方面的利益"；"尽量细化如'数字化复制''著作权许可协议'等关键术语"。这样，可以使得数字图书馆知识产权保护真正有法可依、有法可循。此外，在进行数字图书馆知识产权立法时，还要参照国际惯例，借鉴他国的成功经验，加强学习交流，完善网络环境下知识产权的相关法规。

鉴于我国关于数字图书馆版权保护的实际情况，不妨在将来的知识产权立法中建立"版权补偿金制度"。国家版权保护中心等权威机构可以首先定期对一定区域内的数字图书馆的作品利用情况进行调研，根据作品被使用的种类、使用次数、使用时间、使用方法等方面制定出合理的收费标准，提出可行的立法建议。在充分调研论证的基础上，应该针对图书馆的公益性主体性质，对于非营利性数字图书馆，应由政府承担补偿金的支付，确保其发展不受经济束缚，而对于营利性数字图书馆，则由其自身支付，国家可酌情给以一定的费用补助。版权集体管理组织负责收取和分配补偿金，由国家版权保护中心进行监督检查。

此外，要立法建立版权集体管理机制。版权集体管理在现代版权制度体系中占有举足轻重的地位。由于集体管理组织既要保障权利人的利益，又要维护公共利益，因此被认为是在权利人与社会公众之间的利益平衡支点的最恰当的选择。

（二）采取有效的技术保护措施

数字图书馆是随着网络环境下先进技术的产生而产生的，其中的知识产权问题也是由日新月异的技术手段引起的，因此要有效地解决数字图书馆知识产权问题，除了制定完善的法律法规外，还需要采取更有效的技术防范手段。

从国内外的经验来看，可以采取以下技术措施。

1. 权限设置

这是目前大多数数字图书馆都经常采用的办法。它是通过输入口令，合法的用户可以访问相关网站、网页的内容，非法的用户则不能；或者对IP 地址进行限定，规定某些 IP 地址用户可以访问相应的网站或数据库，如高校图书馆的数据库就是这样设置的。

2. 客户认证技术

用户通过版权控制机构申请获得客户认证技术证书，如果该用户利用客户认证技术进行非法复制，客户认证技术机构将在计算机范畴外进行调查和起诉，同时可设置自动计费软件，将信息使用费自动计入使用者在该系统的网站中设置的账户里。

3. 防火墙技术

该技术是一种使用很广泛的网络安全技术，其工作原理是在被保护网络与外部网络之间设立一道屏障（即防火墙），在此检查进出被保护网络的信息是否被准许通过，或用户的服务请求是否被允许，从而阻止非授权用户的进入和对信息资源的非法访问。

4.VPN 技术

VPN 技术采用了鉴别、访问控制、保密性、完整性的措施防止信息丢失、篡改和非法复制，能够大大提高数字图书馆信息的安全性和共享性。

5. 数据加密技术

为了加强信息的保密性、完整性和安全检查性，也就是信息的防伪与防窃取，有必要对数据进行加密。其原理就是将信息格式转化为密文，然后传输或存储密文，当需要时再重新转化为明文，是保护数字图书馆知识产权的常用手段之一。它可以作为保护数字图书馆知识产权的常用手段。

6. 数字水印技术

该技术是用信号处理方法在数字化的多媒体信息中嵌入隐蔽的标记，这种标记通常是不可见的，只有通过专用的检测器或阅读器才能提取。使用数字水印技术将作者姓名、创作时间、作品使用条件和要求等权利管理信息嵌入到数字作品中，由于数字水印具有几乎不可破译性，因此，偷换水印、去除水印的难度非常大，从而使作者的精神权利和经济利益得到了保障。一旦该数字信息被复制，该水印会在其中央明显地显示版本信息，要想正常阅读复制数字信息，用户只能向数字图书馆的拥有者申请合法使用。

7. 数字指纹技术

数字指纹技术是利用数字作品中普遍存在的冗余数据与随机性，向被分发的每一份软件、图像或者其他数据拷贝中引入一定的误差，使得该拷贝中的误差跟踪到不诚实者的一种数字作品版权保护技术。该技术具有隐形性、稳健性、确定性、数据拷贝、数据量大、抗合谋攻击能力等特点。

8. 入侵检测技术

这种技术提供实时入侵检测和相应的防护手段，如纪录证据用于跟踪和恢复，断开网络的连接等。它能够发现危险攻击的特征，探测出攻击行为，并记录事件发出警报，同时采取保护措施。

9. 智能代理技术

智能代理可以帮助数字图书馆和用户搜寻互联网上的各种资源库，可以进行信息筛选和过滤，杜绝大量无用或不相关的信息流向用户，能够确认与用户需求相关的信息是否可以利用，并判断需要满足哪些条件，从而起到保护知识产权的作用。

（三）图书馆要加强法律意识，强化人才队伍建设

由于图书馆经常是作品的"最后购买人"及其知识产权侵犯的"防火墙"，为了避免侵权风险，图书馆界要强化自身意识，不可只为自己发展而置著作

权人的利益于不顾，要及时采取措施，制定政策、提出对策。例如，通过与电子书籍和数据库商签订相关协议，在进行数字化资源传输时就可以避免需要出版商的许可，从而解决了相应的产权问题。另外，图书馆界还要加强法律意识。除了积极参与知识产权法的修订工作，还要随时关注国内外相关法律信息。依法履行自己的职责，维护他人合法利益，依法支付版权使用费，并对用户进行宣传教育，使图书馆的建设、信息资源的传播、用户的信息检索均在合理合法的框架内。

图书馆法律人才队伍建设，也是数字图书馆知识产权保护的有效手段。数字图书馆的管理人才不仅要精通图书馆管理知识，还应熟悉计算机网络技术，也要懂得知识产权等法律，才能适应数字化时代的发展和需要。只有掌握了相关的知识产权法律知识（如著作权的保护期限、地域和范围，合理使用和法定许可的范围，以及侵犯著作权应承担的法律责任等），他们才能敏锐地分析和处理知识产权的相关问题，从而避免侵权行为的发生。同时，作为超越法律法规的软约束，图书馆界还要加强信息伦理教育，在信息开发、信息传播、信息的管理和利用等方面，自觉接受一定的伦理要求和伦理准则的约束。只有这样，图书馆界才能建设一支集图书管理、网络技术、法律知识于一身的人才队伍，这不仅是数字图书馆知识产权保护的重要基础和保障，也是数字图书馆美好未来的发展基石。

四、我国对知识产权保护的手段

（一）行政保护

我国对知识产权的行政保护，是知识产权保护的"双轨制"的一种体现。我国的行政保护，是指国家行政机关对当事人某些比较严重违反知识产权法律的行为予以行政处罚，以及对某些知识产权向权利人予以授权等的行政行为。从发达国家来看，对知识产权的保护，主要通过司法途径保护。

（二）司法保护

对知识产权的司法保护，是指对知识产权通过司法途径进行保护，即由享有知识产权的权利人或国家公诉人向法院对侵权人提起刑事、民事诉讼，以追究侵权人的刑事、民事法律责任，以及通过不服知识产权行政机关处罚的当事人向法院提起行政诉讼，进行对行政执法的司法审查，以支持正确的行政处罚或纠正错误的处罚，使各方当事人的合法权益都得到切实的保护。其保护的范围包括对专利、商标、著作权（版权）、邻接权以及防止不正当竞争权等涉及人类智力成果的一切无形财产的财产权和人身权的保护。对知识产权的司法保护是知识产权保护的关键一环，是最重要的知识产权法律实施活动，主要通过人民法院民事、刑事、行政三大诉讼途径来实现的。

（三）知识产权集体管理组织保护

可以通过知识产权集体管理组织来保护知识产权。集体管理组织是知识产权创造者或其他权利人自身权利予以保护的社会组织。我国的音乐著作权协会就是知识产权集体管理组织的一种。最高人民法院已经承认音乐著作权协会与成员间的信托法律关系，该组织可以其名义作为原告为其成员进行诉讼；可以自行处理涉及维护他们自身权益的事务以及发挥服务于社会的功能性作用，如完成收转作品等权利使用费、授权许可和转让、进行侵权交涉等许多事务。

（四）技术保护

通过技术手段对知识产权来进行保护。这是指利用技术措施或手段对知识产权保护对象所进行的技术层面上的保护。在以计算机软件为代表的著作权领域以及网络信息领域中越来越被权利人所重视。为了对付未经授权的使用其计算机程序和其他作品或进入其网络，采用了加密或使用密码等技术手段进行保护。

（五）自我救济

这是指知识产权的权利人或其他利害关系人所进行的自我救济。知识产权的权利人的自我救济范围很广，在主张权利阶段，包括向侵权人提出警告、交涉、各类请求权的行使，等等。虽然我国的公司、企业有的设有专门从事知识产权保护的法律事务部门，但从整体上看所占的比例不是太多。从总体层面上说，我国的企业不如发达国家的公司、企业重视自身知识产权的保护。发达国家的公司、企业大多设有专门从事知识产权保护的法律事务部门，并制定了一系列如何保护自己知识产权的具体措施和手段，同时他们还制定了一些在开展业务中如何避免侵犯他人知识产权等具体的措施和手段。

参考文献

[1] 张睿丽.数字图书馆资源管理与建设 [M].长春：吉林人民出版社，2019.10.

[2] 周运丽.数字图书馆创新与发展研究 [M].吉林出版集团股份有限公司，2019.06.

[3] 林团娇.数字图书馆资源建设研究 [M].延吉：延边大学出版社，2019.05.

[4] 牛世建.高校数字图书馆建设研究 [M].延吉：延边大学出版社，2019.05.

[5] 周义刚.数字图书馆动态知识管理研究 [M].北京：中国书籍出版社，2019.01.

[6] 梁孟华，吕元智，王玉良.基于用户交互的数字图书馆服务评价模型与实证研究 [M].北京 / 西安：世界图书出版公司，2019.01.

[7] 樊姗.数字图书馆门户网站新模式开源软件的应用 [M].北京：中国书籍出版社，2019.01.

[8] 马亚玲.高校图书馆数字资源建设与服务创新研究 [M].吉林出版集团股份有限公司，2019.11.

[9] 郑燃.公共文化服务均化视角下图书馆博物馆数字文化服务融合研究 [M].武汉：武汉大学出版社，2019.08.

[10] 孙爱秀.图书馆管理与信息应用 [M].沈阳：沈阳出版社，2019.01.

[11] 王文.数字环境下的图书馆管理与阅读服务 [M].北京：现代出版社，2018.12.

[12] 宫平.图书馆的数字人文实现模式研究 [M].沈阳：辽宁大学出版社，2018.06.

[13] 王春玲.地市级数字图书馆资源建设与阅读推广研究 [M].沈阳：沈阳出版社，2020.06.

[14] 刘翔，黄志强，施干卫.数字资源存储、仓储和发布的标准规范建设 [M].杭州：浙江大学出版社，2018.12.

[15] 周建芳.互联网＋图书馆 [M].成都：四川大学出版社，2018.08.

[16] 程显静.图书馆建设与发展研究 [M].北京：华龄出版社，2018.12.

[17] 牛根义.现代图书馆评价研究 [M].武汉：武汉大学出版社，2018.12.

[18] 张娟.图书馆营销研究 [M].北京：中国商务出版社，2018.04.

[19] 陈庆标.数据库技术及其在数字图书馆中的应用 [M].赤峰：内蒙古科学技术出版社，2020.02.

[20] 李瑞欢，李树林，董晓鹏.公共图书馆工作实务 [M].北京：现代出版社，2018.09.

[21] 赵春辉.数字图书馆管理与服务创新研究 [M].长春：吉林文史出版社，2017.05.

[22] 刘柏嵩，潘云鹤，丛书.CADAL 数字图书馆知识标准规范及应用研究 [M].杭州：浙江大学出版社，2017.09.

[23] 董媛媛.数字图书馆作权问题研究 [M].西安：三秦出版社，2017.08.

[24] 孙晓菲，韩子静，熊健敏.CADAL 项目标准规范丛书云中论图解构与重构论数字图书馆标准规范体系建设 [M].杭州：浙江大学出版社，2017.07.

[25] 武三林，韩雅鸣.基于技术融合的图书馆数字资源利用服务机制研究 [M].北京：科学技术文献出版社，2017.03.

[26] 包冬梅.开放数字环境下的个性化科研信息空间研究学术图书馆的视角 [M].广州：华南理工大学出版社，2017.12.

[27] 李静霞.武汉图书馆 [M].天津：天津大学出版社，2017.11.

[28] 明均仁.基于用户感知的移动图书馆服务接受与使用行为研究 [M].武汉：武汉大学出版社，2017.12.

[29] 黄如花，司莉，吴丹.图书馆学研究进展 [M].武汉：武汉大学出版

社，2017.09.

[30] 张立，李莘.图书馆管理学 [M].成都：电子科技大学出版社，2017.01.